KB177259

왜 내 사랑은
이렇게 힘들까

왜 내 사랑은
이렇게 힘들까

다이앤 풀 헬러 지음
유혜인 옮김

애착의 네 가지 유형과
치유에 대하여

멀리깊이

내면의 깊은 곳까지 파고들고,
진실된 이야기를 털어놓고,
타인의 아픔에 공감하고,
지혜를 나누어 줄 용기가 있는
모든 사람에게 이 책을 바칩니다.

차례

1장   안정 애착
: 본래 우리가 타고난 모습

2장   회피 애착
: 갈망하는 만큼 밀어내는 사람들

3장   양가 애착
: 애착과 집착을 오가는 사람들

이 책에 보내는 찬사

"수십 년의 임상 경험과 과학적 트레이닝을 바탕으로 한 지혜로운 가르침을 한 권의 책에 담았다. 풀 헬러 박사의 명료하고 실용적인 도구들을 활용한다면 누구나 관계를 발전시키고 삶을 윤택하게 만들 수 있을 것이다.

풀 헬러 박사는 따뜻하고 정직하며 지식을 나누는 재능도 뛰어나다. 애착 연구, 신경생물학, 삶의 경험으로부터 깨달은 지식들을 엮고, 여기에 사용하기 쉬운 도구들을 더함으로써 우리 모두에게 더없이 귀중한 자산을 선물해 주었다. 이제 우리는 다른 이들과 더 깊이 연결되어 그 과정에서 마음과 정신의 상처를 치유할 수 있다."

로널드 D. 시겔 심리학 박사, 하버드 의과대학 심리학과 조교수
『마음챙김 명상The Mindfulness Solution』 저자

"이 책에서 다이앤 풀 헬러는 진정 풍요로운 관계를 맺을 수 있는 우리의 선천적인 능력과 그 관계를 망가뜨릴 수 있는 비극과 공포를 대담하고도 따뜻한 눈으로 탐구한다. 다이앤은 애착과 트라우마 분야의 임상 전문가로서, 독자들이 어린 시절 끊어진 연결의 인식을 근본적이고 효과적으로 바꿀 수 있도록 다양한 실습들을 제공한다.

독자들은 이제 진정으로 충만하고 서로 공명하는 연결을 새로이 경험할 수 있다. 과학 이론은 탄탄하고, 이야기는 흥미로우며, 문체는 몰입을 부른다. 다이앤은 우리에게 엄청난 지혜를 선사한다."

린다 그레이엄 가족상담 치료사
『회복탄력성Resilience』 저자

"다이앤 풀 헬러가 쓴 보석 같은 이 책은 우리가 어떻게 지금의 자신이 되었는지, 앞으로 어떻게 변화할 수 있는지 수십 년의 애착 연구가 남긴 가르침들을 명확히 보여준다. 헬러는 한 개인으로, 심리치

료사로, 심리학 전공자로 자신의 경험을 통해 독자에게 풍부한 인사이트를 제공한다. 현실적인 조언과 영감으로 가득하며 누구보다 특별한 저자의 깊은 이해와 연민, 인간애가 모든 페이지를 빛내는 선물 같은 책이다."

데이비드 월린 박사
『애착과 심리치료Attachment in Psychotherapy』 저자

"따뜻하고 명료하게 쓰인 아름다운 책. 애착 이론에 관한 과학적 지식을 활용해 우리 인간에게 가장 중요한 관계를 실질적으로 치유하고 돕는다. 여러 가지 사례, 독자가 직접 할 수 있는 실습으로 가득하고, 성인기까지 남아 있는 유년기의 영향력도 깊이 들여다본다. 헬러 박사의 귀하고 훌륭한 마음과 지혜, 경험이 모든 페이지에 드러나 있다."

릭 핸슨 박사
『12가지 행복의 법칙Resilient』 저자

"다이앤 풀 헬러는 우리에게 기쁜 소식을 전한다. 어떤 애착 상처를 안고 생존했든 간에 우리 모두 건강한 연애 관계를 이룰 수 있다고 말이다. 이 책을 읽음으로써 여러분도 상처를 회복하고 서로 더 친밀하게 연결될 수 있을 것이다.

다이앤 풀 헬러가 트라우마와 회복에 관한 지식을 쌓기까지, 그 배경에는 그녀가 겪어야 했던 괴로운 경험이 존재한다. 그녀는 이 책에서 인생 직업을 찾게 해준 영감으로서 그때의 이야기를 들려준다. 당신이 임상 전문가, 내담자, 요가 치료사, 학생인지는 중요하지 않다. 모두가 읽고 참고해야 할 책이다.

따뜻한 연결감에서 끊어지는 순간을 대비해 가까운 곳에 이 책을 보관하라. 나는 여기에 실린 실습들을 하며 사랑이 커지고 나 자신과 파트너의 애착 유형을 더욱 이해하게 되었다. 이 책 덕분에 우리는 새로운 차원의 친밀감을 찾았다."

에이미 와인트라우브 라이프포스 요가LifeForce Yoga 창립자
『치료사를 위한 요가 기술Yoga Skills for Therapists』및『우울할 때는 요가를Yoga for Depression』저자

"다이앤 풀 헬러가 우리에게 새로운 애착 이론 입문서를 선사했다. 독자들이 이해하기 쉽게 기본 개념을 세세히 쪼개고 다양한 애착 유형의 특징도 설명함으로써, 독자가 자신의 행동과 기술을 되돌아볼 수 있는 기본적인 방법들을 제공한다. 특히 연애에서의 애착을 이해하는 방법도 소개하는데, 해당 장은 서로 이어지고자 하는 모든 커플에게 유용한 입문서 역할을 할 수 있을 것이다. 다이앤만의 온화한 문체 덕분에 페이지가 술술 넘어간다."

스탠 탯킨 심리학 박사, 가족상담 치료사
커플 치료에 대한 정신심리학적 접근법A Psychobiological Approach to Couple Therapy®, PACT 개발자
『사랑하기 위한 뇌Wired for Love』저자

"무엇이 관계에서 수없이 반복되는 고통스러운 패턴을 그토록 끈질기게 만드는가? 이 책은 그 어려운 질문에 답을 하고 왜 고통에서 벗어날 수밖에 없는지 보여준다. 다이앤 풀 헬러는 애착이라는 깊고 강력한 영역에서 길을 찾으려는 우리를 훌륭하게 안내해 주며, 독자와 연결 고리로 이어져 상처를 치유하게 해준다."

브루스 에커 상담심리학 석사, 공인 가족상담 치료사, 일관성 치료Coherence Therapy 공동창시자
『뉴로사이코테라피Unlocking the Emotional Brain』공동 저자

"이 책은 참 아름답게 쓰인 책으로, 애착 유형이 무엇이고 어떤 모습으로 표출되는지를 강점 중심으로 탐구한다. 다정하고 낙관적인 다이앤의 목소리는 독자에게 안정 애착으로 다시 다가갈 힘을, 안정 애착 능력을 강화하고 관계로 얻은 상처를 치유할 힘을 불어넣어 준다.

아주 창의적인 실습과 체계적인 상상, 구체적인 전략으로 독자는 내면의 자질을 기를 수 있다. 동시에 공감, 관계 복구, 교정적 경험, 다정한 마음으로 안정 애착을 형성하는 능력을 더 깊이 받아들일 수 있다. 트라우마를 치료하는 사람에게도, 애착 상처를 직접 경험한 사람

에게도 이 책은 유익하며 깨달음을 주고 상처를 씻어주는 선물이다."

리사 페렌츠 미국심리치료협회 자격 취득 공인 임상 사회복지사
『나만의 빨간 구두를 찾아서Finding Your Ruby Slippers』 저자

"주요 애착 유형을 이해하고 치유하는 법을 훌륭하게 정리한 책이다. 종합적인 평가 방법과 우수하고 효과적인 실습으로 가득해 전문 치료사와 일반 대중 모두에게 도움이 될 것이다. 뇌를 탐구하면서 가슴도 울리는 책을 쓴 풀 헬러 박사에게 박수를 보낸다."

데이비드 그랜드 박사
『브레인스포팅Brainspotting』 저자

"새롭고 흥미진진한 과학인 애착 이론을 통해, 다이앤 풀 헬러는 훌륭한 안내자로서 자신의 능력을 증명한다. 이 책은 명료하고 읽기 쉬우며 독자의 마음을 건드리는 문체로 쓰여 있어, 나와 내 파트너를 깊은 수준으로 이해하는 데 필요한 실질적인 도구들을 선사한다. 삶을 바꾸어 줄 힘을 가진 책이다."

테런스 리얼 공인 임상 사회복지사, 릴레이셔널 라이프 연구소Relational Life Institute 창립자
『새로운 결혼의 법칙The New Rules of Marriage』 저자

"흔히 우리는 친밀감에 문제가 생기면 실패를 초래한 무의식적인 관계 설계도를 인식하지 못하고 자신이나 파트너를 탓한다. 다이앤 풀 헬러는 명료한 설명과 실용적인 실습을 더해, 유년기의 애착 역사로부터 출발한 내면의 강력한 운영 체제를 독자들이 이해하고 바꾸게 돕는다. 많은 사람들에게 지뢰밭이나 다름없었던 사랑에서 지뢰를 해체하는 방법을 제시한다."

리처드 슈워츠 박사, 내면 가족 체계Internal Family Systems®, IES 기법 창시자
『당신은 언제나 그 자리에 있었다You Are the One You've Been Waiting For』 저자

추천 서문

모든 사람의 내면에는 '영웅의 길'이라는 책임과 기회가 존재한다. 나는 그렇게 믿으며, 45년의 임상 경험에서도 내 믿음이 증명되는 모습을 수천 번 목격했다. 우리가 내리는 삶의 결정은 영웅이 되고자 하는 이 고유한 비전을 받아들일 수 있느냐 (또는 받아들일 수 없느냐) 하는 역량에 달려 있다.

우리 안에 있는 영웅은 외면의 위협이나 딜레마에 직면한다. 참으로 강력한 적이다. 이 적은 우리 삶에서 내적 질서, 평화, 사랑, 번영, 관계, 대의를 가로막는 장애물을 상징한다. 얼마나 강하고 대단한지 도저히 이겨내지 못할 것만 같다. 이 내면의 적은 영웅을 파괴하려 하고, 벌을 내리며 먹구름을 퍼뜨리려 한다.

트라우마trauma는 적과 아주 많이 비슷하다. 트라우마(그리고 마음의 깊은 상처)의 본질에는 압도감과 무력감이 있다. 이는 우리의 활력을 저해하고 감각을 둔화한다. 공포와 고통으로 지배하며 우리를 갈라놓고 약한 존재로 만든다. 사람들을 따로 떨어뜨리는 것은 관계, 더 나아가 문명을 훼손하는 가장 효과적인 방법이다. 자기 학대 또한 문명의 학대처럼 비유적으로 볼 수 있다. 공포는 나에 대한 연결, 체화된 자신에 대한 연결을 완전히 끊어버린다. 내면의 진실되고 영원한 것들과의 연결을 끊는다. 우리는 고립되어 표류한다. 더 이상 밖으로 나가 정원에 물을 주지도 않고, 그 과정에서 얻는 선물 같은 영양분도 잃고 만다.

만약 트라우마가 적이라면 영웅의 내적 임무는 자신과 타인에 대한 애착 형성이 될 것이다. 애착은 영웅이 어디서 오는지 알려주고, 어느 길로 가야 하는지 명령한다. 영웅은 태어나지 않는다. 적을 만나며 길러질 뿐이다. 고대 신화에서도 크나큰 실망과 상실을 경험한 이들이 가장 강력한 영웅이 되었다. 준비되지 않은 채로 문제에 부딪치고 처음에는 실패한다. 그러면서 변화한다. 자신의 능력을 자신에게, 다른 사람들에게 증명해 보인다. 친구와 협력자들의 지지를 얻으며, 고난을 참고 견딘다. 그리고 자신만의 힘을 발견한다. 마침내 결국 승리한다.

그러나 신화와 달리 현실에서 우리의 내면이 영웅 역할을 하는 경우는 드물다. 항상 영웅의 역할을 맡을 필요도 없다. 영웅 역할을 맡았다가 사람들에게 나를 노출해 선한 의도를 악용당할 수도 있다. 미디어는 영웅에 대한 우리의 믿음을 왜곡하고 망가뜨린다. 우리가 사는 이 시대에 영웅 신화는 희귀품이 되었다.

우리는 자신과의 연결을 강화하고, 자신과 타인의 안전과 안정을 찾고, 일상의 문제들(사소하고 재미없는 일부터 사랑, 커리어, 가족, 친구, 주거에 관한 "거시적인 결정macro"까지)을 처리해 나간다. 그런 상황에서 우리가 선택과 행동의 방향을 잡으려면 현재의 구체적인 방법으로 "고조된 자신"과 연결되어야 한다.

여기서 바로 애착이라는 주제로 돌아오게 된다. 애착이 곧 연결이기 때문이다. 애착은 타인과 접촉하고 연결하는 '방식'만을 이야기하지 않는다. 우리가 자신과, 자신의 몸에 접촉하고 연결하는 것 또한 애착이다. 그래서 복잡한 애착 패턴의 미로를 통과하려면 트라우마가 어떻게 우리의 조직과 신경계에, 결국에는 안전감에 영향을 끼치는지를 반드시 이해해야 하는 것이다.

위협을 인지할 때 (달리기 위해, 덤벼들기 위해, 발로 차기 위해, 칼로 베기 위해, 도망치기 위해, 파괴하기 위해, 또는 애착을 형성하기 위해) 인간의 몸에서는 어머어마한 생존 에너지가 솟구친다. 그러다 이런 긴장된 상태가 오랫동안 지속되다 보면 회로 차단기가 전력을 끊기라도 한 듯, 생존 적응이 우리를 구출해 지나치게 빠르고 강한 위협(혹은 지나치게 느리고 적은 도움)을 잘라낸다. 다시 말해, 우리는 해리 상태가 된다. 위협을 퇴치하거나 위협에서 벗어나게 해주는 생존 에너지의 움직임은 우리가 불가항력의 상황에 처했을 때 체내에 갇혀버린다. 위협 반응 에너지는 순환의 고리에서 빠져나오지 못한다. 몸과 뇌가 무의미하고 유해한 대화를 반복하는 것이다. 이 대화는 마이크에 스피커를 대는 것처럼 끈질기게 증폭된다. 뇌가 묻는다. "우리 괜찮아?" 몸은 대답한다. "스트레스밖에 못 느끼겠어. 우리 죽는 것 아니야?" 뇌는 생각한다. "죽으려나 보네. 힘을 더 써야겠어."

우리의 몸은 우리에게 감정을 설득시킨다. 건강한 육체와 정신의 근본인 '안전'을 느끼는 능력은 트라우마라는 적에 의해 위태로워지고 만다. 만약 몸이 생존 모드에 고정되었다면 감정과 느낌은 강박적으로 안전을 찾기 시작할 것이다. 자연히 활력은 떨어지고 우리는 위험을 회피하게 된다. 이후 다가오는 모든 경험이 위협적인 느낌을 띠기에 다른 사람과 연결하기 위한 능력이 약해질 수밖에 없다.

불행히도 우리는 인생에서 트라우마를 피할 수 없다. 하지만 (이번에는 다행히) 이 벌이 종신형은 아니다. 이처럼 드넓은 고통의 바다를 길들이려면 경험을 조각으로 쪼갠 후 (신체 감각, 느낌, 이미지, 생각, 에너지 등으로) 작은 조각 하나하나를 살펴야 한다. 그동안 나는 수천 명의 내담자와 학생에게 이를 가르쳤다. 그러다 보면 날뛰는 트라우마의 바다에 안전한 섬들이 만들어진다. 섬들이 연결을 시작하며 (비교적) 안전하고 탄탄한 덩어리가 조금씩 형성되고, 여기서 우리는 뒤로 물러나 힘겨운 감각과 괴로운 느낌을 관찰하듯 볼 수 있다. 그리고 서서히 고통들과 화해를 한다.

다음과 같은 본질적인 의문도 따라온다. "지금 이 순간에 집중하는 동안 얼마나 많은 것을 느낄 수 있을까?" "여기서 나가기 전까지 얼마나 많은 것을 견딜 수 있을까?" "허용 범위 안에 머물기 위해 무엇을 할 수 있을까?" 우리 몸의 지혜는 답을 알고 있다. 공포, 두려움, 무력감이라는 요동치는 바다에서 스스로를 보호하는 공간을 어떻게 마련해야 할지 안다.

작은 피난처에서 우리는 적정한 경험의 조각을 충분히 오래 조사하고 생각하고 분해해 가치 있는 부분은 보관하고 가치 없는 부분을 버릴 수 있다. 그런 식으로 몸이 주는 메시지를 공포에서 안전으로 차츰차츰 바꾸어 나가는 것이다. 보호와 탈출이 아닌 온기와 연결로 초점이 전환된다. 적을 무찔렀고 위험은 지나갔다. 이제는 집에서 나와 우리 자신과 타인을 돕고 지탱하는 것들에 관심을 둘 차례다. 세계에는 평화와 행복이 있다. 정서적 풍요로움으로 삶은 번영한다.

우리 모두 "건강한" 애착에 '어느 정도'는 문제를 가지고 있는 것이 사실이다. 그렇기에 기쁜 마음으로 이 책의 추천사를 쓴다. 나는 운 좋게도 저자인 헬러 박사와 수십 년 전부터 알고 지낼 수 있었다. 다이앤은 누구보다 영리한 제자였고, 스승과 제자의 관계를 떠나 지금까지도 내가 존경하고 아끼는 친구다. 다이앤은 특유의 다정함, 에너지, 배려심, 통찰력으로 그간 수천 명의 내담자들을 도왔다. 재능과 지혜가 가득 담긴 이 책에서 그녀는 각자가 때때로 직면하는 복잡한 애착 문제를 확인할 수 있도록, 정석 체계를 가식 없이 간결하고 명료한 문체로 이해하기 쉽게 설명해 줄 것이다. 여러분도 이 책에 나오는 실습들을 따라 해본다면 체화된 진짜 자아를 발견하고 타인과의 연결을 가로막는 각자의 장애물을 뛰어넘게 되리라 생각한다.

이 책은 내담자의 애착 문제를 다루는 심리치료사들이 읽어야 할 책이다. 하지만 이제 막 관계를 맺으려는 사람들, 오랫동안 이어온 관계의 질을 더 높이고 싶은 사람들을 위한 책이기도 하다. 관계를 끝내고 있고, 이별로 무언가를 배우려는, 또 이별의 상처를 치유하려는 사람들을 위한 책이다. 이렇게 멋진 여정을 시작할 여러분에게 축하를 전한다. 부디 우리 모두 영웅이 되어 자신의 적을 무찌르고 우리의 문명에, 그뿐만 아니라 자신의 문명에 완전함과 번영, 의미를 가져오기를 빈다.

피터 A. 레빈 박사
베스트셀러『내 안의 트라우마 치유하기 Waking the Tiger』,
『무언의 목소리 In an Unspoken Voice』,
『트라우마와 기억 Truma and Memory』 저자

들어가는 말

　시작하기 앞서 내가 1988년에 직접 경험한 일을 들려주고
자 한다. 한창 결혼 준비를 하던 시기였다. 결혼식이 2주밖에
남지 않아 가슴이 무척 설렜지만, '일생일대의 날'을 앞두면
다들 그렇듯 몸이 열 개라도 부족했다. 그날도 차로 덴버 곳
곳을 누비며 결혼 관련 볼일들을 보느라 정신이 없었다.

　시속 90킬로미터 정도로 달리고 있을 때, 수첩 위에 있던
무언가가 조수석 바닥으로 스르르 떨어지는 모습이 얼핏 보
였다. 웨딩 케이크에 올리는 신랑 신부 모양의 도자기 조각상
이었는데, 시어머니에게 받은 뜻깊은 선물이었기에 절대로
깨뜨리고 싶지 않았다. 나는 날아가는 조각상을 붙잡기 위해,
차들이 쉴 새 없이 오가는 산타페 드라이브에서 안전벨트를
풀고 몸을 기울이는 어리석은 선택을 했다. 그러는 동시에 무
의식적으로 운전대를 꺾었다. 그렇게 나는 차선을 벗어나 마

주 오는 차량 행렬로 직행했고, 반대편 차선에서 달려오던 차와 충돌하고 말았다.

상대 차 운전자도 나만큼이나 빠르게 달리고 있었다. 부딪친 충격으로 공중에 붕 떴던 차량은 도로에 전복되었다. 그래도 탱크 같은 구형 볼보를 타고 있던 덕분에 피해 운전자는 별다른 부상을 입지 않았다. 내게는 죽을 때까지 감사할 일이다.

나는 운이 좋지 않았다. 안전벨트가 풀려 있던 탓에 몸이 앞으로 튕겨져 나갔고 머리로 앞 유리를 깨뜨리며 외상성 뇌손상을 입었다. 일정에 차질이 생겼지만 결혼식은 예정대로 진행되었다. 내 머리는 찌그러진 빨간색 농구공처럼 부풀었다. 그것만으로도 끔찍한데 갖가지 불쾌한 증상에 시달려야 했다. 나는 숫자를 착각하고 이상한 행동을 하기 시작했다. 다리미를 냉장고에 넣고, 데운 우유를 전자레인지에서 꺼내지 않았다. 시동도 끄지 않고 차 키를 꽂은 채로 자동차를 회사 주차장에 방치한 적도 있었다. 정말로 두렵고 당혹스럽고 혼란스러운 시간이었다.

하지만 흥미롭게도 더없이 황홀한 순간들을 동시에 경험하기 시작했다. 내 경계가 넓어지는 신기한 현상이 나타났다. 평소의 인식을 초월해 더 큰 세상을 보고 느낄 수 있었다. 게다가 마음부터가 굉장히 따뜻하고 친절해졌다. 다른 사람들의 장점이 내면에서 자연히 뿜어져 나오는 것처럼 선명하게 보였다. 이렇듯 놀라운 경험은 약 6주간 계속되었고, 그동안 나는 어마어마한 자비심과 이해심을 내려받은 것만 같았다.

하지만 인식의 범위가 넓어지며 예상치 못했던 고난들이 수면 위로 떠올랐다. 눈 깜짝할 사이에 나는 부정적인 방향으로 몸을 틀었다. 타고 있던 엘리베이터가 영혼의 암흑 속으로 추락하는 기분이었다. 실제로 이후 3~4년간 참 많이 힘들었다. 그날의 교통사고는 어린 시절의 기억을 불러일으켰다. 오래전 내게서 분리되었던 과거의 트라우마가 다시 떠오른 것이다. 도무지 종잡을 수 없는 감정의 기복은 다스리려 해도 소용없었다. 알아보니 이런 증상은, 특히 과거의 트라우마를 기억하는 증상은 대형 사고의 생존자에게 흔히 발생한다고 한다.

내가 겪은 현상을 이해하려고 별별 짓을 다했다. 전화번호부에서(전화번호부 시절을 기억하는 분들은 알 것이다) 전문가란 전문가는 다 찾아내 상담을 신청했다. 시도해 보지 않은 치료가 없었다. 트라우마와 회복에 관한 자료라면 닥치는 대로 다 읽었다. 참석한 강연과 워크숍은 셀 수조차 없었다. 간단히 말해 나를 도와줄 사람을 찾아 전국적인 수색을 펼쳤다. 하지만 별다른 성과를 얻지는 못했다. 여기서 정보 약간, 저기서 정보 약간을 얻어 하나로 엮어보려 했지만 간절한 바람과 달리 무엇 하나 이해하지 못했고 불안한 마음을 달랠 길이 없었다.

그러다 우연히 피터 레빈Peter Levine을 알고 피터의 소매틱 경험Somatic Experiencing®, 일명 SE 요법 워크숍에 참석하게 되었다. 피터가 무엇을 연구하는지 정확히 모르던 당시에도 신경계를 정상으로 돌려놓는 방법이라는 것 정도는 알았다. SE 요법이 내게 딱이라는 사실도 금세 알 수 있었다. 나는 피터의 도움으로 서서히 회복했고 인간 생리와 트라우마의 연관성을 알아차리기 시작했다. 어떻게 하면 신경계를 효과적으로 제어하는지, 특정 트라우마 증상의 강도를 낮추는지 배웠고 기억에서 괴로운 경험을 끄집어내고 통합하는 다양한 방법을 터득했다. 지금도 피터의 SE 요법에서 많은 정보와 도움을 받고 있다.

트라우마에서 회복하는 동안 나는 피터의 제자가 되기로 결심했고, SE 요법의 초창기 촉진자facilitator 중 한 명으로 활동하기 시작했다. 그렇게 25년 넘게 전 세계에 SE 요법을 가르치는 영광을 얻었고, 자율신경계의 조절에 관해 정말 많은 것을 배웠다. 또한 감당하기 힘든 사건을 겪은 후에는 과다 각성 증상이 필연적으로 나타난다는 사실을 알게 되었고, 중단혹은 금지된 자기 보호 반응을 다시 불러일으키고 완성하는 방법 등도 배웠다. 얼마나 감사한지 모른다.

이후에는 트라우마를 경험했을 때 나타날 수 있는 고립isolation과 해리dissociation에 맞서 끊어진 관계를 재연결하는 방법을 탐구하기 시작했다. 나는 피터의 도움으로, 또 스스로 회복하는 동안 어렵게 얻은 교훈들로, 캄캄한 어둠에 갇힌 사람들을 만나 치료할 수 있었다. 그들이 트라우마 증상을 가라앉히고 회복탄력성을 키우도록 도왔으며, 실제로 많은 사람들이 트라우마를 완전히 극복했다. 이런 여정을 함께하며 그들이 다시 삶을 즐기는 모습을 지켜보는 것은 굉장한 특권이 아닐 수 없다. 이렇게 나는 인생 직업을 찾았다. 앞으로도 평생을 바쳐 트라우마와 회복탄력성 문제를 연구하며 활기와 행복을 되찾으려는 사람들을 도울 계획이다. 이 일을 하면서 자주 접하는 주제와 의문이 있는데 여기서 몇 가지 소개해 보겠다.

- 어떻게 하면 끊어진 자신, 그리고 타인과의 관계를 회복하고 온전한 느낌을 되찾을 것인가?
- 어떻게 하면 산산조각 나서 흩어졌다고 느끼는 내면의 조각들과 다양한 경험을 통합할 것인가?
- 어떻게 하면 끔찍한 상실과 두려움, 무력감에서 벗어나 힘을 되찾고 다시 일어날 것인가?
- 트라우마로 해리나 경계 상실 증상이 나타나 신체적 자아를 잃었을 때 어떻게 하면 다시 감각을 통합하고 우리 몸과의 안전한 관계를 회복할 것인가?
- 어떻게 하면 현실 감각, 교감과 온정을 느끼고 인간성과 영성의 모든 면을 아우르는 인간의 타고난 권리를 되찾을 것인가?

나는 자신(과 타인)의 초기 관계 패턴을 온정적으로 이해하면 이 질문들의 해답을 찾을 수 있다는 사실을 배웠다. 그런 다음 치료로 중재하거나 애착 이론을 실전에 적용하는 식으로 관계를 교정하면 된다. 커플이나 부모가 애착 이론의 가치를 이해하고 애착 이론이 주는 지혜를 받아들일 마음만 있다면, 치료를 함께 받든 따로 받든 상관없이 진정으로 새롭고 놀라운 결과가 나타날 것이다.

여러분도 이 책을 읽으며 어린 시절의 애착 역사를 발굴하고, 다양한 애착 스타일을 이해하면서, 애착 손상을 치유하는 실질적인 방법에 집중할 수 있었으면 한다. 인간에게는 진실되고 가치 있는 관계를 맺을 능력이 있고, 이 책은 그 능력을 깊이 분석한다. 구체적으로 설명하자면 애착 손상이 성인기의 관계에 어떤 영향을 미치는지, 유년기의 행불행과 상관없이 어떻게 하면 안정 애착을 맺는 능력을 키울 수 있을지 살펴볼 예정이다. 이제부터 여러분은 관계를 깊고 친밀하게 맺으며 오래 유지하는 비결을 배우게 될 것이다.

혼자 또 같이, 자기 조절과 공동 조절

사실을 직시하자. 인생은 결코 녹록치 않다. 인간이라면 누구나 스스로 통제할 수 없는 고난과 역경을 만나기 마련이다. 살 만큼 살았다면 실패, 학대, 이혼, 질병, 교통사고, 자연재해, 전쟁 같은 불운을 경험할 것이다. 압도적인 불가항력의 사건이 닥쳤을 때는 반응하거나 대응할 힘조차 찾지 못한다. 이런 일을 방지할 수는 없다. 엄연한 인간사의 일부이기 때문이다.

　더 골치 아프게도 후성유전학은 우리가 이런 시련을 조상에게서 물려받았을지도 모른다고 말한다. 조부모, 증조부모, 고조부모 등이 겪은 경험과 고난이 현재의 우리에게까지 영향을 미친다는 뜻이다. 하지만 우리는 조상들의 회복탄력성으로 태어난 존재이기도 하다. 그동안 고통을 경험한 인간은 고통을 견디고 고통에서 생존하기 위해 최선을 다하며 진화해 왔다.

　그러므로 인생이 팍팍하다 해서 여러분의 잘못은 아니다. 원래 그런 것이니 나만의 탓인 양 자책하지 않아도 된다. 누구든 수만 가지 방법으로 트라우마를 경험할 수 있고, 대부분의 트라우마는 삶의 방식이나 개인의 인성과 상관없이 일어난다. 안타까운 일이다.

　하지만 좋은 소식은 우리도 트라우마에 대처할 수 있다는 것이다. 인간은 생존하고 치유하고 번성하는 어마어마한 능력을 가지고 태어났다. 애초에 그 능력으로 여기까지 올 수 있었다. 인간은 그렇게 만들어졌다.

　여기서 잠깐 이야기를 더 이어가기 전에, '트라우마'의 의미부터 짚고 넘어가야겠다. 너무 복잡하지 않게 설명하자면 트라우마란 자신이 통제하지 못한 사고가 발생한 결과다. 예를 들어, 대형 참사를 경험할 때 우리에게는 충격을 대비할 시간조차 없다. 압도감에 정상적인 기능을 하지 못하고 자신의 느낌, 생각, 심지어는 몸에 대한 불신이 생긴다. 이런 의미에서 트라우마는 엄청난 두려움, 통제 상실, 깊은 무력감의 일종이라 할 수 있다.

나는 연결의 관점에서 트라우마를 생각하기 시작했다. 이 일을 하면서 '끊어진 연결broken connection'이라는 키워드를 반복적으로 접한 것이 계기였다. 트라우마는 우리 몸과의 연결을 끊고, 자아와의 연결을 끊는다. 타인, 그중에서도 사랑하는 사람과의 연결도 끊는다. 지구상에 발을 딛고 현재를 온전히 느끼는 현실 감각과의 연결이 끊어지고 신, 근원, 생명력, 행복과의 연결도 끊어진다. 인간 고유의 영성, 다정한 의식, 존재와 관련되었다면 그 무엇이든 연결이 끊어진다. 일을 하면서 이 논제가 자꾸만 눈에 띄었고 끊어진 연결과 트라우마는 내게 거의 동의어가 되었다.

트라우마가 덮치거나 인간관계로 큰 상처를 입었을 때 우리는 연결이 완전히 '끊어진' 느낌을 받을 수 있다. 보잘것없는 '나'라는 존재가 이 세상과 모든 사람에게서 단절된 채 홀로 작은 거품에 갇혀 고통의 바다 위를 둥둥 떠다니는 기분이 든다. 이제 우리는 그 상상의 거품을 터뜨려야 한다. 그럴 수 없다면 사랑하는 사람들에게 돌아갈 다리라도 지어야 한다. 나는 해소되지 않은 트라우마 때문에 고독과 아픔이 유행병처럼 전국에 번졌다고 생각한다. 미국만 그런 것이 아니다. 이런 고통이 전 세계에 만연하다는 사실은 뉴스만 틀어도 알 수 있다.

다행히 이야기는 여기서 끝나지 않는다. 인간에게는 치유하고 변화할 능력이 있기 때문이다. 자신, 타인, 우주, 그 모든 것을 아우르는 세계와 연결이 끊어졌어도 상처를 치유하고 연결을 복구할 능력을 가지고 있다.

하지만 혼자 힘으로는 부족하다. 일단 고립 상태로는 치유 능력을 발휘하지 못한다. 그래서 다른 사람들이 '필요'하다. 작가이자 강연자인 스탠 탯킨Stan Tatkin은 인간이 관계로 상처를 받고 관계로 상처를 치유한다고 말한다.[1] 그는 아내 트레이시 볼더만 탯킨Tracey Boldemann-Tatkin과 커플 치료에 대한 정신심리학적 접근법Psychobiological Approach to Couple Therapy, 일명 PACT를 개발한 임상심리학자다.

아무리 비참한 상황이라도 주변에 친한 사람들이 있다면 변화는 일어나기 마련이다. 무수한 연구 중에 하나를 소개하자면, 최근 일리노이에 있는 한 병원은 혼수상태인 환자가 가족의 목소리를 들을 수 있을 때 더 빨리 회복했음을 증명해냈다.[2] 좋으나 싫으나 우리 인간은 이처럼 이상하고 놀라운 여행을 함께하는 사이다.

문화적으로 '혼자서도 잘해야 한다'라는 생각을 권하는 분위기가 있기는 하다. 하지만 우리는 '함께할 수 있다'라는 정신으로 무장했을 때 더 긍정적인 성과를 낸다. 그러는 동안 친구, 자녀, 연인, 부모, 형제는 물론 만난 모든 사람과 건강한 관계의 장을 이룩할 수 있다. 낯선 사람도 예외는 아니다.

가파른 경사를 오를 때, 사람의 생리 반응이 어떻게 변하는지를 측정한 연구 결과도 무척 흥미롭다. 실험 대상의 위협 반응은 혼자 있을 때 가장 강했고, 낯선 사람이 옆에 있으면 줄어들었다. 교감을 느끼는 사람과 동행한 경우에는 위협 반응이 거의 존재하지 않았다.[3] 그 외에도 수많은 연구가 같은 결론을 가리킨다. 즉 우리의 두뇌와 신경계는 따로 떨어져 있지 않고, 서로 연결되어 교류한다. 본질적으로 인간은 타인과의 관계를 통해 조절 작용을 하는 사회적 존재인 셈이다.

물론 스스로 신경계를 조절하는 자기 조절self-regulation도 필요하다. 일평생 자신을 지키고 돌보는 법은 배워야 마땅하다. 하지만 이 책을 읽는 동안에는 신경계의 초기 발달 과정에 집중하기로 하자. 이상적인 환경에서 성장하는 아이는 가정 내에서 "조절 전문가"의 역할을 하는 양육자에게 보살핌을 받는다.[4] 부모는 자신의 신경계를 조절하고, 커플이자 육아 파트너로서 서로의 신경계를 조절해 준다. 더 나아가 신경계 조절이 원활한 환경을 조성하기 때문에 모든 가족 구성원, 특히 아이가 이로운 영향을 받는다.

어린 시절의 신경계 조절 환경은 일생 동안 어떻게 세상을 보고 타인과 상호작용하는지를 결정한다. 예를 들어, 신경계 조절이 안정적이며 아기에게 관심과 사랑을 쏟는 사람이 안아주고, 젖을 먹이고, 흔들어 주었다고 해보자. 그래서 아기가 생동감, 편안함, 안정감 같은 긍정적인 느낌을 받는다면, 그런 느낌과 조절 효과는 무의식적인 암묵 기억을 통해 신경계와 신체에 각인된다.

이처럼 아기의 신경계는 양육자에게 정보를 직접 받으며 공동 조절co-regulation을 배운다. 현재 각자의 신경 발달 수준은 양육자와 공동 조절을 한 결과라고 할 수 있다. 우리에게는 스킨십, 사랑을 담은 눈빛과 미소, 리드미컬한 심장박동의 교환이 필요하다. 하지만 유년 시절이 이상적이지 않다면 여기에도 쉽게 영향을 받는 것이 우리 인간이다.

위의 사례와 달리 따뜻한 교감 없이 자랐다면 신경계의 상호 조절 능력이 충분히 발달하지 못한다. 결국 성인이 되어서도 타인을 믿거나 타인에게 도움을 청하기가 힘들어진다. 심한 경우에는 도움이 필요해도 도움을 요청할 '생각'조차 들지 않는다. 자신을 안전하게 지키려면 애착 대상에게 다가가는 접근 추구proximity-seeking 행동이 필요한 법이다. 하지만 애착이 손상된 아이는 타인에게 먼저 다가가려 하지 않는다.

사실 인간의 자율성은 타인의 힘을 빌렸을 때 더욱 발달한다. 우리는 도움을 통해 사교성과 사는 데 필요한 기술들을 배우고 연습할 수 있다. 그다음 홀로 세상에 나아가 이 기술들을 시험하며 자신의 재능을 탐구하고 꺼내 보인다. 혼자만의 시간을 무척 중요하게 생각하는 사람도 있다. 하지만 비판, 거절, 창피, 망신이 두려워 타인과 세상에 다가가지 않는 경우가 부지기수다. 단순히 실수를 두려워하기도 한다. 언젠가 이런 강연을 들었다. "저는 실수를 하며 정말 많은 걸 배웠어요. 그러니까 세상에 나가 더 많은 실수를 저질러야 한다고 생각합니다!"

자기 조절과 공동 조절 중 우리 인생에 덜 필요하고 덜 이로운 것은 없다. 요가, 호흡 수련, 운동, 명상 등으로 신경계 조절을 잘하는 사람들도 많고, 이런 기법의 유용성이나 중요성을 폄하하고 싶지는 않다. 현 상태에 편안함을 느끼고 긴장을 풀어줄 도구를 가지고 있다면 축하할 일이다. 하지만 다른 사람과 함께 있을 때도 안전하다고 느낄 방법이 있다.

이 기술을 익히면 세상이 달라진다. 신경계를 공동 조절하며 안전감, 유쾌함, 편안함을 느낄 때, 비로소 우리는 안정 애착을 강화하고 안정 애착이 주는 막대한 보상을 만끽할 수 있다. 그래서 나는 '타인과 함께하는 행위'가 일종의 "공동 마음챙김co-mindfulness"이라고 본다. 명상, 수련 등 치유 과정에 다른 사람을 초대하고 동시에 그 사람의 치유 과정 속으로 들어가 보자. 물론 결과는 저마다 다를 것이다. 하지만 연구에 따르면 타인과 함께할 때의 성과가 훨씬 우수하다고 한다.

트라우마를 함께 치유하려면 안전하다는 느낌이 필요하다. 친밀한 사람에게 위협을 느낀다면 문제 해결은커녕 역효과가 일어난다(물론 다른 이유로도 바람직하지 않은 상황이다). 위협을 느끼면 자아 인식, 타인과의 관계를 담당하는 뇌 영역에 접근하기 힘들어진다. 다음 이야기로 넘어가기 전에 이 점을 반드시 염두에 두기를 바란다. 다른 사람과 관계를 맺을 때는 안전을 추구하고, 상대도 안전한 느낌을 받게끔 도와야 한다. 혼자서든, 함께든 트라우마를 치유하고 신경계를 조절할 새로운 방법이 있다면 열린 마음으로 받아들이자. 그러면 상대와 더 가까워지고 새로운 차원의 친밀감이 샘솟을 것이다.

　보다시피 이 책은 실용적인 학습서다. 다양한 제안과 실습을 한 권에 담았는데 우선 맛보기로 시각화 연습을 해보자.

함께 해보기 | 누가 안전하고 편안한 느낌을 주는가?

평소 함께 있을 때 안전하고 편안하다는 느낌이 드는 사람을 생각한다. 배우자, 연인, 부모, 친구, 자녀, 심리치료사일 수도 있고 워크숍에서 처음 만난 사람일 수도 있다. 사랑하는 반려동물도 가능하다. 아무튼 함께 있을 때 자신감이 충만해지고 진심으로 편안해지는 상대를 고른다. 떠오르는 사람을 전부 머릿속으로 그릴 필요는 없다. 한두 명이면 충분하고, 위의 설명과 일치하는 사람이 없어도 괜찮다. 그 경우 대신할 방법은 나중에 따로 소개하겠다.

　하지만 지금 떠오르는 사람이 있다면, 그 사람을 최대한 상세하게 그려보자. 그런 다음 그와 함께 있는 기분을 의식한다. 어떤 감각이 나타나는가? 몸의 어느 부위에 감각이 느껴지는가? 잠시 이 실습에 집중하고 그러는 동안 새롭게 떠오른 실재presence감과 편안함에 몸을 맡긴다.

몇 문단 앞으로 돌아가 호의와 사랑을 담아 아기를 안아주는, 긍정적인 공동 조절 사례를 다시 읽어보자. (소수만이 경험하는) 이런 이상적인 시나리오에서 아이는 보호, 실재감, 놀이, 일관성, 반응성을 중시하는 친사회적 가정의 일원으로 자란다. 옹알이를 하거나 손을 뻗거나 양육자의 얼굴을 바라볼 때마다 아기는 마주 보는 표정을 통해 자신이 얼마나 특별한 존재인지를 느낀다. 아기에게 보내는 사랑이 명백하게 보인다. 안아주고 만져주고 앙증맞은 손가락과 발가락을 어루만지는 손길에서도 아기는 자신이 안전하다는 사실을 근본적으로 이해한다.

그리고 아주 어린 나이부터 이 세상에 영향력을 발휘할 수 있음을 안다. 소리 높여 울 때마다 좋은 일이 일어나기 때문이다. 기본적인 욕구와 감정을 표현하기 위한 언어를 배우기도 전에 양육자가 울음소리에 반응한다. 아이는 자신의 뜻을 이해하고 욕구를 해소해 주며 한결같은 사랑을 보내는 존재에 의존하게 된다.

최상의 상황이라면 거기서 그치지 않는다. 양육자는 아이를 보호할 뿐만 아니라 아이가 최적의 행동이나 감정 표현 또는 발화를 하지 않을 때도 항상 곁에 있어준다. 행복, 고통, 혼동, 흥분, 분노 등 아이가 무엇을 경험하든 변함없이 자리를 지키며 사랑을 담아 응답한다.

이런 상황을 '이상적'이라 하는 이유는 우리가 어린 시절 마땅히 누렸어야 할 모습이기 때문이다. 바로 이런 분위기 속에서 아이는 안정 애착을 형성하며 자란다. 애착 이론의 선구자 존 볼비John Bowlby는 인간의 안정 애착이 생물학적으로 당연한 결과라 말한다. 실제로 우리는 타인과 애착을 형성하고 유지하는 습성을 가지고 태어났다. 인간을 비롯한 사회적 포유동물들이 어떻게 진화했는지를 보면 알 수 있다. 처음에는 한데 모여 안전하게 생활하다가 독립 준비를 마치면 혼자 나가 살고 이후 자녀를 낳아 자녀에게 안정 애착을 물려준다. 훗날 그 자녀도 자신의 자녀에게 안정 애착을 키워줄 것이다.

물론 언제나 계획대로 흘러가지는 않는다. 하지만 상처와 부적응적 행동의 이면을 들여다보면 모든 인간에게는 사랑하는 이를 신뢰하고 그와 함께하려는 안정 애착의 씨앗이 심어져 있다. 그리고 위의 이상적인 상황을 자주 접할수록 안정 애착을 지향하는 천성이 제대로 발휘된다. 안정 애착은 신체로도 통합되어 신경계, 두뇌는 물론 근육과 조직의 형태도 바꾼다.

이 대목에서 소개해야 할 개념이 '수반감contingency'인데, 단어가 주는 느낌과 실제 의미는 조금 다르다. 이 맥락에서 '수반감'이란 나와 관계를 맺고 있는 타인이 나를 이해했다고 느끼는 경험을 말한다. 이는 상대가 내게 맞추어서 조율을 했고, 내게 공명 반응을 한다는 '감각적 느낌felt sense'이다. 이때 우리는 상대가 나를 "이해"했다고 느낀다. 말하자면 '이해를 받았다' '느낌을 전했다'라고 할 수 있다. 어떤 이야기나 경험담을 들려줄 때 상대와 감정적으로, 더 나아가 영적으로 통했다고 느낀다. 그 순간 아주 깊은 교감이 이루어진다.

당연히 자주 일어나는 현상은 아니다. 많은 사람들이 산만한 정신으로 대화를 주고받기 때문이다. 수반감이 들 만큼 이야기에 몰입하지도 않는다. 참고로 수반감을 일으키는 방법 중의 하나는 상대의 말을 들을 때 명확한 질문을 던지는 것이다. 이야기와 관련된 질문은 이야기를 정말 귀담아듣고 있고, 그 사람을 완벽하게 이해하고 싶다는 마음을 보여준다.

신생아일 때는 울음 외에는 스스로를 표현할 방법이 딱히 없다. 배가 고프다거나, 기저귀를 갈아달라거나 하는 명백한 요구가 있을 때도 울지만, 다른 욕구도 울음으로 전달한다. 이상적인 부모나 양육자는 아기의 울음에 관심을 가지고 각각의 울음이 어떤 의미인지 해독하려 할 것이다. 낮잠이 필요하다는 의미일 수도 있고, 안아달라는 의미일 수도 있다. 혼자 있고 싶다는 의미일 수도 있다. 어쨌든 핵심은 뜻을 파악하려는 부모의 노력이다. 아기가 왜 그러는지 '알아들으려' 해야 한다. 그래서 부모가 욕구를 충족시킬 수 있다면 아기는 더없이 안전하고 편안한 느낌을 받을 것이다.

UCLA 정신의학과 임상교수이자 마인드풀 인식 리서치 센터Mindful Awareness Research Cente의 공동 창립자인 대니얼 시겔Daniel Siegel은 인간이 "천부적인 수반감 탐지기"라고 한다.[5] 우리는 상대가 나를 이해할 때와 이해하지 못할 때가 어떻게 다른지를 본능적으로 안다. 뇌가 그에 맞추어 미세하게 조율되었기 때문에 비일관적인 태도와 진정성을 예민하게 감지한다.

다들 한 번쯤 이런 경험을 해보았을 것이다. 아주 소중하고 사적인 이야기를 들려주었는데 상대가 입으로는 "아아, 이해해. 왜 그런 얘기하는지 알겠다"라고 하지만 전혀 이해하지 못하는 듯한 경우 말이다. 본인은 이해한다고 생각할지 몰라도 그렇지 않다. 이런 구분을 할 수 있다니 대단하지 않은가? 상대가 나를 이해할 때와 이해하지 못할 때에 대한 구분을 감각적 느낌을 통해 학습하며 자랐기 때문이다. 정말 놀랍고 신기한 일이다.

그래도 성인은 언어를 사용할 수 있으니 아기보다 관계를 맺기가 훨씬 쉬울 것만 같다. 하지만 문제는 우리 인간이 자기 욕구를 표출하거나 타인을 이해하는 일을 생각만큼 잘하지 않는다는 것이다. 때로는 서로 오해를 한다. 마음이 맞지 않았다고 느낄 때도 있고 소외감, 수치심마저 느낀다. 공격을 당했다는 느낌도 받고, 의도치 않게 상대에게 같은 느낌을 줄 수도 있다.

그렇기 때문에 반드시 서로에게 촉각을 더 곤두세우고 상대의 말을 진심으로 "이해"하도록 노력해야 한다. 성인은 그 무엇보다도 수반감을 찾아야 한다. 상대와 나누려는 것이 슬픔, 행복, 고통, 쾌락의 순간인지는 중요하지 않다. 우리에게 제일 이로운 감각은 조율과 공명이다.

성인기의 관계에서 발생하는 대부분의 문제는 어린 시절의 애착 역사와 밀접한 관련이 있다. 이 점을 이해한다면 자신과 타인을 더 온정적으로 바라볼 수 있을 것이다. 파트너의 단점보다는 나 자신의 성장 과정이 현재의 관계 패턴을 더 많이 좌우한다는 사실을 이제는 알기 때문이다. 조급해하지 말고 상대와 공명하며 수반감이라는 의미 있는 경험을 함께 나누도록 하자.

또한 내게도 공명과 수반감을 나누어 줄 사람을 몇 명 찾으면 좋다. 인간관계에 시간과 노력을 투자하고 싶다면 그 사람들이어야 한다. 작가이자 휴스턴대학의 연구교수인 브레네 브라운Brené Brown은 내 이야기를 들어줄 가치가 있는 사람을 찾으라 조언한다.6 브레네에 따르면 지인이라 해도 이야기를 주의 깊게 들은 후 이야기를 꺼내기까지의 어려움을 인정해 줄 사람이나, 똑같이 진정성 있는 태도로 반응해 줄 사람은 소수에 불과하다.

나는 수반감의 중요성을 깨닫자마자 내 인간관계에서 작은 "창고 세일"을 열었다. 함께 성장할 가능성이 큰 사람들을 고르고 그 사람들에 더 많은 에너지를 쏟기로 했다. 반대로 나를 지지하지 않거나 내게 긍정적인 힘을 주지 못하는 사람에게는 에너지 소모를 줄였다. 여러분도 나처럼 하라는 말은 아니다. 하지만 자신의 지지 체계가 공고한지, 내게 도움이 되는지는 한번 확인해 보기를 추천한다.

내게 안전감을 주는 사람, 만나고 싶을 때 만날 수 있는 사람, 정서적으로 공명이 되는 사람에게 더 많은 관심을 기울여야 한다. 갈등을 회피하라는 뜻은 아니고, 문제를 함께 해결할 수 있을 사람들에 집중하자는 말이다. 그 사람들과의 관계에서는 불화를 겪거나 실망을 하는 피할 수 없는 위기가 찾아와도 더 끈끈하게 극복할 수 있다. 요새는 식단의 '종류'나 운동의 '질'보다 식사를 함께하는 '사람'이 더 중요하다는 말이 있다. 건강한 관계를 맺고 안정 애착을 키울 때도 주변에 어떤 사람을 두느냐가 가장 중요하다.

자, 이제는 방금 배운 개념을 현실에 적용할 차례다. 다음 실습은 첫 번째 실습과 비슷하지만 조금 더 구체적이다.

함께 해보기 | 수반감 떠올리기

마음이 맞았다거나 영혼이 교감했다고 느낀 특별한 경험을 떠올려보자. 평소와 달리 타인에게 인정이나 이해를 받았다고 느낀 때가 있을 것이다. 앞선 실습에서는 특정한 사람 한 명에 집중했다면 이번에는 경험 그 자체를 떠올린다. 타인과 깊은 통찰을 공유했을 때 기분이 얼마나 좋았는지 기억해 보자. 정신과 영혼이 만나는 흔치 않은 순간, 서로 깊이 이해하고 이어졌다는 감각적 느낌을 받았을 것이다.

『사랑 2.0Love 2.0』에서 저자 바버라 프레드릭슨Barbara Fredrickson 은 이런 순간들이 모여 사랑을 이룬다고 말한다. 지속 시간이나 상대는 중요하지 않다.[7] 이런 경험을 했을 때를 천천히 떠올리고 그 느낌을 최대한 몸으로 받아들인다. "이해를 받았다" "느낌을 전했다"라고 느꼈을 때 기분이 어땠는가? 기억을 되짚었을 때 가장 두드러지는 감정 반응, 신체 반응은 무엇이었나? 상대와 깊이 조율되었던 순간을 처음부터 끝까지 세세하게 떠올린다. 무엇이 가장 인상적인가? 전에는 미처 못 느꼈던 감각이 있는가? 그때 기분은 어땠고, 지금 기분은 어떤가?

애착의 네 가지 유형

애착 시스템은 인간이 가지고 태어난 자연스러운 장치로서 삶의 모든 경험, 특히 타인과의 관계에 영향을 미친다. 우리의 최종 목표는 '안정 애착'이지만, 다른 모든 애착 유형 또한 인간의 안전을 추구하는 방향으로 진화했다는 사실은 알아둘 필요가 있다. 불안정 애착조차도 위험한 상황에서는 생존에 도움이 되고, 절대 불변의 애착 유형은 존재하지 않는다.

각 유형을 1장에서 4장까지 하나씩 심도 있게 탐구하며 대응 방법을 알아볼 텐데, 여기서는 이해에 도움이 되도록 핵심만 빠르게 살펴보겠다.

1. 안정 애착

앞에서 살펴본 바와 같이 이상적인 상황에서 애착이 안정적으로 형성되는 유형이다. 안정 애착Secure Attachment이 형성된 사람들, 일명 안정형은 대개 반응이 일관적인 양육자에게서 넘치는 사랑과 지지를 받으며 자랐다.

성인이 되어서는 독립적인 개체로서 건강하고 서로에게 이로운 관계를 맺는다. 타인과 있을 때나 혼자 있을 때나 똑같이 편안해하고 사고가 유연하며 다양한 가능성을 인식한다. 남들과 의견이 달라도 개의치 않고 큰 감정 소모 없이 갈등을 해결한다. 사랑을 받으면 내면으로 받아들이고 타인을 쉽게 용서한다.

2. 회피 애착

회피 애착Avoidant Attachment이 형성된 회피형은 친밀한 관계를 거부하거나 관계의 중요성을 축소하는 경향이 있다. 대체로 자랄 때 부모의 관심을 받지 못한 경우다. 양육자가 아이를 오랜 시간 방치했거나 다가오는 아이를 밀어냈을 때, 아이의 곁에 없는 시간이 많았을 때 (혹은 무언가를 가르칠 때만 곁에 있었을 때) 많이 발생하는 유형이다.

회피형은 브레이크를 밟고 애착 시스템과의 연결을 끊은 사람들이다. 그렇기 때문에 안전하고 건강한 방식으로 타인과 재연결하는 과정이 필수다.

3. 양가 애착

양가 애착Ambivalent Attachment에 적응한 양가형은 자신의 욕구가 채워지는 상황, 사랑을 주고받으며 안정감을 느끼는 상황에 처했을 때 굉장한 불안해한다. 부모에게 사랑을 받기는 했을 것이다. 하지만 양가형의 부모는 아이에게 집중하지 않고 예고 없이 관심을 거두었다. 언제 또 관심을 보이는지 예측할 수 없었거나 그마저도 관심을 굉장히 띄엄띄엄 주었을 것이다.

양가형은 상대가 자신을 무시하거나 버리는 징후에 굉장히 민감하기 때문에 애착 체계가 과열 상태로 돌아가는 중이다. 반드시 버림을 받을 것이라 확신해 실제로는 아무 일이 없는데도 슬픔, 실망, 분노를 느끼기도 한다. 이런 양가형에게는 일관적인 태도와 확신이 중요하다.

4. 혼돈 애착

혼돈 애착Disorganized Attachment 유형은 과도한 두려움을 특징으로 보인다. 사실 혼돈형은 위협에서 생존하고자 하는 본능과 목적이 어긋난다. 아이는 스트레스를 받거나 아프거나 겁이 났을 때 사랑하는 부모가 위로하고 보호해 주기를 원한다. 그러나 부모가 두려움이나 고통의 근원이라면 어떻게 해야 할까? 위협 반응에 빠져 뚜렷한 패턴 없이 회피형과 양가형 사이를 오가는 혼돈형도 있다. 신체적으로나 정신적 혼란을 겪는 경우도 많다.

혼돈형 부모는 자기 자식을 두려워할 수도 있다. 이들은 어린 시절 부모를 위협적인 존재로 보았을 가능성이 크다. 아니면 부모가 자신의 해소되지 않은 트라우마 때문에 두렵고 공포스러운 분위기를 조장했을지도 모른다. 혼돈형은 감정 조절에 서툴고 갑자기 흥분하거나 해리, 정신 이탈 증상을 보이기도 한다. 가장 많이 문제를 일으키는 유형이므로 근본적으로 신경계 조절 방법을 다시 배우고 관계가 안전하다는 느낌을 되찾을 필요가 있다.

이렇듯 다양한 애착 유형을 알아보는 동안 자신이나 파트너, 부모님, 친구, 자녀가 어떤 면에서 비슷한지 비교해 보기를 바란다. 최대한 유쾌하고 열린 마음으로 다양한 관계에 호기심을 발동시켜 보자. 다만 애착 유형이 평생 고정되어 있지 않는다는 사실은 잊지 말아야 한다. 한 사람이 여러 가지 유형의 특징을 보일 수도 있다. 설명을 읽으며 자신이 안정 애착 같다고 생각해도 일부는 회피형, 일부는 양가형에 걸칠 수도 있다. 특정 스트레스를 받을 때만 두려움을 확연히 느끼는 일시적 혼돈형일 수도 있다.

이미 잘 알겠지만 우리는 관계마다 다른 특징, 느낌, 반응을 보인다. 고려할 변수도 많고, 맞지 않는 유형에 자신이나 타인을 억지로 끼워 맞출 필요도 없다. 그보다는 우세한 패턴이라도 유동적이라는 사실, 우리가 패턴을 관리할 수 있다는 사실을 이해해야 한다. 나는 여러분이 자신과 자신의 애착 유형을 이해하며 스스로를 비난하고 자책하는 습관을 모두 버리기를 바란다. 출발선이 어디든 따뜻한 마음으로 최선을 다해 상처를 치유하자. 그 과정에서 안정 애착 기술들Secure Attachment Skills, SAS은 저절로 향상될 것이다.

사람들이 애착 유형에 관심이 많은 대표적인 이유는 연애다. 그러니 이쯤에서 인간의 애착 시스템이 항상 작동 중이라는 사실을 강조해야겠다. 데이트를 하고 서로 가까워지며 우리는 점점 상대에게 의지하고 상대도 우리에게 의지하기 시작한다. 즉 두 사람은 서로의 주된 애착 대상이 된다. 하지만 신경계가 그 사람을 인생에 없어서는 안 될 존재로 인식하기까지는 시간이 걸린다.

연애 초반에는 행복에 빠져 순탄한 만남을 이어갈 수 있다. 마법에 걸린 기분이고 흥분과 에너지가 폭발한다. 이렇게 느끼는 이유는 상대에 대한 애정을 유지해 주는 생화학 물질이 뇌에서 다량 분비되고 있기 때문이다. 문제는 이런 연애 초기에 파트너에 관한 중요한 경고 신호를 놓친다는 것이다(무시할 때도 있다). 사랑을 하면 눈이 먼다는 말도 있지 않은가. 따라서 옥시토신oxytocin, 바소프레신vasopressin 같은 화학 물질이 옅어질 때까지 연애와 관련한 중대 결정은 미루는 것이 좋다.

실제로 어떤지 과거의 연애를 떠올려보라. 특정 시점을 지났을 때 상대를 보는 눈이나 상대에 대한 생각이 달라진 적이 없는가? 1~2주년 즈음 관계에 큰 변화가 일어나지는 않았나? 대부분의 변화가 자연히 몸에 배고 무의식적으로 일어나기 때문에 추적하기가 쉽지는 않다. 하지만 일정 기간 후에 관계에 갑작스러운 변화가 일어난다는 사실에는 많은 사람들이 공감할 것이다.

인지 발달, 뇌과학, 그리고 애착 이론

물론 우리가 하는 경험은 하늘에서 뚝 떨어지지 않았다. 어린 시절의 경험이 우리에게 얼마나 깊은 영향을 남기는지 이해하려면 잠시 신경계와 두뇌 작용에 숨겨진 과학을 알아볼 필요가 있다.

아기는 세상에 처음 태어났을 때 주변의 정보를 모두 흡수한다. 특히 자신을 책임지고 보살펴 주는 사람들에게서 정보를 꾸준히 받는다. 생후 약 1년 반까지는 인지 발달이 충분히 이루어지지 않아 이런 정보를 이야기로 엮지 못한다. 모습, 느낌, 사건, 색깔, 감각이 의식 기억conscious memory이 아닌 "의식하지 못하는" '암묵 기억implicit memory'으로 들어가 쌓일 뿐이다. 몸과 마음과 영혼이 함께 움직이며 영구적인 녹음기처럼 우리에게 일어나는 모든 일을 기록하는 것이다.

하지만 주로 외부의 영향을 받는 아기는 녹음기를 재생해 안에 담긴 내용을 이해할 방법을 알지 못한다. 이와 같은 초기 기억에 접근하는 사람은 많지 않다. 그러나 숨어 있던 기억이 어떤 자극을 받은 후 선명하게 떠오르는 경우도 있다. 감각, 행동, 그리고 손짓과 같은 비언어적 표현을 추적하는 방법으로 암묵 기억에 잠들어 있는 중대한 사건을 발굴할 수도 있다. 관심을 기울일수록 암묵 기억은 뚜렷해지며 우리에게 성장하고 트라우마를 극복할 기회를 준다.

어린 시절의 경험이 암묵 기억에 존재하는 이유는 기억이 각인된 시기에 뇌가 충분히 발달하지 못했기 때문이다. 그러다 성장하면서 대뇌피질 아래에 위치해 시간과 공간 지각을 담당하는 '해마hippocampus'에 접근할 수 있게 된다. 해마는 생후 18개월까지 조금씩 발달하는데, 그전까지 아기는 어떤 경험이 저장된 위치를 알지 못하고 그 경험을 과거, 현재, 미래 중 어디에 두어야 할지도 모른다.

애착 기억이나 트라우마 기억은 '고속 회로 학습fast-circuit learning'을 통해 각인되는 경향이 있다. 기억의 속도가 너무 빨라 해마를 완전히 우회하는 것이다. 초기 애착 기억이 그렇게 저장되는 이유는 해마가 아직 발달하지 않았기 때문이다. 트라우마 기억은 이와 다르다. 트라우마는 신경계가 감당하지 못할 만큼 갑작스럽고 강렬한 경험이다. 따라서 상위 기능을 담당하는 뇌 영역을 통과하지 않고 결국 기억에 통합되지 못한다.

이렇듯 해마가 발달하기까지는 시간이 걸리지만, 사실 인간의 뇌는 만반의 준비를 하고 세상에 나온다. 간단히 말해 우량아로 태어난다. 필요할 경우를 대비한 추가 세포, 즉 추가적인 잠재력도 많이 가지고 있다. 가능한 시나리오를 태생적으로 몇 개든 처리할 수 있기 때문에 뇌는 대체로 긍정적이다.

친사회적인 가정에서 자랐다면, 그래서 가족들이 언제나 곁에 있고 유쾌한 태도를 보이며 아이를 안전하게 보호해 준다면 아이의 뇌는 선천적인 방어 기능을 일부 제거하고 관계 기능을 더 강조한다. 그 결과 위험 요소를 찾아 주위를 두리번거리는 일이 줄어든다. 늘 과도한 수준으로 경계하지도, 언제나 '위협 반응' 태세를 취하지도 않는다. 대체로 타인을 신뢰하고 인간관계에 긍정적인 확신과 반응을 기대하며 자란다. 이 경우 안정 애착과 관련된 뇌 영역이 아주 짜임새 있게 발달하고 접근하기도 쉬워진다.

하지만 덜 이상적인 상황에서 성장한 사람은 어떻게 될까? 전쟁 통에 태어났을 수도 있고, 부모가 약물중독자일 수도 있다. 부모 중 한 사람이 심각한 우울증 환자일 수도 있다. 부모가 겁을 주고 폭력을 휘두르는 경우도 있다. 해소되지 않은 트라우마로 두려움에 휩싸여 정상적인 생활이 불가능한 양육자도 있다. 이럴 때 아이의 뇌는 안정 애착과 관련된 부분들을 쳐내고 방어 담당 영역을 강화한다. 상황을 관리하고 세상의 위험에 대응하기 위해 위협 반응은 필요 이상으로 발동될 것이다. 이처럼 뇌는 아이가 경험한 관계적 상황을 중심으로 형태를 잡아간다.

참 실용적이다. 지혜로운 면도 보인다. 타인으로부터 나를 보호해야 한다면, 위험의 징조를 초기에 감지하는 레이더 시스템을 개발해야 마땅하다. 하지만 성인이 되고 안전과 지지를 보장해 주는 상대를 만났을 때 문제가 복잡해진다.

아이는 성장할 당시의 관계 환경에 적응하기 때문에 머리로는 의식하지 못해도 몸에 자연스럽게 밴 어린 시절의 방식대로 타인과 관계를 맺는다. 즉 세상을 보는 관점을 전부 가르쳐준 암묵 기억(그런 의미에서 '절차 기억procedural memory'이라고도 한다)을 따른다. 그것은 우리가 특정한 행동을 하고 생뚱맞거나 부적절한 느낌을 받는 이유이기도 하다. '서술 기억declarative memory'이 알려주는 어린 시절의 인간관계는 아무 의미가 없다.

신경계가 계속되는 위협에 대응하는 쪽으로 구성되면 성인이 되어서도 가벼운 자극에 위협 반응을 보인다. 이렇듯 뇌의 형태가 일찍 결정되었기 때문에 안정 애착을 지향하는 데도 조금 더 많은 노력이 필요하다. 정말로 감당하지 못할 상황에서는 경직 반응freeze response에 빠져 움직이지 못할 수도 있다. 말을 하거나 소리를 듣는 능력을 잃기도 한다. 이렇게 트라우마는 다미주 이론Polyvagal Theory의 창시자 스티븐 포지스Stephen Porges 교수가 "사회 참여social engagement"라고도 한 우리의 상호작용에 엄청난 영향을 미친다.[8]

물론 일상의 위험에 대처하기 위한 위협 반응은 필수적이다. 다만 위협 반응이 과도하게 작동하지 않도록 강도를 낮추자는 이야기다. 우리는 두뇌의 경보 센터인 '편도체amygdala'를 진정시키고 타인과 의미 있는 교류를 하는 데 필요한 '내측전전두엽medial prefrontal cortex'을 활성화하는 법을 배워야 한다.

신경과학과 마음챙김을 주제로 책을 쓰고 강연도 하는 심리학자 릭 핸슨Rick Hanson은 안전을 지키는 것이 최우선 과제이기 때문에 인간의 뇌가 위협과 두려움에 더 민감하다고 지적한다.[9] 그 특성을 긍정적으로 생각할 수도 있다. 성인이 되어 안정 애착 형성에 관심을 가지게 된 우리가 나쁜 일보다는 좋은 일에 더 집중해야 한다는 사실을 알게 되었지 않나. 그래서 나는 일을 할 때도 내담자의 교정적 경험corrective experience에 특별히 많은 시간을 투자한다. 이 책에도 다양한 실습으로 교정적 경험들을 넣어보았다.

우리의 신경계가 위협과 안전 중 무엇을 대비하려는지는 중요하지 않다. 처음에 하나의 패턴을 이루어도 인간의 뇌에는 기본적으로 '신경가소성neuroplasticity'이 있기 때문이다. 다시 말해, 뇌는 성장과 적응이 가능하도록 만들어졌다. 성인도 자신의 신경회로에 영향을 미쳐 신경계의 방향을 안정 애착으로 돌릴 수 있다. 인간은 근본적으로 치유하게 되어 있다.

유년 시절이 이상적이지 않았어도 괜찮다. 우리는 안정 애착이 설정된 채로 태어난 존재이기 때문이다. 이제 안정 애착을 방해하는 요인을 알아내고 안정 애착을 더 우세한 성향으로 만드는 방법만 배우면 된다. 어딘가에 묻혀 있는 안정 애착을 발굴하자. 그러면 언젠가 찾아올 관계 트라우마나 애착 장애에 맞서 승리할 것이다. 설령 패배한다 해도 더 빠르게 일어나 회복할 수 있다.

완벽하게 안전한 삶은 존재하지 않는다. 비교적 안전한 삶으로 나아갈 뿐이다. 모든 욕구가 충족되는 일은 없을 것이고, (완벽한 부모를 가지거나) 완벽한 부모가 되지도 못할 것이다. 다행인 점은 그런 요소들이 없어도 깊은 트라우마에서 완전히 회복할 수 있다는 사실이다.

우리는 상처 입은 자아를 탈피하고 안정 애착과 회복탄력성을 키우며, 다른 사람들도 나와 똑같은 방법으로 트라우마를 치유하게 도울 수 있다. 먼저 다가가 친밀한 관계를 맺고 가족과 친구, 더 넓은 세상을 대상으로 관계에 대한 가르침을 전파해 보자. 따지고 보면 그것이 이 책의 궁극적인 목표다.

지금부터는 부모님의 장점과 단점을 탐구할 시간이다. 모든 인간은 미완의 존재이기 때문에 분명 여러분의 부모님에게도 존경할 면모와 더불어 해결되지 않은 문제가 있을 것이다. 다음 실습을 하다 보면 자신의 가정이 가졌던 문제와 고통뿐만 아니라 자랑거리를 깊이 탐구할 수 있을 것이다. 좋았던 일은 힘들었던 시기의 기억에 묻히기 쉽다. 그러니 이번 실습으로 전체적인 그림을 그리며 과거에 우리가 받았던 상처들을 인정하고 우리가 얻었던 지혜를 칭찬하자. 물론 상처를 치유하는 동안에도 지혜와 온정이 쌓인다.

1. 결핍과 상처 떠올리기

우선 어머니와 아버지의 단점이나 결점을 나열한다. 어린 시절 내게 가장 부정적인 영향을 주었던 상황이나 행동도 쭉 적어본다. '사건 자체'도 중요하지만, 그 사건을 내면에 받아들인 '방식'은 더욱 중요하다.

부모의 긍정적인 면 한 가지를 기억하기보다 부정적인 면들을 떠올리기가 더 쉬울 때도 있는데, 이는 주로 양가형이나 혼돈형에게 나타나는 현상이다. 일상의 평범한 경험이나 대체로 좋았던 경험이 부정적인 경험에 가려 보이지 않다가 어린 시절의 상처를 치유한 후에야 감지되기도 한다. 회피형은 그럭저럭 괜찮은 과거를 보냈다고 생각하다가 갈망을 느끼고 관계에 부족했던 점을 뒤늦게 깨닫는 경향도 보인다.

2. 도움과 지지 떠올리기

내 어머니는 터프한 교사였다. 해소되지 않은 심적 고통을 가지고 살면서도 즐거움을 추구했고 마음이 아주 넓었다. 이상적이지 않은 모습도 간혹 보이기는 했지만, 특별한 축하 파티를 열어준다거나 선물을 한 아름 안겨준다거나 중요한 숙제를 도와준다거나 하는 방식으로 나름의 자식 사랑을 표현했다. 우리가 "보물 사냥"이라 불렀던 바겐 세일 쇼핑도 있었다. 어머니는 당신이 속한 공동체에서도 큰 역할을 했다(2차 대전 중에는 군인과 가족의 전보를 배달했고 병원의 자원봉사 프로젝트에 참여했으며 여러 비영리 단체에서 일했다).

아버지도 복잡하기는 마찬가지였다. 감정을 잘 드러내지 않고 일 때문에 집을 비우는 날이 많았지만 언제나 말없이 우리에게 사랑을 전달했다. 우리를 먹여 살렸고, 밤마다 문 단속을 했다. 내 자전거를 고쳐주고 수상 스키 타는 법을 가르쳐 주고 피크닉에서 맛있는 음식을 구워주었다. 아버지의 핵심 가치였던 자원봉사 정신은 오늘날까지 우리 가족에 전해 내려오고 있다. 부모님은 당신들이 처한 상황에서 최선을 다했고 함께 우리 자식들에게 삶의 중요한 가치들을 가르쳐 주었다.

여러분의 부모님이 어떻게 사랑을 표현했을지 생각하며 어머니와 아버지 각각을 바라보자. 나를 키워준 분들에게 배운 중요 교훈, 기술, 통찰력을 전부 적어본다. 그러다 보면 어머니와 아버지의 가장 빛났던 전성기를 묘사할 수 있을 것이다. 해소되지 않은 트라우마나 애착 장애가 어느 정도였든, 당시에 어떤 자원, 교육, 회복 전략을 활용할 수 있었든 되도록 부모님에게 유리한 쪽으로 해석하고 두 분이 정말 최선을 다하고 있었다고 생각하자. 사랑 표현 방식이 애매하거나 불분명했다 해도 불완전하고 이롭지 않은 행동들 속에 깊은 애정을 한번 찾아보자. 무엇이 보이는가?

관계 설계도 원본 개선하기

'관계 설계도 원본'이 어떻게 만들어졌고, 어떤 식으로 우리가 모르는 사이에 성인기의 인간관계에 들어왔는지 알아볼 필요가 있다. 그 과정을 인식하지 못한 우리는 이유도 모르고 온갖 패턴과 습성에 따라 행동하며, 자신이나 죄 없는 파트너를 원망하는 경우가 많다.

이렇듯 해소되지 않은 트라우마는 우리 삶에 근본적이고 사라지지 않는 한계를 씌운다. 더 구체적으로 설명하자면 트라우마가 해소되지 않은 애착 역사에서 관계 설계도의 원본은 만들어졌고, 이것이 성인기의 인간 관계에 침투해 갖가지 문제를 일으킬 수 있다는 뜻이다. 유해한 패턴의 근원을 찾아내기 전까지는 이런 결과(문제들)를 피하지 못한다.

우리는 유해한 패턴을 무한으로 반복할 수 있고, 정작 내가 어떤 행동을 하는지는 모르면서 가까운 사람의 비슷한 행동을 너무도 잘 인식한다. 우리에게는 상처를 치유하지 못하고 관계를 맺지 못하게 방해하는 암흑의 공간이 있다. 인식과 온정의 빛으로 그 공간을 비추기 전까지는 스스로 보거나 이해하지 못할 행동을 계속할 뿐이다.

그래서 관계 설계도 원본이 어떻게 만들어졌는지, 관계가 잘 풀리고 있는 때를 어떻게 알아차리는지 이해해야 하는 것이다. 안전한 환경을 조성하는 방법, 관계가 잘못되고 있을 때를 알아차리는 방법, 애착 손상을 규정하는 패턴에 빠지지 않을 방법을 이해해야 한다. 설계도 원본을 더 의식적으로 만들 때 우리는 상처를 치유하고 앞으로의 인생에 도움이 될 건강한 애착 패턴을 되찾는다. 안정형으로 자라지 못한 사람도 나중에 안정 애착을 배울 수 있다.

그러기 위해 우리는 설계도 원본에 대한 암묵 기억을 조금씩 자극하는 훈련들을 할 계획이다. 자극을 통해 명료하게 드러난 기억을 처리하고 통합하면 더욱 확실하게 상처를 치유하고 문제를 해결할 수 있다.

그러면서 한계가 분명했던 설계도 원본을 개선하고 업그레이드해 새로운 패턴들을 추가할 것이다. 첫 설계도에는 포함되지 않았지만 있으면 만족도와 행복도가 커지는 옵션들이라 하겠다. 인간은 설계도를 업그레이드하는 선천적인 능력을 아주 오래전에 학습했고, 뇌과학자들은 이 능력을 가리켜 "기억 재응고화memory reconsolidation"라 부른다.[10]

기억 재응고화는 실험 연구의 주제였다가, 브루스 에커Bruce Ecker와 동료들에 의해 개인의 자연스러운 성장과 변화 과정을 설명하는 개념으로 다시 태어났다. 물론 실제 과거를 바꾸지는 못한다. 하지만 기존의 사건을 바탕으로 세운 규칙, 역할, 의미, 믿음, 대응 전략을 바꾼다면 안정 애착의 가능성을 가로막는 요인들을 제거할 수 있다. 과거의 경험을 부정하라는 말은 아니다. 현재와 미래에 더 큰 능력을 발휘할 수 있도록 기회의 문을 열자는 이야기다.

'함께 해보기'에 대해

이제부터 우리는 자신의 애착 장애를 탐구하고, 새로운 관점과 경험적 실습을 이용해 문제를 해결할 것이다. 그렇게 하면 애착 장애를 교정하고 안정 애착이 어떤 느낌인지 감을 잡을 수 있다. 유독 자신에게 도움이 되는 듯한 실습이 있을 것이고, 가장 유용하다고 느끼는 실습이 나중에 가서 달라질 수도 있다. 설명만 읽으면 쉽다는 생각이 들지 모른다.

하지만 이 책에 나오는 실습들은 더 큰 변화의 물꼬를 트는 계기로서 역할한다는 사실을 염두에 두어야 한다. 자신과 타인을 조금 더 이해하고 더 잘 보살필 수 있도록 한 번에 조금씩 문을 연다고 생각하면 된다.

이런 경험적 실습은 우리에게 여러 가지로 영향을 미친다. 문제 교정을 시작한 후 원했던 결과를 얻고 편안해지는 경우도 있다. 밀려드는 회복탄력성 덕분에 더 강해진 느낌이 든다. 하지만 편안해졌다가도 그동안 자신이 무엇을 놓치고 살았는지 뼈저리게 인식하기도 한다.

그럴 때는 해결 방법을 찾고 회복보다 상실감을 위로할 시간과 주변 사람들의 지지가 먼저 필요하다. 둘 다 트라우마 치유와 밀접한 관련이 있고 꼭 필요한 과정이니, 각자 자신에게 맞는 속도로 진행하기를 추천한다. 모든 문을 한꺼번에 열어젖히는 행위는 아무 도움이 되지 않는다.

경험적 실습이 주는 이런 긍정적인 효과를 적극적으로 받아들여야 한다. 자신의 몸과 마음으로 감각적 느낌을 경험할 필요가 있다. 이것이 바로 앞에서 말한 교정적 경험이고, 교정적 경험은 기억 재응고화의 필수 요소다.

기억 재응고화란 엄청난 변화를 가져올 수 있는 두뇌의 자연스러운 신경 활동으로, 후천적으로 습득한 행동이나 감정 반응을 영구적으로 제거하는 과정을 말한다. 양성 바이러스를 주입하는 것처럼 새롭게 코드화한 긍정적인 자원을 더해 그 기억을 뇌에 다시 집어넣으면, 상처받았던 기억이 치유의 방향으로 돌아서며 문제 해결이 가까워진다. 실제 일어났던 일이나 그때의 진실을 잊을 필요는 없다. 하지만 많은 사람들이 왠지 모르게 불편했던 마음에서 해방된다.

반대로, 실습을 하다 과거의 상처가 떠올라 두려워질 수도 있다. 문제를 들추다 보면 불편한 진실이 수면 위로 올라오기 마련이다. 지극히 정상적인 현상이다.

관계 설계도 원본을 찾아 암묵 기억에 다가갈 때도 그렇다. 암묵 기억은 대개 무의식적인 기억으로 신체에 더 집중되어 있기 때문에 과거 일을 실시간으로 경험하는 느낌이 들 것이다. 도무지 오래전의 일 같지가 않다. 지금 이 순간에 일어나고 있는 기분이다.

가령 집 거실에 앉아 있는 성인이라는 인식은 사라진 채로 치유되지 않은 상처를 입었던 때로 빨려 들어가거나, 그때처럼 고통스러운 트라우마가 촉발될 수도 있다. 의식이 내면의 어린아이 상태에 갇혀 있을지도 모른다. 그래서 성인인 현재의 자아를 잃고 당시의 사건과 관련된 모습, 소리, 냄새, 느낌, 감각까지 전부 다 재경험하는 것이다. 수십 년 전에 각인된 기억인데도 지금 다시 새로 경험하는 것처럼 생생하다. 얼마나 두렵고 혼란스러울지 이해한다.

이 책에 나오는 실습을 하다 그런 상황이 벌어진다면 자연스러운 현상이라는 사실을 기억하자. 과거의 기억을 찾아 발굴하고 있을 뿐이라고, 이처럼 용기 있는 탐구를 하다 보면 혼란스러워질 수 있다고, 자신에게 일깨우며 현실로 돌아올 수도 있다.

지나치게 부담스러워지면 언제든 쉬거나 중단해도 좋다. 암묵 기억에 있는 어린 시절의 경험에 접근하려면 일단 자신부터 잘 챙겨야 한다. 과거에 압도당하지 않도록 주의하자. 중간 휴식을 취하고 아무 때나 실습을 재개할 수도 있다. 전문 치료사나 사랑하는 친구, 파트너처럼 안전하고 나를 지지해 주는 사람 옆에서 실습을 하는 것도 좋다. 이런 방법들은 아주 유용하고 또 트라우마 회복에 중요한 자기 돌봄self-care을 훌륭하게 보여주는 사례다.

실습보다는 이 책에서 앞으로 자주 언급할 안정 애착 기술들만 집중적으로 연마할 수도 있다. 안정 애착 기술들은 웬만해서 부담을 주지 않고, 연습하고 습득하면 어떤 인간관계든 질적으로 향상된다.

'스스로 평가하기' 질문에 대해

　1장에서 4장의 끝에는 간단한 질문들이 포함되어 있다. 결정적이거나 포괄적인 질문은 아니다. 그리 과학적이지도 않다. 각 장에서 소개한 애착 유형과 자신이 얼마나 비슷한지 평가하는 역할을 할 뿐이다. 본문만 읽고도 내 안에 어떤 애착 유형이 있는지 대충 짐작하겠지만 질문에 답을 하면서 생각을 조금 더 명쾌하게 정리할 수 있을 것이다. 당연한 말이지만 이 질문들은 미리 결정된 네 가지 유형 중 하나에 여러분을 끼워 맞추고 가두려는 목적이 아니다. 오히려 그 반대다.

　나는 여러분이 각 장의 끝에 있는 질문들에 스스로 답을 해보며, 그 과정에서 애착 패턴이 개개인마다 다르고 고정되지도 않는다는 사실을 이해하기 바란다. 애착 패턴은 옆에 있는 사람, 관심을 집중하는 사람에 맞추어 유동적으로 바뀌기도 한다.

　또한 이런 마무리 질문은 두 번씩 답해보기를 권한다. 편안할 때의 관점에서 한 번 답을 생각해 보고, 스트레스를 받았을 때의 관점으로도 질문에 답을 해본다(우리는 스트레스를 받을 때, 양육자의 결점이 만든 유아기의 애착 패턴으로 회귀하는 경향이 있다). 그리고 나서 두 번의 결과가 어떻게 다른지 확인한다. 부모, 배우자 등 자신의 삶에 중요한 관계들을 의식하며 질문에 답을 해볼 수도 있다.

나와 우리, 세상에 미칠 변화에 대해

애착 패턴에 대해 배우고 명료하고 따뜻한 눈으로 애착 패턴을 살펴보다 보면 변화가 일어난다. 문제를 개인의 탓으로 돌리지 않고 자신과 타인을 더 온정적으로 바라보게 된다. 새로운 시각, 그리고 바라건대 더 부드러운 시각으로 자신의 애착 역사를 탐구할 수 있고, 사는 동안 특정 패턴이 어떻게 반복되고 있는지 더 잘 이해할 수 있다.

성인기 관계에 발생하는 대부분의 문제는 기억에도 없는 어린 시절의 상호작용으로 거슬러 올라간다. 이 사실을 깨닫는다면 인간관계로 피치 못할 고통을 겪더라도 자신이나 상대에게 돌렸던 원망을 어느 정도는 거둘 수 있을 것이다. 나를 이해하면 타인을 이해할 마음의 여유가 생기고, 그들의 문제도 전보다 잘 보인다. 이 모든 것이 치유의 촉매로 작용한다. 트라우마를 극복하며 안정 애착에 가까워지고 그러면서 사랑을 베풀 능력도 커진다.

원래 인간의 신경계와 두뇌는 건강한 환경과 관계를 원한다. 안정 애착에 다가갈수록 어디로 적응할지 뇌에 더 많은 선택지를 주는 셈이다. 안정형이 되면 다양한 뇌 기능에 접근할 수 있고 신경계 조절도 원활해진다. 난관에 부딪혀도 예전처럼 쉽게 쓰러지지 않고 쓰러져도 점점 더 빠른 속도로 오뚝이처럼 다시 일어난다. 자신을 대하는 것이 더 편안해져 내 생각, 감정, 반응을 더 잘 의식하고 타인과도 더 잘 공명할 수 있다. 상대의 경험을 더 잘 받아들이고 상대의 경험에 더 많은 영향을 받는다는 뜻이다.

마지막으로, 자신과 타인 사이에 존재하는 관계의 장, 즉 그와 함께할 때 만들어진 관계의 역학에 더 익숙해진다. 대니얼 시겔은 이런 감각에 대해 '나me'와 '우리we'가 함께한다는 의미의 "뮈MWe"라는 이름을 붙였다.[11] 안정 애착을 이룬 사람은 모두의 행복을 바라게 된다. 자신이 속한 사회, 국가, 성별을 뛰어넘어 우주와 모든 인간 사회의 행복을 바란다. 전 인류가 서로 연결되는 그날을 위해 우리는 첫걸음을 내딛는다.

결코 쉽지는 않을 것이다. 하지만 보상을 생각해 보자. 진정한 자신을 발견하고, 상처를 치유하고, 타인과 관계를 맺는 선천적인 능력을 개발할 수 있다. 친밀감이 깊어지고 진정성은 더욱 커지며 약점은 안전해진다.

1장에서는 무엇이 안정 애착이고, 무엇이 안정 애착이 아닌지 면밀히 살펴볼 예정이다. 혼란스럽게 쌓여 있는 정보들을 조금이나마 명쾌하게 정리해 보고자 한다. 안정 애착이 무엇인지 이해하면 안정 애착으로 방향을 재조정하고 건강한 관계 표본을 만드는 일이 쉬워질 것이다. 곧 알게 되겠지만 안정 애착으로 방향을 돌린다는 말은 건강한 관계와 유대에 가까워지고 자신의 반응과 고통에 덜 얽매인다는 뜻이다. 이는 자신에게, 사랑하는 이에게, 그리고 이 세상에 더 이로운 선택이다.

1장

안정 애착

: 본래 우리가 타고난 모습

안정 애착이라고 하면 손에 닿지 않는 환상의 목표처럼 들릴 수 있다. 하지만 우리 인간은 근본적으로 안정 애착을 발휘하도록 만들어졌다. 달성하기 힘든 목표 같겠지만 안정 애착은 언제나 그 자리에 존재하며 우리가 발견해 주기를, 떠올려 주기를, 연습해 주기를, 표현해 주기를 기다리고 있다. 때로는 안정 애착으로 가는 길을 잃어버릴지도 모른다. 그래도 안정 애착을 누리는 인간 고유의 능력은 절대 사라지지 않는다.

세월이 흐르며 안정 애착을 더 자연스럽게 몸에 배게 하는 법도 배울 수 있다. 그렇게 되면 살면서 부딪히는 문제에 스트레스를 받거나 트라우마가 촉발될 때도 자동으로 불안정 애착에 이끌려 해로운 생각이나 감정, 행동에 빠지는 일이 없어진다. 안정 애착이 익숙해지면 관계를 맺기가 쉬워지고 관계로 더 큰 보람을 느낀다. 민감한 반응은 줄고, 상대를 더 잘 받아들이며, 관계를 맺기에 적합한 사람이 된다. 그리고 더 건강해지고 다른 사람에게서도 안정 애착의 성향을 끌어내게 될 것이다.

이런 장점들을 모두 머리에 입력했다면 이제는 안정 애착의 명확한 모습을 알아볼 시간이다. 하지만 그전에 안정 애착과 '반대되는' 모습부터 짚고 넘어가자.

내 어머니는 입버릇처럼 말했다. "살 집도 있고 하루 세 끼 꼬박꼬박 주는데 뭐가 그렇게 불만이야?" 주거, 식사, 기본적인 의료 서비스 같은 최소한의 필수 요건만으로 충분하다고 생각하는 사람들이 있다. 어떤 관점에서 보면 틀린 말은 아니다. 하지만 그

왜 내 사랑은 이렇게 힘들까

것만으로는 안정 애착을 이룰 수 없다. 다른 아이들처럼 나도 그것만으로는 부족했다. 뜻을 다 오냐오냐 받아주거나 아이를 응석받이로 키운다고 아이가 안정형으로 자라지는 않는다. 안정 애착이 형성되었다고 모든 일이 뜻대로 잘된다거나 불행을 무조건 피한다거나 하지도 않는다. 자녀에게 안정 애착을 심어주기 위해 완벽한 부모가 되어야 한다는 말도 아니다.

발달심리학의 선구자 에드워드 트로닉Edward Tronick은 시간의 30퍼센트만 투자해도 사랑하는 이와 조율을 이룰 수 있다는 연구 결과를 내놓았다.[1] 이렇게 들으니 제법 현실성 있는 목표 같다. 형편없는 부모로 나머지 70퍼센트를 보내도 된다는 뜻은 아닐 것이다. 그래도 최선을 다했다면 마음은 편히 가져도 좋다는 메시지라고 생각한다.

또한 안정 애착은 성격 유형이 아니다. 그러니 착하고 얌전하고 자신을 진지하게만 대하는 사람을 목표로 하지는 말자. 안정 애착이 일상의 현실적인 문제나 골칫거리와 무관하다는 낙관주의도 잘못된 생각이다. 기본적인 욕구 충족도, 완벽하기만 한 삶도 안정 애착은 아니다. 이상할 정도로 명랑하고 현실감 없는 사람을 안정형이라 말하지도 않는다. 그렇다면 안정 애착은 대체 무엇이란 말인가?

안정 애착을
구성하는 요인들

안정 애착이란 간단히 말해 조율attunement이다. 기본적인 신뢰를 형성하고 쌓아갈 수 있는 긍정적인 환경을 나타낸다. 다음의 지표들을 보면 조금 더 이해가 쉬울 것이다.

1. 보호

아이들에게 안정 애착이란 부모가 파수꾼처럼 보살피고 지켜봐 주고 있다는 느낌이다. 부모는 아이가 무엇을 하며 하루를 보내는지 관심을 기울이고, 누구와 어울리는지도 안다. 곁을 비울 일이 생기면 다른 책임감 있는 성인에게 자녀를 지켜봐 달라고 부탁하기도 한다.

나는 크면서 그런 경험을 많이 하지 못했다. 시대가 달랐고, 그 시절의 아이들은 자유롭게 뛰어놀았다. 부모님은 저녁 식사 시간인 6시까지 집에 들어오라고 할 뿐, 내가 6시 전에 무엇을 하는지, 어디에 있는지, 누구와 있는지 잘 몰랐다. 친구네와 가족 단위로 어울려 논 적도 없고, 방과 후 활동에도 별로 참여하지 못했다. 놀다가 배가 고프면 귀가했고, 말하지 않으면 내가 어디 있다 왔는지 가족들은 전혀 몰랐다.

부모의 보호를 받고 있다고 느낄 때 아이는 자신을 더 잘 돌볼 준비를 하며 성장한다. 공동 조절과 자기 조절의 관계에서 보았듯, 우리 인간은 어린 시절부터 자신의 삶에서 의미 있는 어른들의 적절한 보호 속에서 스스로를 돌보는 법을 배운다. 성인이 된 후에는 사랑하는 이들과 자신이 속한 공동체에 안정 애착을 느끼고, 더 나아가 그들을 보호해야 한다는 마음도 커진다.

2. 실재와 지지

아이들에게 지지란 온정적인 부모가 내 편을 들어준다는 의미다. 우리 곁에 있어주고(실재하고), 우리를 뒷받침해 주고, 우리를 이해하고 '파악'한다. 앞에서 알아본 수반감을 느끼는 것이다. 파트너와 친구의 지지를 받을 때는 서로의 진심을 이해하는 특별한 순간을 즐길 수 있다. 상대가 나라는 사람을 파악하고 인정해 준다는 느낌이 우리에게 얼마나 이로운지 모른다. 전적으로 믿고 의지할 사람이 있다는 느낌이 든다. 안정형은 지지가 필요할 때 자연스럽게 손을 내밀고, 기꺼이 다른 사람의 지지자가 되어준다.

3. 자율성과 상호의존성

아이의 자율성은 부모가 보호와 지지를 보내되 시시콜콜한 일상까지 감시하고 감독하지 않을 때 길러진다. 즉 아이의 독립심을 과도하게 억누르지 않는 선에서 부모가 자기 할 일을 하면 된다는 뜻이다. 아이는 그냥 아이다워도 된다. 그러다 나이가 차면 홀로 둥지를 떠나 한동안 세상을 탐험하며 새로운 것을 발견하고 실수를 저지른다. 집으로 돌아갔을 때 우리를 기다리고 있는 부모가 언제나처럼 다시 가까이서 사랑을 보내줄 것을 알기에 가능한 일이다.

부모가 만들어 준 그 사랑의 공간에서 아이는 성숙한다. 끊임없이 소통해야 한다는 부담감이나 얼굴을 맞대지 않고 소통 하나 없이, 습관처럼 전자기기를 들여다보는 문제 따위는 없다. 긍정적인 의존성과 독립성을 기르면 상호의존성이라는 진정한 선물이 찾아온다. 우리는 지지와 사랑을 주고받을 뿐만 아니라 욕구를 표출하고 진정한 의미에서 서로 욕구를 충족해 줄 수 있다.

성인기의 관계도 크게 다르지 않다. 안정 애착의 자율성이란 혼자만의 시간과 함께하는 시간 사이를 자유자재로 왔다 갔다 할 수 있다는 뜻이다. 함께와 혼자의 균형과 흐름이딱 적당한 상태를 말한다. 강조하지만 여기서 말하는 자율성은 결코 '고립'이나 고도의 '자기의존성'과 같은 의미가 아니다.

4. 편안함

경계를 내려놓고 긴장을 풀고 본 모습을 드러낼 수 있는 관계는 대단히 소중하다. 서로 농담을 하고 자연스러운 감정을 느끼고 함께 웃을 수 있다. 같이 놀아주고 그들의 세계에 들어가 함께 즐기면 어린아이들은 좋아서 어쩔 줄을 모른다. 관계를 담는 그릇이 안전과 지지를 보장한다면 이 모든 과정은 자연스럽게 일어난다. 재미와 놀이, 밝음, 유머가 관계를 대표하는 특징이 된다는 뜻이다. 다르게 표현하자면, 그냥 즐겁기 때문에 같이 있으면 행복하고 다음 만남을 기대한다.

하지만 이런 편안함에도 지켜야 할 선이 있다. 어린아이일수록 더 그렇다. 연령에 맞는 조건과 책임이 동시에 존재한다. 그런 제약과 친밀함 사이에 밀접한 연관이 있다는 사실을 아이들이 알 필요가 있다.

5. 신뢰

신뢰는 중요하지만 잘못 이해하는 사람이 많은 주제다. 우리 대부분은 경험을 통해 사람의 어떤 면을 신뢰하는 법을 배웠다. 예를 들어, 잭이 항상 시간 약속에 철저하다면 나는 잭과 약속을 잡을 때 그가 절대 지각하지 않을 것이라고 믿기 시작한다. 아마라는 항상 보답을 하고, 브랜던은 위급할 때 늘 도움을 준다는 사실, 타이라는 같이 모험을 하기에 훌륭한 파트너라는 사실을 배웠고 각각의 특성을 신뢰하게 되었다.

이는 경험에서 배운 실질적인 신뢰로, 분명 도움은 되지만 여기서의 신뢰는 그 종류가 다르다.

내가 말하는 신뢰는 이 세상이 대체로 좋은 곳이라는 관념이다. 아무리 암울한 시대라도 치유, 이해, 선함이 더 우세한 가치라는 확신 말이다. 그리고 이런 신뢰는 긍정적인 성장 환경에서 만들어진다.

영국의 소아과 의사이자 정식분석가 도널드 위니콧^{Donald Winnicott}이 만든 표현인 "충분히 좋은 육아^{good enough parenting}"를 통해 자녀를 안아주고 길렀을 때 기본적인 신뢰가 싹튼다. 즉 긍정적인 "안아주기 환경^{holding environment}"이 조성되어야 한다.[2] 이처럼 양질의 육아로 자란 아이는 다른 사람들이 근본적으로 착하고 선하다는 믿음을 키우고, 그런 기본적인 신뢰를 바탕으로 타인과 상호작용을 한다.

그러나 관계에서 큰 상처를 받으며 자란 사람이 신뢰를 대하는 방식은 혼란스럽다. 어떤 사람은 포괄 계약처럼 덮어 놓고 아무도 신뢰하지 않는다. 상황, 정부, 사회, 인간관계 등 전부가 불신의 대상이다. 반면 분별력 없이 모든 상황과 사람을 맹목적으로 믿어버리는 경우도 있다. 나는 두 번째 성향을 가리켜 '신뢰를 닥치는 대로 뿌린다'라고 표현하는데, 이는 재앙으로 가는 지름길이다. 남들은 한눈에 위험을 감지하고 피했을 관계를 주기적으로 맺고, 아슬아슬하고 위태로운 관계에 제 발로 들어가 더 깊은 상처를 받는다.

왜 내 사랑은 이렇게 힘들까

하지만 내가 말하는 신뢰는 이런 순진하고 위험한 믿음이 아니라 근본적으로 치유와 회복을 가져다 주는 마음가짐이다. 삶의 모든 면을 뿌리부터 긍정적으로 바라보기에, 삶이 기본적으로 아름답다고 굳게 믿지만 건강한 판단력으로 가득하다. 이런 신뢰가 있으면 힘이 생기고 진정한 용서가 가능해진다. 근본적인 신뢰를 회복하는 것이야말로 안정 애착을 되찾는 길이다.

6. 회복탄력성

세계를 우호적으로 보느냐, 적대적으로 보느냐. 이 두 가지 관점에는 크나큰 차이가 있다. 세상을 보는 시각은 그 세상을 경험하는 방식에 직접적으로 영향을 미친다. 세상을 기본적으로 신뢰하는 이는 본질적으로 낙천적이고 쉽게 동요하지 않는다. 고난을 겪어도 빠르게 이겨내고 욕 나오는 문제가 터졌을 때도 가지고 있는 수단을 빠르게 모을 수 있다. 더 쉽게 지지를 모으고, 도움을 청하고, 스스로 해결책을 찾는다. 그러면서 세상과 자신을 더욱 신뢰하게 된다.

보호와 애정을 받는
나를 떠올려 보자

안정 애착이 어떤 모습인지 간단히 알아보았으니 지금까지 쌓은 지식을 관계에 활용해 보자. 다음은 앞에 나온 실습들처럼 여러분 자신의 관계를 돌아보기 위한 연습이다.

함께 해보기 | 안정 애착 소환하기

우선 의자에 앉아 내 몸에 대한 의식을 끌어낸다. 발에 닿은 바닥의 촉감을 느끼고 호흡을 의식하자. 어느 정도 현실 감각을 찾았으면 그동안 자신에게 중요했던 관계들을 마음속으로 살펴본다.

우선 안정 애착의 대표자로 떠오르는 사람을 찾아보라. 그 사람의 특징이나 행동, 그 사람과의 상호작용을 생각하면 믿음, 안전, 지지, 신뢰, 연결, 이해, 실재감이 연상된다. 누가 떠오르는지 일단 보자. 과거의 사람일 수도, 현재의 사람일 수도 있다.

가족, 반려동물, 선생님, 코치, 치료사, 친구 중 누구든 가능하다. 모르는 사람일 수도 있다.

이 사람들을 주변에 모은다. 그들에게 둘러싸여 보호와 애정을 받는 자신의 모습을 상상해 보자. 그럴 때 감정에서 어떤 변화가 일어나는가? 더 부드러워지는가? 아니면 누군가 나를 보호하고 지켜주고 있다는 느낌이 강해지는가? 전보다 마음이 열리는 느낌인가, 닫히는 느낌인가? 그 느낌이 몸의 어디서 나타나는가? 이 사람들과 있을 때의 느낌에 주의를 기울인다. 그들의 친절을 느끼고 이 경험을 하면서 몸과 마음에 찾아드는 반응을 세세한 부분까지 기억한다.

안정 애착의 모습에 대한 설명을 듣고 심란해하는 사람이 적지 않다. 너무나 높은 목표처럼 느껴지니 아직 준비가 되지 않았다고 생각하기 쉽다. 그 마음 이해한다. 때로는 그런 느낌을 받는다 해도 지극히 정상이다.

누구에게나 자랑스럽지 않은 감정 반응이 있기 마련이고, 스스로의 잘못으로 말싸움이 시작되거나 대화가 쓸데없이 꼬이는 경우도 많다. 마음처럼 상대에게 실재하지 못하는 경우도 많다. 어쩐지 '이곳'에 있지 않다는 느낌이다. 이런저런 일로 주의가 산만해지고, 생각만큼 상대에게 마음을 쓰지 못한다. 이 또한 정상이다. 대부분 이런 증상을 자주 경험한다. 적어도 나는 그렇다!

핵심은 상황이 이상적이지 않다는 사실을 알아차릴 수 있을 만큼의 관심을 기울이는 것이다. 무언가 이상하다는 낌새를 느낄 정도의 실재감, 다시 도전하고 싶고 상황을 개선하고 싶다고 생각할 정도의 온정이 필요하다는 말이다. 의외로 조정의 여지가 있다. 앞에서 설명한 에드워드 트로닉의 연구를 기억하는가? 사랑하는 사람과의 조율에 시간의 30퍼센트만 투자해도 안정 애착을 기를 수 있다는 연구 말이다.[3]

망쳐도, 실수해도 괜찮다. 완벽한 내가 아니어도 된다. 애착 체계는 관대하다. 서로가 그리울 때 재깍 표현하고 일이 틀어진 순간 문제를 바로잡는다면 어마어마한 변화가 일어난다. 당연히 우리 모두 더 잘할 수 있고, 그것이 연습의 존재 이유다.

우리 안에 잠재된
안정 애착을 끌어내는 법

지금부터는 자신과 타인의 안정 애착을 개발하는 방법들을 소개하고자 한다. 이 방법들을 활용하면 안정 애착 기술들(SAS)을 향상시킬 수 있다. 모든 방법을 마스터할 필요는 없다. 끌리는 방법 몇 가지를 선택한 후 최선을 다해 연습하자. 지금부터 알아볼 안정 애착 기술들은 모든 사람을 위한 것이다. 주변 사람들에게 권하고, 파트너와 서로 연습할 수 있다. 이 기술들로 자신의 안정 애착을 키울 수도 있다.

안정 애착 기술1 깊이 듣는다

확실한 기술부터 시작하자. 듣기의 가치를 모르는 사람은 없겠지만 실제로 듣는 기술을 계속해서 연마한 사람은 많지 않다. 이야기를 깊이 들어주고 반사 반응을 보이고 상대를 더 잘 이해할 수 있는 질문을 던질 때, 그 사람은 자신의 상황에 관한 정보를 우리에게 전할 수 있다. 피상적인 공감이 아니다. 진정으로 이해할 수 있도록 힘을 불어넣어 주는 것이다. 그럴 때 상대는 자신의 감정에 진심으로 뛰어들어 우리에게 그 감정을 표현할 수 있다. 이렇게 이야기를 깊이 듣는 동안에는 앞에서 알아본 수반감도 전해진다.

상대가 숨을 돌릴 때 내 생각을 말하려고 냉큼 대화에 끼어드는 식의 태도는 필요하지 않다. 깊이 듣는다는 것은 사려 깊은 질문으로 그를 더 잘 이해하고, 내가 당신의 마음을 이해한다는 사실을 전한다는 의미다. 또한 우리의 생각을 설명하기 전 언제나 상대에게 먼저 기회를 주어야 한다.

다른 사람의 말을 들을 때 꼭 그 말을 믿거나 그 말에 동의할 필요는 없다. 어떤 말이든 나올 수 있기 때문이다. 상대는 레스토랑에서 다른 이성과 묘한 분위기를 풍겼다고, 크리스마스 파티에서 자기를 두고 떠났다고, (설거지 같은) 집안일을 하겠다는 약속을 잊었다고 따질 수도 있다. 누군가의 말을 깊이 들을 때는 첫 반응으로 부정이나 비난을 하지 않는다. 쓸데없는 걱정이라고 무시하거나 말싸움을 벌이는 대신, 그냥 들어주자. 그거면 된다.

또한 상대와 깊이 공감하도록 노력하면 수반감의 범위를 더욱 넓힐 수 있다. "그 일로 왜 화가 났는지 이해해. 정말 상처받았겠다" 같은 의미를 전하는 것이다. 다시 말해, 깊이 듣

왜 내 사랑은 이렇게 힘들까

는다는 것은 상대가 어떤 감정을 드러내고 어떤 반응을 보이는지와 상관없이 그 사람이 제기한 문제를 받아들여 마음에 간직하고 곁에 있어주겠다는 뜻이다.

　나도 듣기의 위력을 깨닫고 놀란 경험이 많다. 몇 년 전 유럽에서 교육을 할 때였다. 우리 프로그램에 불만을 품은 참가자들이 몇 명 있었다. 그들이 문제를 제기했을 때 나는 최선을 다해 이야기를 듣고 모두에게 우려하는 바를 말해달라고 했다. 나는 이것이 리더에게 꼭 필요한 자질이라고 생각한다. 그렇게 용건이 있는 사람 모두가 불만을 토로할 때까지 대화를 이어갔고, 대화가 끝났을 때는 거의 한 시간이 지난 후였다.

　나는 그들이 감정이 드러내고 이야기를 할 공간만 열어두고 따로 개입하지 않았다. 이야기를 다 들은 후에는 들은 내용을 최대한 정리하고 맞는지 확인을 부탁했다. 그러고는 스태프진과 이 문제를 처리할 동안 카푸치노를 마시며 쿠키를 즐기고 있으라 했다.

　우리 팀은 회의를 통해 내가 들었던 이야기들을 접수하고 참가자들을 더 확실하게 지원할 방법들을 생각해 냈다. 나는 참가자들에게 돌아가 그들의 요청을 최대한 받아들이겠다는 우리 계획을 들려주고 교육 프로그램을 재개했다. 흥미롭게도, 교육이 끝난 후 받은 피드백을 보니 사람들은 그날의 대화를 가장 고맙게 생각하고 있었다. 실제로 이야기를 들어주고 시간을 내서 문제를 해결하는 촉진자와 스태프가 있어 감사하다고 했다.

우리는 불편한 문제라고 무시하거나 차단하지 않았다. 이 프로그램의 집단 문화는 다소 권위적이었다. 그랬기 때문에 지도자가 엄격한 태도로 권력을 남용하거나 비난하는 대신 열린 마음으로 반응하자 엄청난 변화가 일어났다. 이 일로 나도 아주 의미 있는 교훈을 얻었다.

다들 이런 점에서 비슷할 것이라 생각한다. 사람은 설득이나 회유를 당하기보다는 그저 심도 있게 이야기를 들어주기를 원한다. 물론 듣는 입장에서 힘들 수도 있다. 관계를 맺다 보면 많은 일들이 생기고 다른 사람, 특히 가까운 사람을 대하다 보면 문제가 발생하기 마련이다. 하지만 이야기를 열심히 듣는다면 어려운 상황에서도 최선의 결과가 나올 수 있다. 이야기를 하는 사람과 가까워질 가능성도 훨씬 커진다.

안정 애착 기술 2 실재하기! 곁에 있음을 알린다

듣기는 실재를 드러낼 수 있는 방법 중 하나다. 실재감은 관계의 쌍방에게 줄 수 있는 가장 중요한 선물로서, 고정된 상태가 아닌 존재하는 방식이다. 상대의 앞에 나타나 주의를 기울이고 무슨 일이 있어도 내가 곁에 있다고 알려주는 것을 말한다. 우려와 걱정은 제쳐두고 그 사람에게만 집중하며 함께 있어주는 것이다.

전자기기를 달고 사는 현대인은 어려울 수 있다. 하지만 누군가에게 진정으로 실재하고 싶다면 휴대폰이나 태블릿을 꼭 치우도록 하자. 물론 항상 완벽할 수는 없다. 그래도 타인에게, 그리고 자신에게 더 집중하는 사람이 되기 위해 몇 가지 방법으로 실재감을 연습할 수 있다.

내 지인 중에 짐이라는 코치 겸 심리치료사가 있다. 짐은 바빠서 시간이 많지 않지만 본가에 돌아가면 가급적 모든 일을 뒤로 미루려 한다. 전화를 받지 않고 인터넷에 접속하지 않는다. 어머니와 아버지에게 실재하는 데 걸림돌이 될 일은 모조리 피한다. 짐은 사나흘 동안 아침부터 밤까지 최선을 다해 부모님에게 헌신한다. 짐이 그런 모습을 보인 것만으로 부모님과의 관계가 완전히 달라졌고 가족의 상처를 조금씩 치유할 수 있었다고 한다.

그래서 나도 시도해 보았다. 전에는 부모님 댁을 방문할 때 밀린 일을 하고 응답하지 않은 전화와 이메일에 답을 하며 보냈다. 하지만 이제는 100퍼센트 부모님과 있기로 다짐했다. 어머니의 손발톱을 칠해주고 함께 TV를 보았다. 어머니의 삶에 무엇이 중요한지, 무엇이 의미 있었는지, 무엇을 후회하는지, 무엇을 재미있게 생각하는지 물으며 귀중하고 흥미로운 대화를 나누었다. 역사와 패션처럼 다양한 주제에 대해서도 이야기했다. 아버지와는 함께 오토바이를 타고 창고에서 같이 물건을 고쳤다. 사실 고치는 일은 아버지가 다했지만 나도 그곳에서 말동무를 했다.

영상을 만든다고 카메라를 가져가 부모님의 인생에 대한

인터뷰도 했다. 두 분의 형제, 친구, 선생님, 부모님에 대한 이야기를 들었다. 첫 직장, 첫 사랑, 첫 키스에 대해서도, 고등학교 축제와 댄스 파티에 대해서도 들었다. 아버지는 뜻밖의 민망한 이야기도 들려주었다. 갓 연애를 시작했을 시절 방과 후 일했던 아이스크림 가게 뒤에서 아버지가 여자들과 어떻게 데이트를 했는지 알게 될 줄은 몰랐다. 아버지는 독실한 가정에서 자란 탓에 학교 파티나 무도회에 갈 수 없었다고 했다. 어머니는 졸업 파티 날 밤에 내기로 시체 보관소에 들어간 적이 있다는 놀라운 이야기를 들려주었다. 가족끼리 둘러앉아 라디오를 듣고 1950년대의 초창기 TV 프로그램을 즐겨 보았다는 이야기는 양쪽에서 다 나왔다.

간단히 말해, 나는 부모님에 대한 흥미로운 사실들을 많이 알게 되었다. 내가 이처럼 실재하자 우리의 관계는 변화했다. 어린 시절 해결하지 않고 넘어간 문제들도 매듭지을 수 있었다. 그러면서 더 가깝게 연결될 기회가 생겼다.

사방에 주의를 흐트러뜨리는 요소로 가득한 이 세상에서, 타인에게 모든 관심을 집중하는 연습은 대단히 효과적이고 보람차다. 현대인이라면 이 연습을 할 때 잠깐이라도 전자기기를 치워야 한다. 전자기기의 유혹에 빠져 한눈을 팔지 않도록 노력해야 한다. 언제 저녁 식사 시간에 시도해 보라. 모두 휴대폰을 무음으로 하고 바구니에 집어넣는 것이다. 함께 식사를 즐기며 소통 능력에 어떤 변화가 일어나는지 확인한다.

주의력은 굉장히 소중한 자원이다. 최대한 오래 전자기기를 멀리하고 얼굴과 얼굴을 맞대며 시간을 보내기를 추천한다.

사람은 상대방이 완벽하게 실재할 때를 확실히 알고, 또 중요하게 여긴다. 언제 통화할 일이 있을 때 실재해 보자. 인터넷 서핑이나 설거지 같은 다른 일을 하는 대신 가만히 앉아 실재감과 주의력을 최대한으로 발휘해 본다. 내게 의미 있는 사람들에게 더 많은 시간 집중하고 관계에 어떤 변화가 일어나는지 관찰한다.

실재감이 관계에 미치는 힘에 관해 더 자세히 알고 싶다면 숀다 라임스Shonda Rhimes의 『1년만 나를 사랑하기로 결심했다Year of Yes: How to Dance It Out, Stand in the Sun and Be Your Own Person』를 강력 추천한다. 심리상담가이자 강연자인 킴 존 페인Kim John Payne도 이 주제로 여러 권의 책을 썼다.

안정 애착 기술 3 호기심과 이해심을 가지고 조율한다

'조율'은 공감empathy 혹은 안정 애착 그 자체의 동의어나 마찬가지다. 여기서 소개하는 것처럼 듣기, 실재감, 충분한 공감이라는 환상의 조합을 이용하면 조율도 기술로서 갈고닦을 수 있다. 작가이자 심리학자인 대니얼 골먼Daniel Goleman은 심리학자 폴 에크먼Paul Ekman이 감정과 표정의 관계를 제일 먼저 연구한 인물로서 공감을 세 가지 유형으로 정리했다고 말한다. 인지적cognitive 공감, 정서적emotional 공감, 연민적compassionate 공감

(대니얼은 '공감적 관심empathic concern'이라 부른다)이 그것이다.[4]

인지적 공감은 다른 사람이 세상을 보는 관점을 이해하는 능력을 뜻하는 반면, 정서적 공감은 그 사람의 감정과 공명한다는 의미다. 그리고 세 번째인 공감적 관심이 진정한 조율이다. 앞선 두 공감은 기본으로 깔고, 상대가 혼자가 아니라는 느낌을 전하며 함께 있어주어야 한다. 이때는 상대의 기쁨에 진심으로 감동하고, 상대가 힘들어할 때는 어떻게든 문제를 해결해 주고 싶다. 나서서 행동으로 도움을 주고 싶다.

그래서 조율은 한 가지로 규정할 수 없다. 다른 이의 경험에 호기심을 품고 그의 본질을 이해하려는 노력이 바로 조율이다. 그 사람을 새롭게 발견하고 그와 공명하려 한다. 세상을 어떻게 볼까? 감정을 어떻게 경험할까? 궁금해한다. 내 감정이나 상황과 상관없이 상대와 연결되고자 최선을 다하고 내가 옆에 있다는 사실을 알려주는 것 또한 조율이다. 그러면서 수반감도 나타날 수 있다. 상대에게 당신을 정말로 이해한다고, 언제나 당신의 편이라고 알려주는 것이다. 다른 이와 주고받을 수 있는 대단히 귀중한 경험이다.

조율에 매진하면 타인과의 조율이 어긋났을 때도 그와 연결된 끈은 끊어지지 않는다. 인간관계를 맺을 때 이 점을 필수로 알아두어야 한다. 인간은 관계를 지향하지만 관계가 원하는 대로 이어지지 않을 때를 안다. 누군가와 잘 맞지 않는 느낌이 든다거나 그 사람의 상황이나 감정을 온전히 이해하지 못해 걱정이라면, 무엇을 전달하려 하는지 더 자세히 말해 달라고 부탁하라. 다정하고 명확한 질문을 던지자.

안정 애착 기술 4 함께하는 연습! 공동 주의

공동 주의joint attention란 활동의 종류와 관계없이 서로의 곁에 존재한다는 의미다. 함께 명상을 하고, 좋아하는 노래에 맞추어 함께 춤을 추고, 함께 농담을 하고, 요리를 하고, 운동을 한다. 다른 이와 함께 연습하는 안정 애착 기술로, 공동 주의의 일환이라 할 수 있다. 공동 주의를 더하면 어떤 활동을 하든 파트너, 자녀, 가족, 친구와의 관계에 안정 애착을 더 강화할 수 있다. 소파에 앉아 TV로 영화를 볼 때도 (이따금씩 눈을 맞춘다거나 함께 웃는다거나 영화를 다 보고 영화와 관련된 대화를 하는 등의 방법으로) 공동 주의를 연습할 수 있다.

안정 애착 기술 5 접속 유지! 즉각 반응한다

안정 애착의 특징 중 하나는 일관적인 반응이다. 접속 유지란 상대와 연결이 끊어지지 않도록 최선을 다하는 것을 말한다. 눈길, 손길, 문자도 좋고, 좋아하는 식당에서 하는 데이트도 해당된다. 이 기술을 연습하려면 상대의 메시지에 응답할 때 조금 더 주의를 기울일 필요가 있다. 우리는 앞에서 아기가 울음으로 다양한 욕구를 표현한다고 배웠다. 성인이 되면 말로 의사를 전달할 수 있다. 하지만 본심으로는 연결을 추구하고 있으면서 직접적인 표현을 삼가고 불평, 말싸움, 갈등을 이용해 상대에게 다가가려 할 때도 있다.

예를 들어, "또 나 없이 출장을 간다니 믿을 수가 없어"라는 불평 아래에는 "당신을 정말 사랑하고 함께 있고 싶어. 당신이 없을 때 정말 그립단 말이야"라는 메시지가 존재한다. 여러분도 관계를 맺을 때 이 점을 염두에 두기를 바란다. 상대가 무언가를 요청할 때 겉으로 보이는 것이 전부가 아니라는 사실을 기억해야 한다. 응답의 질이 상대에게는 더없이 중요하다는 것을 기억하라.

그런 면에서 타이밍이 중요하다. 아기가 부르는데 저녁이 되어서야 울음 신호signal cry에 응답한다고 해보자. 아기는 아직 혼자 힘으로 문제를 해결하지 못하니 욕구가 충족되지 않았을 가능성이 크다. 아마도 상당히 고통스러울 것이다. 해결해야 할 다른 욕구들도 잔뜩 있을지 모른다.

성인인 여러분에게 내가 부탁을 했는데 3주가 지나도 답이 없다면 나와 관계를 맺는 데 별 관심이 없는 사람인가 보다 생각할 것이다. 안 된다는 답일지라도 반응 시간 자체가 중요하다. 그래서 우리는 알맞은 시간에 어느 정도 즉각적으로 응답을 해야 하고, 응답의 질은 상대의 요구와 걸맞을 필요가 있다. 최대한 상대의 욕구를 충족해 주어야 한다.

마지막으로 타인과 함께 접속 유지 기술을 연습할 때는 누가 더 잘, 더 빠르게 응답했는지 점수를 매기지 말아야 한다. 말하지 않아도 알겠지만 상대의 욕구 표출에 부정적으로 반응한다면 접속 유지도 안정 애착도 요원해진다. 물론 파트너의 울음 신호나 요청에 즉각 반응할 수 없는 순간도 있다. 하지만 연결을 바라는 신호에 조금 더 따뜻한 마음으로, 조금 더 빠르게 응답하는 기술은 누구나 향상시킬 수 있다.

안정 애착 기술 6 매일의 만남과 이별을 특별하게

"안정 애착 기술 4 함께하는 연습! 공동 주의"처럼 이 기술도 아주 넓은 범위를 아우른다. 인간의 애착 체계는 타인이 다가올 때와 떠날 때에 민감하며, 이런 상태 전환이 관계에도 영향을 미친다. 이별보다 재회를 어려워하는 사람이 있는가 하면, 그 반대도 있다. 일상에서 주변 사람들과 만났다 헤어지는 순간 내게 어떤 변화가 일어나는지 살펴보면 흥미롭다.

여러분은 어떤 유형인가? 다가오는 사람에게 민감하게 반응하는가? 다른 이에게 먼저 다가가는 상황을 피하는 편인가? 상대가 작별 인사를 하고 떠나는 순간 괴로워지는가?

스탠 탯킨은 "퇴근 맞이 연습Welcome Home Exercise"이라는 멋진 활동을 추천한다.[5] 저녁을 준비하고 있을 때 파트너가 긴 근무를 마치고 집으로 온다고 해보자. 연습 방법은 간단하다. 레인지의 불을 줄이고 파트너에게 다가가 꽉 끌어안는 것이다. 두 사람의 몸이 편안해지고 조절될 때까지 온몸을 이용해 배와 배가 맞닿는 포옹을 이어간다.

앞에서도 말했지만 인간의 신경계는 공동 조절을 하도록 만들어졌고, 우리는 이처럼 타인의 신경계와 직접 상호작용을 한다. 두 사람의 몸이 연결되어 서로를 조절할 때 앞으로 함께할 시간의 분위기가 결정된다. 신경계 조절을 하며 상대를 경험할 때 우리의 몸은 진심으로 그 사람과 함께 있기를 원한다고 한다. 대단하지 않은가!

취침 시간은 커플에게 중요한 전환의 순간이다. 여러분은 어떻게 잠자리에 드는가? 요즘은 업무 스케줄 같은 사정으로 커플이라 해서 항상 같은 시간에 잠들지 않는다. 그러니 가능할 때 서로 잘 자라고 인사하는 의식을 스케줄로 만들면 도움이 된다. 함께 잠자리에 들 경우에는 같이 하루를 마무리하는 리추얼을 이용해도 좋다. 15분쯤 직장에서 있었던 일에 대해 이야기하는 것만으로도 충분하다.

내가 아끼는 커플인 디와 프레디는 '초콜릿의 연인'이라는 아주 기발한 리추얼을 개발했다. 두 사람은 새로 발견한 초콜릿이 있으면 밤에 상대의 베개에 놓아두고 일과를 보고하고 공유하며 좋아하는 간식을 함께 먹는 즐거움을 누린다. 아무리 사소해도 오늘 상대에게 불만이 있었다면 이 시간을 활용해 문제를 명확하게 밝히고 바로잡기도 한다. 하루를 기분 좋게 마무리하는 리추얼일 뿐만 아니라 상대를 향한 감사의 마음, 연결감, 사랑을 멋지게 보여주는 방법이기도 하다.

하루를 시작할 때도 간단히 이런 훈련을 할 수 있다. 어떤

왜 내 사랑은 이렇게 힘들까

커플은 함께 아침을 먹거나 서로의 커피를 만들어 준다. 동네 산책도 좋은 방법이다. 무엇이 되었든 만남과 이별의 중요한 의미를 인식할 만한 리추얼을 만들어 보자. 이 훈련을 최우선 과제로 삼는다면 애착 유대가 강화될 것이다.

안정 애착 기술 7 애착 시선! 눈을 이용한다

신경학적으로 인간은 얼굴과 얼굴을 맞대고 소통한다. 현대에는 흔히 글자와 이모티콘으로 문자를 보내고, SNS로 메시지를 주고받고, 이메일로 연락을 하지만 이런 수단으로는 실제로 만나 눈을 맞출 때의 근본적인 이로움을 누리지 못한다.

내가 주최하는 동적 애착 재패턴화 경험Dynamic Attachment Re-patterning experience, DARe 워크숍에서는 애착 시선attachment gaze이나 환한 빛beam gleam이라는 표현이 자주 나온다(우리 워크숍의 패티 엘레지Patti Elledge 코치가 만들어 낸 용어들이다). 눈을 맞추며 다정한 마음과 서로 받아들이려는 느낌을 나눈다는 의미다. 상대에게 받을 수도, 동시에 주고받을 수도 있다.

"당신은 내게 특별한 사람이야" "정말 대단해" "사랑해"를 눈빛으로 말한다. 파트너를 바라볼 때 상대에게 내 눈이 어떻게 보일지 생각해 보자. 무엇을 전하고 있는가? 누구나 상대의 차가운 눈빛을 받아본 적이 있을 것이다. 수치심, 분노, 증오를 담은 눈빛을 받으면 온몸이 작동을 멈출 수 있다. 하지만 반대도 마찬가지다. 상대에게 연결감과 감사하는 마음을 눈빛으로 표현할 때, 일어나는 변화를 보면 알 수 있다.

하지만 상대가 힘든 경험을 하고 있을 때 (예를 들어, 수치심을 느낄 때) 시선을 피할 수 있다는 사실을 기억해야 한다. 눈을 계속 맞추려 하거나 눈을 쳐다보라고 부탁하는 시도가 항상 이롭지만은 않다. 사춘기 아이들은 이를 영역 침범이나 공격의 의미로 받아들일 때가 많다. 부모가 "말을 할 때는 눈을 보고 해"라고 요구하면 자녀와의 사이가 멀어질 뿐이다. 때로는 나란히 걸으며 대화하거나 낚시, 원예, 바느질처럼 대체로 말없이 함께하는 활동이 더 낫다.

이렇듯 눈 맞춤이 언제나 유용하거나 적절하지는 않다. 일부 문화권에서는 다정한 눈 맞춤을 성적 유혹으로 해석한다. 아이가 어른의 눈을 똑바로 쳐다보면 무례하게 보는 문화도 있다. 하지만 통할 때는 가장 쉽게 안정 애착을 기를 수 있는 방법이기도 하다. 공짜인 데다 최소한의 노력만 있으면 되고, 언제든 활용할 수도 있으며 아주 효과적으로 안정 애착을 높인다.

배우자와 파티에 참석했을 때 한번 시도해 보라. 파티장 건너편에서 환한 빛을 쏘는 것이다. 눈을 이용해 사랑하는 사람에게 당신이 멋지다는 사실을, 당신에게 감사하다는 사실을 알려주자. 기껏해야 2초 정도 걸릴 테지만 상대에게는 무엇과도 바꿀 수 없는 의미를 전할 것이다. 애착 시선을 반려동물과 연습할 수도 있다. 어떻게 반응하는지 살펴보자. 이 연습은 2장 회피 애착에서도 변형해 활용할 예정이다.

왜 내 사랑은 이렇게 힘들까

안정 애착 기술 8 **놀이를 통해 즐거워진다**

놀이는 애착 체계를 즐겁게 발달시킬 수 있는 방법이다. 아이들이 친구, 상상의 존재, 부모, 다정한 어른과 노는 행위를 얼마나 좋아하는지 생각해 보라. 아이들에게는 이 세상에 놀이보다 중요한 일이 없는 것만 같다. 그러다 성인이 되면 일에 집중하고 놀이의 중요성을 무시하기 쉽다. 하지만 놀이는 연결감과 신뢰를 쌓기에 훌륭한 수단이다.

우리 삶에는 목표가 너무 많다. 하지만 재미를 일순위로 한다면 어떻게 될까? 실제로 함께 즐긴다면? 파트너와 새로운 게임을 해보거나 어린 시절 둘 다 좋아했던 활동에 재도전해 보자. 당연히 목표는 승리가 아니라 파트너와 함께 즐거운 시간을 보내는 것이다.

놀이 시간을 늘릴 때 우리는 안정 애착을 가장 즐겁게 경험할 수 있다. 창의력을 발휘해 즐겨보자! 내 친구 샤론은 남편에게 페도라를 선물하고 (남편이 제일 좋아하는 영화인) <카사블랑카Casablanca>를 빌렸다. 애니는 야구 배트를 잡아본 적도 없으면서 남편과 야구 연습장에 가는 저녁 데이트를 준비했다. 랠프는 연극, 콘서트, 코미디 공연 표를 구입했고 파트너와 요리 클래스에도 등록했다. 맷과 수지는 같이 탱고 수업을 받았다. 미니어처 골프, 등산, 보드게임, 사냥, 조류 관찰, 래프팅, 대학 강의, 와인 테이스팅… 가능성은 무궁무진하다!

안정 애착 기술 9 파트너를 향한 자동화를 해제한다

뇌는 일을 효율적으로 처리하기 위해 최대한 자동화된 절차를 따른다. 자전거를 예로 들어보자. 처음 자전거 타는 법을 배운 후에는 과정이 자동화되기에 반복할수록 쉬워진다. 쓰기, 읽기, 덧셈, 뺄셈 등도 똑같다. 일단 학습을 했으면 효율을 늘리도록 과정을 자동화한다. 활동을 할 때마다, 모든 단계마다 생각할 필요가 없다.

스탠 탯킨은 인간이 파트너마저 자동화하는 경향이 있다고 지적한다.[6] 파트너가 유연하지 않은 범위 내에서 행동하고 반응하기를 기대하고, 이 사람에 대해 모든 것을 안다는 잘못된 믿음을 키우기도 한다. 말도 안 되는 소리다. 우리가 만나는 사람들은 전부 고유하고 무한한 세계다. 이 사실에 유의하고 상대의 무한한 기적에 맞추어 가며 관계를 이어가는 편이 훨씬 큰 성취감을 준다.

그러기 위해 함께할 수 있는 새롭고 독특한 활동을 찾아보자. 이런 활동을 함께하다 보면 상대의 다양한 면에 계속 관심을 가지고 연결될 것이다. 신선함은 뇌를 끌어당긴다. 관계의 활력, 흥분, 열정을 지켜준다. 관계에 신선하고 복잡한 요소를 더할수록 더 많은 가능성이 열려 상대에 대한 관심이 시들지 않는다. 그러므로 파트너가 어떻게 달라질 수 있는지, 어떤 사람인지 다양한 가능성을 열어두어야 한다. 이미 안다고, 전부 끝났다고 지레짐작하지 않는 것이 중요하다. 끝나지 않았다. 절대 끝은 없다. 매일이 새로운 시작이다.

안정 애착 기술 10 **복구, 복구, 또 복구**

연구가이자 임상심리학자 존 가트맨John Gottman은 신혼부부를 대상으로 6년간의 추적 연구를 진행했다. 6년 후에도 결혼 생활을 유지한 부부는 균열이 나타났을 때 관계를 복구repair하는 일에 시간의 86퍼센트를 쏟은 반면, 이혼한 부부가 관계 복구를 위해 서로 노력한 시간은 33퍼센트밖에 되지 않았다.[7] 그 정도면 굉장한 차이다. 1장에서 다른 것은 몰라도 복구의 중요성만큼은 꼭 기억하기를 바란다.

실재, 조율, 재미, 듣기의 기술을 항상 완벽하게 해내는 사람은 없다. 그것이 인생이다. 우리는 실수를 하고 이런저런 기대를 충족하지 못한다. 이때 관계 복구가 필요하다. 복구 기술은 안정 애착을 유지하는 데 없어서는 안 될 요소다. 문제는 대부분 사과나 복구 방법을 배우지 못하고 자랐다는 것이다. 언뜻 쉬워 보이지만 내가 지켜본 바에 따르면 이 기술을 제대로 알고 사용하는 경우는 매우 드물었다. 그러니 자신과 파트너가 자연스럽게 관계를 복구할 수 없을지도 모른다. 이 사실을 잊지 말자.

관계가 틀어졌을 때 누가 먼저 복구나 사과를 시도하는지는 중요하지 않다. 이상적인 커플은 양쪽 모두 적당한 시기에 관계 복구를 시도한다. 물론 잠시 쉬며 마음을 가라앉힐 시간이 필요할 수도 있다. 나도 그런 부류다. 하지만 그런 다음 다시 만나야 실망이나 상처가 떠오르더라도 상황을 극복할 수 있다. 또한 상대가 관계 복구를 시도하려는 때를 알아차리는 눈치도 있어야 한다.

퇴근해 집에 왔는데 강아지가 쓰레기통에 들어갔거나 주방 바닥에 무언가를 떨어뜨렸다고 해보자. 잘 알듯이 동물이라 해도 잘못을 했을 때 수치스러워할 수 있다. 내 강아지 맥스는 주방 쓰레기통을 턴 후 복슬거리는 작은 머리를 숙인 채로 다가와, 내게 조심스럽게 꼬리를 흔들 것이다. 이는 우리 인간에게도 자연스러운 반응이고, 타인의 이런 반응을 알아차려야 연결하는 감각, 함께하는 감각을 되찾을 수 있다. 강아지는 아주 사회적인 동물이다. 20분 동안 마당에 나가 있는 벌을 준다면 그 정도가 한계다. 20분이 넘으면 주인이 자신을 외면하거나 버렸다는 느낌으로 상처받을 것이다.

아이들은 동물보다 훨씬 더 예민하다. 타임아웃도 도움이 되지만 너무 오래 계속되면 역효과나 과도한 고통을 유발할 수 있다. 그보다는 더 연결된 상태로 관계를 복구하는 방법이 훨씬 낫다. 아이가 다가와 사과하거나 여러분만을 위해 그린 그림을 건넨다면 열린 마음으로 반응하는 법도 배워야 한다.

우리는 관계를 복구하려는 상대의 시도를 차단할 때도 있다. 사과 방법이 틀렸을지도 모른다. 말을 똑바로 하지 못했을 수도, 얼마나 상처를 주었는지 충분히 이해하지 못할 수도

왜 내 사랑은 이렇게 힘들까

있다. 기대보다 더 늦게 화해를 청했을 가능성도 있다. 나는 우리 모두 조금 더 관대해지자고 제안한다. 누군가 화해의 손길을 건네며 다가왔을 때 그 정성을 알아보고 인정하자. 정성이 부족하다고 따지는 것은 금물이다. 일단 상대를 믿어주는 태도가 두 사람 모두에게 이득이다.

물론 관계 복구를 먼저 시작하는 법도 배워야 한다. 여기에는 앞에 나온 듣기 기술도 포함된다. 변명, 합리화, 반대 의견은 다 내려놓고 상대의 이야기를 그냥 들어주자. 트라우마를 유발하는 요인은 대부분 본인의 애착 역사에 있다는 사실을 기억해야 한다. 두 사람의 관계에서 파트너가 상처를 입었을 때 내가 한 행동, 내가 하지 않은 행동만이 새롭게 생긴 문제의 주된 요인은 아니다. 다시 말해, 내 입장만 잘 설명한다고 문제가 해결되지 않는다. 본질은 더욱 깊은 곳에 있다.

관계를 맺는 중에 실수해도 괜찮다. 정말이다. 다행히 복구 방법만 배운다면 단절을 경험해도 관계가 더 끈끈해질 수 있다. 에드워드 트로닉은 이로운 지점에 이르기까지 관계의 길이 일직선이 아니라고 말한다. 그보다는 항해와 비슷하다. 바람이 불어 항로를 약간 이탈했을 때는 필요한 만큼 조절하면 된다. 그러다 바람이 반대쪽에서 불면 원하는 곳으로 돌아가도록 방향을 더 조절하며 지그재그로 목적지를 향한다.

관계에서 실수를 저질렀을 때 경로를 조금 벗어났다고 포기할 필요는 없다. 조율이 어긋난 관계를 복구하면 관계의 회복탄력성이 높아진다.[8] 그렇다고 일부러 관계 단절을 일으킬 필요는 없다. 우리 인간이 치는 사고들만으로 충분하다. 핵심은 필연적인 관계 단절이 나타났을 때 조율을 이루기 위해 무엇을 할 수 있느냐는 것이다.

최근 관계 복구를 하자고 다가온 사람이 있는가? 잠시 생각해 보라. 먼저 다가와 연결을 시도한 사람을 외면하거나 무시한 적이 있는지 떠올려본다. 대면하고 싶지 않다는 이유로 문자에 답장하지 않았거나 부재중 메시지에 응답하는 일을 미루고 있었을지도 모른다. 관계를 복구하려는 상대의 노력에 응한다면 어떤 기분일까? 그럴 마음이 있는가?

먼저 다가가 관계를 복구하고 싶은 사람이 있는지도 생각해 보라. 관계에 못내 아쉬운 점이 있어 다시 연결할 공간을 만들고 싶지 않은가? 불화에 내 잘못도 있다고 인정하거나 작은 상처를 입은 상대에게 미안하다고 사과해야 할지도 모른다. 이 사람과의 관계를 복구하는 것은 어떤 모습일까? 그래서 두 사람의 관계는 어떻게 달라질 것 같은가?

실전에서 확인해 보자. 관계 복구 제안을 받아들일 때나 관계 복구를 먼저 제안할 때 일어나는 변화를 보는 것이다. 우리가 관계 복구를 제안해도 상대는 그럴 마음이 없거나 별다른 반응을 보이지 않을 수 있다. 그래도 괜찮다. 관계 복구는 결과와 상관없이 배우고 연습해야 할 중요한 기술이고 노력할수록 더 능숙해진다. 그리고 관계를 업데이트하는 직접적인 방법이기도 하다. 말하자면 최신 소프트웨어를 다운로드하는 것과 같아 관계가 조금 더 이상적으로 돌아가기 시작한다. 앞으로 나아가고 관계를 맺는 전반적인 능력도 향상된다.

일상의 관계에서는 한쪽이나 양쪽 모두의 트라우마를 자극하는 공간에 들어가기 전에, 상대의 관계 복구 시도를 어떻게 지지할지 먼저 의논하는 것이 도움이 된다. 나는 이것이 복구 리추얼을 설계하는 과정이라 생각한다.

간단히 특정 단어로 복구할 준비가 되었다는 신호를 정할 수도 있다. 남들은 무슨 말인지 이해하지 못해도 상관없다. "수박" "팬케이크" "배 타러 가자" 같은 말도 가능하다. 양쪽 모두 좋아하는 음식이나 취미 활동을 나타내는 단어나 표현일수록 더 효과적이다. 화해할 준비가 되었다는 신호를 보내면, 이 신호가 말싸움의 에너지를 다른 쪽으로 전환시키거나 멀어진 거리를 좁혀줄 것이다. 손짓이나 시각적 신호를 사용할 수도 있다. 예를 들어, 사과할 준비가 되었다고 느낄 때 초에 불을 붙인다. "이번 일을 무난하게 넘기고 싶어. 진심으로 화해하고 당신과 다시 함께하고 싶어"라고 말하는 방법이라 할 수 있다. 어떤 사람에게는 "좋아, 이야기를 듣고 당신과 다시 연결될 준비가 됐어"라는 의미의 초가 있을지도 모른다.

나는 장신인 남편과 결혼 생활을 할 때 계단의 첫 번째 칸에 서서 포옹을 하고는 했다. 자연히 이것은 우리의 복구 리추얼이 되었다. 화해할 준비가 되었을 때 그 계단에 가서 서면 남편은 신호를 알아차리고 다가왔고 그렇게 우리는 포옹하고 화해할 수 있었다. 관계에 이런 리추얼을 만드는 방법은 다양하다. 관계를 원상태로 복구하고 회복탄력성을 키우는 데 도움만 된다면 리추얼이 어떤 모습이든 중요하지 않다.

안정 애착 기술 11 신경가소성을 활용한 성장과 적응 훈련

지금부터는 혼자 힘으로 나를 위해 안정 애착을 기를 수 있는 연습들을 알아보겠다. '들어가는 말'에서 나는 단 한 번의 결정으로 평생의 애착 패턴이 형성되지 않는다고 했다. 즉 어린 시절의 경험만으로 애착 패턴이 결정되지는 않는다. 실제로 인간의 애착 유형은 장점이든 단점이든 전부 다 세대에 걸쳐 전해질 수 있다. 우리는 조상에게서 애착 패턴을 물려받은 셈이다.

끔찍하다고 생각할 수도 있지만 우리의 신경계는 신경가소성을 가지고 태어났다는 점을 기억하자. 물론 많은 사람들이 유년기의 상처와 조상에게 물려받은 아픔을 간직한 부모 밑에서 자란다. 그 아픔은 결코 완전히 치유되지 않고 우리 부모(또 부모의 부모)를 일평생 괴롭힌 상처들이다. 하지만 우리의 애착 유형은 확고하게 정해진 불변의 법칙이 아니라는 것 또한 사실이다. 물려받은 트라우마로 힘들어하는 사람들을 위해 우리의 선천적인 신경가소성을 활용한 몇 가지 연습도 소개하고 싶다.

상처를 안고 사는 부모 중에는 의식적이든 무의식적이든 자녀가 부모인 자신을 보살피게끔 유도하는 부류가 있다. 당연히 이상적인 부모 자식 관계와 정반대의 모습이다. 부모가 자녀를 곁에서 보호해 주고, 자녀의 요구를 충족해 주고, 자녀를 보살펴야지 그 반대가 되어서는 안 된다. 아이가 부모를 위해 아무것도 할 필요가 없다는 말은 아니다.

하지만 아이는 성인의 문제를 해결하는 역할이 아니다. 그럴 만큼 성숙하지 않았고, 양육자나 배우자를 대신할 수도 없다. 부모가 자녀를 이런 식으로 대하면 불안정한 형태의 애착이 형성된다. 이 이야기에 공감이 간다면 다음 실습들을 활용해 안정 애착으로 방향을 재조정해 보기를 바란다.

함께 해보기 | 뒤바뀐 어머니 역할 찾아주기

우선 어머니를 그려본다. 성장기의 어머니가 앞에 있다고 상상해 보자. 어머니가 어떤 사람이었는지, 무엇이 어머니의 전부였는지 최대한 명료하게 느껴본다. 어머니의 걱정과 바람은 무엇이었을까? 어떤 어려움을 겪어야 했을까? 이와 같은 어머니의 경험을 최대한 생생하게 느끼려고 노력한다.

다음으로는 어머니가 시련에 처했을 때 어머니를 아끼는 어른들이 필요한 도움을 다 주었다면 어땠을지 상상한다. 상상 속의 어머니는 유년기를 거쳐 성인기에 이르는 동안 꼭 필요했던 힘,

특성, 지혜, 공동체의 도움을 받았다. 자녀인 내가 부족함을 채워주지 않는 것이 핵심이다. 이 실습을 할 때는 능력 있고 배려심 많은 다른 성인이 어머니 곁에 있다고 상상해야 한다. 능력과 애정을 겸비한 성인들이 어머니를 둘러싸고 필요한 도움을 전부 제공하는 모습을 상상하라. 어머니의 자식인 나는 아무것도 할 필요가 없다. 그냥 눈앞에 펼쳐지는 상황을 목격만 하면 된다. 내가 상상으로 만든 영화의 관람객이 되는 것이다. 도움을 주는 유능한 어른들이 어머니를 보살피는 모습을 지켜보고 그 보살핌의 결과를 세세한 부분까지 관찰한다.

어머니는 더 많이 웃을지도 모른다. 세상을 더 가벼운 발걸음으로 헤쳐나갈 수도 있다. 더 행복하게, 더 강하게, 더 많은 자원을 가지고 눈앞의 문제들에 맞선다. 필요한 것을 얻은 어머니가 어떻게 변하는지 보자. 인간으로서 성장하고 삶을 즐길 수 있다. 상처를 치유하고, 더 많은 에너지를 발휘할 수도 있다. 부모로서 자녀에 더 많은 관심을 기울이는 한편 화는 덜 낼 수도 있다.

내 내담자였던 리사는 어머니가 사귀는 친구로 메리 타일러 무어Mary Tyler Moore가 연기했던 1970년대 시트콤 속 캐릭터를 상상했다. 상상 속에서 리사의 어머니는 독립적인 전문직 여성들로 가득한 북클럽에 속해 있었다. 자식 열 명을 낳으며 주체할 수 없게 된 감정을 차단하고 남편에게 전적으로 의지했던 어머니와는 정반대였다. 리사가 상상한 더 자유로운 어머니는 강하고 독립적인 여성들과 어울리며 즐거워했고, 리사도 어머니에게 짐이 되었다는 죄책감과 부끄러움을 덜며 더 자유로워졌다. 이제는 어머니를 보살피기 위해 자신을 희생해야 한다는 생각이 들지 않았다. (리사의 상상 속에서의) 어머니는 북클럽 친구들과 사귀고 다른 어른들의 도움을 받을 수 있었기 때문이다. 상상의 북클럽이라 해도 이 장면을 떠올리며 리사는 속박에서 벗어날 수 있었다.

이제 자신에게로 관심을 돌려보자. 보살핌, 보호, 도움, 즐거움, 만족이 조금도 부족하지 않았던 어머니를 상상한 지금, 그런 어머니를 둔 아이로서 느끼는 감정은 무엇인가? 몸에서 어떤 변화가 일어나는가? 감정적으로 나타난 변화는 무엇인가? 어머니의 삶에 유능한 어른들이 있고 나 같은 아이가 어머니를 보살필 필요가 없어졌다. 여러분의 경험은 어떻게 달라질까? 이런 질문들을 탐구하며 새롭게 떠오르는 생각, 느낌, 감각을 경험해 보자.

이 실습을 하며 어땠는지 소감을 잠시 적어본다. 어머니가 충분한 자원을 가졌다고 상상했을 때 어떤 변화가 일어났는가? 이 실습으로 아주 깊은 안도감을 경험했다는 사람들이 많다. 자신이 유년기를 즐겁게 보내는 모습을 상상할 수 있었다는 사람도 있다. 태어나서 처음으로 근심에서 벗어나 자유로워진 느낌이 된다고도 한다.

내 친구 앨런은 이 실습을 하는 동안 피곤에 찌들어 살았던 어머니가 주방에서 콧노래를 부르고 미소를 지으며 요리하는 모습을 보았다. 곧 아버지가 주방으로 들어 와 어머니의 허리를 감싸 안고 목덜미에 얼굴을 묻었다. 두 사람은 주방을 돌아다니며 춤을 추었고 어머니는 사이사이 수프를 저었다.

이 광경은 앨런의 실제 어린 시절과 많이 달랐다. 알코올 중독자인 아버지는 걸핏하면 화를 냈고 어머니는 남편을 두려워했다. 그럼에도 앨런은 현실과 다른 모습을 상상할 수 있었고, 그 과정에서 자신에게 일어난 변화를 알아차렸다. 하나로 연결되어 서로를 사랑하는 부모님을 상상했을 때 상상 속의 가정은 서로 지지하며 기쁨을 나누었고 화목했다. 달려가서 어떻게든 어머니를 챙겨야 한다는 의무감이 사라지자 어린 앨런은 더 차분해졌다. 근심과 불안도 줄어들었다. 앨런은 형제들과 놀거나 모형 비행기 조립처럼 어린 시절 좋아했던 활동에 집중하기가 쉬워졌다고 느꼈다. 이처럼 강력한 상상의 과정을 지름길 삼아 앨런은 안정 애착의 느낌을 조금이나마 엿볼 수 있었다. 이는 사소해 보이지만 그렇지 않다.

안정 애착이 어떻게 다른지 정서적, 심리적, 정신적으로 느끼고 그 새로운 느낌을 몸에 받아들이는 기회는 굉장히 중요하다. 이 실습은 안정 애착에게 "안녕"이라 인사할 기회다. 안정 애착이 실제로 어떤 느낌인지 맛봄으로써 현재 성인인 여러분도 안정 애착으로 애착의 방향을 돌릴 수 있다.

함께 해보기 | 뒤바뀐 아버지 역할 찾아주기

이번에는 아버지로 같은 실습을 할 차례다. 최선을 다해 아버지의 경험에 다가가 보자. 아버지의 가장 본질적인 욕구는 무엇인가? 더 정밀하게 관찰했을 때 아버지의 핵심 상처는 과연 무엇일까? 아버지가 겪은 문제와 결핍, 아버지가 받은 상처와 선물이 무엇인지 최대한 철저하고 명료한 시선으로 바라보기를 바란다. 그런 다음 아버지 곁에 지혜로운 어른, 마음씨 따뜻한 친구, 배려하는 가족이 있다고 상상한다. 아버지에게 완벽한 안내자를 창조한다면 누가 될 것인가? 다시 말하지만 안내자, 혹은 멘토, 어른을 나로 지정할 수는 없다. 내가 아니라 유능하고 다정하고 믿을 수 있으며 아버지에게 무엇을 시키고 제안할지 정확히 아는 성인이어야 한다.

이 사람(한 명 이상도 가능하다)이 힘든 시기에도 아버지를 지지하는 모습, 다정하고 유머러스하게 아버지를 키우는 모습을 상상해 보자. 아버지가 무언가를 필요로 할 때 곁에 있어주기만 해도 괜찮다. 이때 아버지가 어떻게 반응하는지 관찰한다. 아버지는 필요한 자원을 다 가진 채로 미소를 머금고 강인하게 성장할 것이다. 성인이 되어서도 지지를 받는다고 느낀다. 아버지가 이런 사랑과 지지 속에서 살아간다면 어떤 변화가 일어날지 상상해 본다.

이제 자신에게 초점을 돌린다. 지금 느끼는 감정은 무엇인가? 가슴에서 어떤 변화가 일어나고 있나? 몸에서 솟아나는 감각은 무엇인가? 자원, 지지, 사랑을 아낌없이 받은 아버지를 보고 있을 때 기분이 어땠나? 챙김을 받는 아버지를 본 지금, 어떤 변화가 일어났는가? 욕구가 충족된 아버지는 더 많은 능력과 에너지를 활용해 나와 형제들에게 더 좋은 부모가 될 수 있을 것이다. 내 어린 시절에 아버지가 그런 능력을 자유롭게 발휘할 수 있다면 어떨까? 여러분의 삶은 어떻게 달라질까?

우리 인간은 사랑과 연민을 가득 담은 채 태어났고, 주변 사람들의 고통, 특히 부모님의 고통을 아주 잘 알아보며 자란다. 당연히 부모님의 삶에 난 구멍을 메워주고, 상처를 치료해 주고, 충족되지 않은 욕구를 채워주고 싶다. 하지만 그럴 수 없다. 첫째, 그것은 우리의 역할이 아니다. 둘째, 연륜이나 자원이 부족하기 때문에 시도한다 해도 성공하기 힘들다. 그래서 어떻게든 챙겨주어야 하는 부모 밑에서 자란 사람은 항상 부모의 기대에 못 미친다는 느낌에 사로잡혀 삶을 살아간다. 무언가 부족하다. 늘 조금씩 실패하고 있다.

위의 실습을 여러 번 반복해 보기를 권한다. 어머니 같은 존재와 아버지 같은 존재로도 해보되, 한 번에 한 관계에만 집중해야 한다. 여러 명보다는 한 명을 상상할 때가 더 효과적이다. 상상의 경험이라 해도 관계로 인한 상처를 치유하는 데 도움이 될 것이다. 실제 과거가 상상의 과거와 크게 달라도 상관없다. 기억을 끄집어내고 그 기억에 긍정적인 대조점을 넣는다고 과거가 달라지지는 않는다. 하지만 기존의 사건에 새로운 자원이 섞이는 효과는 분명 나타난다.

　우리가 과거의 상처에 관한 기억에 접근하면 기억의 재응고화의 힘으로 기억은 쉽게 변한다. 예를 들어, 안정 애착의 감각적 느낌을 경험할 때 새로운 자원이 원래 기억의 일부로 편입되는 것이다. 그리고 인간의 뇌는 과거의 상처와 교정적 경험, 즉 새로운 자원으로 바뀐 새로운 기억 등을 동시에 마주했을 때 상대적으로 적응하기 편한 시나리오나 반응을 선택하게 되어 있다. 안정 애착의 주변에 경험의 씨앗을 심으면 뇌는 더 건강한 쪽으로 방향을 돌릴 기회를 얻는다. 그렇기 때문에 이 실습의 목표는 결코 과거를 부정하는 것이 아니다. 더 밝고 힘찬 미래로 나아가자는 것이다.

　자랄 때 부모에게 상처를 받았거나 욕구가 충족되지 않았다면 나이가 들어 보조가 필요한 부모를 선뜻 도울 마음이 생기지 않을 수 있다. 이때 과거의 상처를 치유한다면 황혼기에 접어드는 부모를 진심으로 도울 수 있다. 부모는 늙고 약해지는 스트레스로 해소되지 않은 애착 상처를 다시 드러낼지 모른다. 자녀에게 과도하게 매달리거나 혼자 알아서 하겠다고 억지를 부리는 부모도 있다. 후자의 경우, 약해져서 자녀나 다른 사람의 도움이 필요해지면 화를 낼 수도 있다.

　내 친구의 어머니 이디스는 의심증과 약간의 편집증이 생겨 어머니를 위해 신탁을 들려는 자식들이 자기 재산을 가로채고 있다고 믿었다. 사실은 그렇지 않았는데 말이다. 자녀들이 대신 공과금을 납부하고 세금 신고를 하는 등 재산을 스스로 관리할 수 없게 되자 이디스는 불안해졌다. 이처럼 연로해진 부모의 애착 상처가 다시 떠오르거나 계속되는 것은 굉장히 흔한 사례다. 부모의 황혼기를 잘 뒷받침해 줄 안정 애착 기술들을 연습해야 할 것이다.

안정 애착 기술 12 긍정적인 경험을 소중히 여긴다

트라우마를 치유할 때는 상처를 점검하며 조심스럽게 치료하고, 회복하도록 자신을 다정하게 도와주어야 한다. 하지만 작가이자 치유자인 캐롤라인 미스Caroline Myss가 말한 "상처학Woundology"에는 빠지지 않도록 조심할 필요가 있다. 상처학이란 자신의 상처와 고충으로만 인생을 정의하는 것을 말한다.[9]

상처학에 빠지면 성장하지 못하고 세상과 관계를 경험하는 방식을 바꾸지도 못한다. 그래서 삶에 긍정적인 요소를 늘리는 연습은 똑같이 중요하며 궁극적으로는 이것이 안정 애착 기술들을 배우는 목적이다. 우리는 삶의 어떤 부분이 올바른 길로 가고 있는지 깨닫고 관계를 행복과 웰빙으로 이끄는 능력을 개발해야 한다.

식물이 태양을 향해 자라듯, 우리 인간은 안정 애착을 지향할 때 만개한다. 그러기 위해 안정 애착에 따르는 좋은 느낌을 알아두면 좋다. 대부분 일이 잘못되어 갈 때의 경우 상처받는 느낌을 전문가처럼 포착한다. 하지만 일이 잘되고 있을 때를 아는 레이더는 따로 개발해야 한다. 우리는 진정한 연결을 나타내는 단서를 얼마나 잘 포착하고 있을까?

"조이트로픽 영역zoetropic zone"으로 방향을 어떻게 잘 돌리고 있나? 그리스어로 '조이zoe'는 "인생"을 의미하고 '트로프trope'는 "방향을 틀다" 혹은 "향하다"를 뜻한다. 따라서 '조이트로픽zoetropic'은 "인생을 향해 방향을 틀다"라는 의미이고, 조이트로픽 영역은 삶을 긍정하는 느낌과 경험을 특징으로 나타낸다. 해바라기가 자연스럽게 빛을 향해 돌아가며 자라는 모습을 생각하면 된다. 그것이 지금 우리가 추구하는 목표다.

본질적으로 인간은 자신에게 효과가 있고 이로운 것에 익숙해지려 한다. 인생에서 이를 강조하고 싶어 한다. 단순히 트라우마와 상처를 무시하자는 이야기가 아님을 알 것이다. 그래서야 도움이 될 리 없다. 여기서는 '오직' 자신의 고통에만 집중하기보다는 그것을 초월하는 다른 접근법을 추천한다.

들어가는 말에서 릭 핸슨을 언급한 바 있다. 이 주제가 릭의 전공인 만큼 그의 작품들을 반드시 읽어보기를 바란다 (『행복 뇌 접속Hardwiring Happiness: The New Brain Science of Contentment, Calm, and Confidence』『붓다 브레인Buddha's Brain: The practical neuroscience of happiness, love & wisdom』, 『붓다처럼 살기Just One Thing: Developing a Buddha Brain One Simple Practice at a Time』등 아무 저서나 찾아보라).

지금 말하는 안정 애착 기술들과 가장 관련 있는 내용을 살펴보면, 릭 핸슨은 낡은 신경로가 실제 바뀔 만큼 오랫동안 긍정적인 경험을 접해야 한다고 강조한다. 인간의 뇌는 이럴 능력이 있다. 아니, 뇌는 처음부터 긍정적인 방향으로 치유하고 성장하도록 만들어졌다. 그래서 위 실습들의 교정적 경험에 스스로를 노출할 필요가 있는 것이다. 긍정적인 상상에 집중하고 기억에 새로운 자원들을 주입한다면 안정 애착과 연결이 강해질 것이고, 우리가 원하는 삶의 변화가 일어난다.

또한 자신과 가족을 위해서라도 긍정적인 미디어, 책, 경험을 적극 권한다. 친사회적인 TV 방송이나 영화를 보며 자신의 애착 체계에 좋은 영향을 많이 받을 수 있다. 긍정적인 책을 읽거나 워크숍에 참석하는 방법도 좋다. TV 시청을 추천하는 것은 나쁜 습관에 빠지라는 의미가 아니다. 기왕 보는 TV, 당장 도움이 되는 방송을 보자는 말이다. 개인적으로는 브레이버맨 가족이 주인공인 NBC 드라마 〈페어런트후드Parenthood〉를 재미있게 보았다. 무수한 갈등에 휩싸이고 여러 가지 힘든 경험을 하지만 브레이버맨 가족은 함께 역경을 헤쳐나가고 사랑과 연결을 유지하는 (혹은 되찾는) 방법을 찾는다.

정신과 의사이자 신경과학자 아미르 레빈Amir Levine은 주로 안정 애착으로 연결된 사람들의 이야기인 영화 〈브루클린Brooklyn〉을 추천한다.[10] 안정 애착의 또 다른 예는 TV 시리즈 〈길모어 걸스Gilmore Girls〉에 나오는 로렐라이와 로리 길모어의 모녀 관계다. 두 사람의 관계는 부모와 자식 간의 경계가 흐린 문제도 반영하지만, 대체로 안정 애착에 가깝다. 물론 지금 추천한 작품들 외에도 도움이 될 방송이나 영화는 많다.

눈으로 보면 자연히 영향을 받으니 문제가 많거나 학대적이고 폭력적인 영화는 가급적 줄이기를 권한다. 아예 끊으라는 말은 아니다. 다만 건강한 관계를 키우는 매체와 더 가까워지는 편이 좋다는 뜻이다. 즉 안정 애착 네트워크에 "영양가 있는 음식"을 공급해 주자.

이 방면으로 무엇에 가장 관심이 가는가? 읽은 책이나 시청한 방송이 안정 애착을 부르는가? 아니면 자신과 가족에게 그리 이상적이지 않은 영향을 주는가? 어쨌든 한 번쯤 고민하고 시도해 봄직하다. 안정 애착에 더 노출되고 싶다면 멘토, 미디어, 친구, 관계에서 안정 애착을 찾아보자. 안정 애착이 주는 보상을 생각하면 노력할 가치가 있다.

1장을 긍정적으로 마무리하기 위해 다음과 같이 생각하는 시간을 준비했다. 잠깐이라도 좋으니 여러분의 삶에서 잘 형성된 애착 기술과 관계들에 주의를 기울여본다.

함께 해보기 | 내가 지닌 안정 애착 기술은?

앞에서 설명한 안정 애착의 특징과 기술들을 잠시 생각해 보자. 이미 잘 알고 있고 오늘날 여러분의 삶에 존재하는 특징과 기술은 무엇인가? 함께 있을 때 누구에게 안정 애착을 느끼며 (또는 느꼈으며), 그런 건강한 관계를 만들고자 어떤 노력을 하고 있는가?

다시 말해, 이미 내 삶에서 잘 형성된 기술은 무엇인가? 대답하기 어렵다면 (이런 이야기에 별로 공감하지 못하는 사람도 있을 것이다) 일단 1장에서 가장 와닿았던 요소에 집중한다.

가장 흥미로웠거나 시도해 보고 싶었던 안정 애착 기술들은 무엇인가? 눈 맞추는 기술, 조금 더 오래 껴안는 기술일지도 모르겠다. 건강한 관계를 반영하는 TV 프로그램을 더 많이 보는 것처럼 단순한 기술일 수도 있다. 누군가는 이메일이나 문자, 전화에 더 빠르게 응답하기 위해 노력할지도 모른다. 표현과 보호 기술이 부족할 때는 어떻게 해야 마음을 더 잘 표현하고 상대방을 보호할 수 있을까? 혼자만의 시간이나 자기 진정self-soothe이 어렵게 느껴질 때는 어떻게 그것들을 연습하고 배울 수 있을까? 자녀와의 관계, 파트너와의 관계를 어떻게 해야 더 안전하게 구축할 수 있을까? 파트너의 손을 더 자주 잡고 당신을 사랑하고 당신밖에 없다는 확신을 아낌없이 주는 방법이 있겠다. 여러분은 앞으로 어떤 기술에 더 집중하고 싶은가?

이 질문들에 어떤 답을 하든 여기서 배운 연습과 기술을 최우선 과제로 여기며 관계가 어떻게 변하는지 주의 깊게 살펴보기를 바란다. 안정 애착은 우리의 선천적인 권리다. 안정 애착이 표출되도록 연습을 한다면 여러분의 삶에 안정 애착은 더욱 명백하게 두드러져 나올 것이다.

왜 내 사랑은 이렇게 힘들까

안정 애착 스스로 평가하기

- 다른 이들과 친해지기를 원하고 수월하게 관계를 맺는가? 또 관계가 잘 진전되기를 기대하는가? ☐
- 친한 사람과 함께 있을 때 대체로 편안한가? ☐
- 혼자 있다 함께하는 시간으로 전환할 때 별 어려움이 없는가? ☐
- 갈등이 일어났을 때 파트너와 서로 쉽게 사과하고 두 사람 모두에게 이로운 해결책을 찾으려 노력하는가? ☐
- 인간의 본성이 선하다고 믿는가? ☐
- 친한 사람들의 요구에 응하는 일을 중요하게 생각하는가? ☐
- 내 요구에 응해달라는 부탁을 편하고 분명하게 하는가? ☐
- 사랑하는 사람과 있을 때 상대에게 전념하고 연결에 방해가 될 요소를 멀리하는가? ☐
- 항상 안전한 관계를 위해 노력하는가? 가깝다고 생각하는 사람들을 보호하는가? ☐
- 파트너나 친구와 함께하는 시간을 기대하는가? ☐
- 가깝다고 느끼는 사람들에게 애정을 드러내는가? ☐
- 프라이버시를 지켜달라는 상대의 요구를 존중하는가? ☐
- 건강한 경계를 얼마나 중요하게 여기는가? ☐
- 관계가 정상 경로를 벗어나면, 만족스러운 관계를 맺을 기회는 그 외에도 많다는 사실을 알고 미련 없이 떠나는가? ☐
- 즐기는 시간을 주기적으로 마련하는가? ☐

2장

회피 애착

: 갈망하는 만큼 밀어내는 사람들

지금까지 우리는 안정 애착에 집중하며 궁극의 목표가 무엇인지, 이를 마음에 새기고 출발선을 넘었다. 그러면 이제부터는 방향을 돌려 삶이 잘 풀리지 않을 때 우리가 하는 행동에 대해 이야기해 볼 시간이다. 구체적으로 말하면 애착 장애에 대한 이야기다. 너무도 많은 사람들이 경험하고 씨름하는 불안정 애착의 다양한 유형들을 지금부터 이야기하려 한다. '애착 적응attachment adaptation'이라는 용어도 종종 사용할 텐데, 그럴 만한 이유가 있다.

아기는 생존을 위해 부모가 필요하다. 그 점에 다른 선택지는 없다. 부모가 유능하든 무능하든 아기는 부모가 가진 능력에 '적응'한다. 근본적으로 아기는 효과가 있었던 것과 효과가 없었던 것에 반응하며 성장한다. 어떤 어른이 되든 (즉 어떤 애착 유형을 체현하든) 가능한 범위 내에서 최선의 적응을 했다는 사실에는 박수를 보내야 마땅하다. 최소한 아이들이 저마다 직면해야 했던 딜레마는 어느 정도라도 인정해 주어야 한다.

운 좋게 대박을 터뜨린 아이는 안정 애착이라는 은혜를 입은 가정에서 자랄 것이다. 그렇지 않다면 양육자의 한계에 맞출 수밖에 없고, 선천적인 애착 욕구를 그나마 잘 충족해 줄 수 있는 방향으로 적응한다. 역설적으로, 연결에 대한 욕구를 차단한다는 의미라 해도 말이다.

1970년대까지는 아이가 어떻게 애착 적응을 하는지에 대한 연구가 많지 않았다. 메리 에인스워스Mary Ainsworth가 "낯선 상황 Strange Situation" 연구를 진행하기 전까지는 말이다. 에인스워스는 존 볼비와 연구 활동을 같이 한 심리학자로, 생후 12개월에서 18개월 사이의 아이가 있는 100여 가정을 조사하는 실험을 고안했다.

실험 대상인 아이들은 어머니와 낯선 사람 한 명이 있는 방에서 장난감을 가지고 놀았고, 연구진은 어머니가 잠시 방에서 나갔다가 돌아왔을 때 일어나는 반응을 관찰하고 정리했다. 어머니가 돌아오면 기뻐서 어머니를 껴안고 같이 놀자는 아이들도 있었다. 대부분의 아이가 큰 스트레스를 보이지 않고 이처럼 긍정적으로 반응했다. 그러나 전혀 반대의 반응을 보인 아이들도 있었다. 이 아이들은 어머니가 돌아오자 관심 없는 척 행동했다. 아예 어머니를 무시하고 혼자 장난감만 가지고 노는 아이도 있었다.

연구진도 처음에는 아이의 성격이 무심해서 그럴 뿐이라고 생각했다. 하지만 생리적인 측정을 추가한 결과, 이 아이들은 상당한 스트레스 신호를 드러냈다. 실제로는 어머니가 방을 나갔다 들어왔을 때 강한 반응을 일으켰지만 반응을 숨기는 행동을 하고 있었던 것이다. 이렇게 정상적인 반응을 차단하면서 이 아이들은 굉장히 많은 에너지를 소모하고 있었다.[1]

같은 주제이지만 이 책에 소개되지 않은 연구는 그 밖에도 많고, "낯선 상황"의 후속 연구에서는 유아가 양육자마다 다른 애착 유형을 나타낼 수 있음이 밝혀지기도 했다. 하지만 2장의 목표에 걸맞게 지금은 위에서 설명한 아이들에 집중하고 싶다. 메리 에인스워스는 이런 불안정 애착 유형에 '회피형'이라는 이름을 붙였다. 아이들이 어머니에게 다가오지 않고 더 이상 어머니와 연결

되기를 추구하지 않았기 때문이다. 울음 신호마저 상황에 적응해 대다수의 울음 신호가 꺼졌다.[2]

이렇게 행동하는 성인을 볼 때 우리는 '혼자 알아서 잘한다, 무심하다, 단절되었다, 거부한다' 등의 판단을 내린다. 하지만 메리 에인스워스의 연구는 눈에 보이는 것만이 전부가 아니라는 사실을 증명한다. 이런 유형의 성인은 거부형Dismissive이라 부른다.

회피 애착에
기여하는 요인들

내가 만난 내담자 중에 해럴드라는 시카고 출신의 사업가가 있었다. 삶이 팍팍했던 어머니는 어린 해럴드 곁에 오래 머물며 사랑을 전해주지 못했다. 하지만 규칙적으로 집을 청소하는 일만큼은 아주 열심이었다. 해럴드는 아주 어린 시절이었는데도 장난감, 모빌 같은 놀이 기구 없이 아기 침대에 혼자 남겨져 있던 순간을 기억했다. 해럴드의 어머니는 아들이 그곳에 존재하지 않는 것처럼 열심히 청소기를 밀고 다녔다.

해럴드는 명백히 고립된 상태로 자랐고 신경계 조절에 필요한 접촉을 경험하지 못했다. 내게 치료를 받으러 온 것도 아내와 연결하는 기술이 없어서였다. 해럴드의 안타까운 사례를 통해 우리는 아이의 회피 적응이 성인기까지 계속되는 몇 가지 요인을 찾아볼 수 있다.

1. 고독했다

간단히 말해 아이 혼자 남겨진 시간이 너무 길었을 수 있다. 완전한 격리나 고립 상태만을 말하는 것이 아니다. 꼭 그렇지 않더라도 양육자와 충분히 대면하지 못한 채 성장하는 아이들이 있다.

2. 실재감이 부족했다

부모가 자녀 옆에 있으면서도 충분히 실재하지 않는 경우다. 몸은 옆에 있어도 심리적으로나 감정적으로나 방치된 아이는 집에 아무도 없는 것처럼 느낀다.

3. 일을 중심으로 실재했다

자녀에게 가르침을 줄 때만 실재하는 부모도 있을 수 있다. 아이들은 이런 실재감을 "네가 쓸모 있거나 유능할 때만 곁에 있어줄게"라는 의미로 해석한다.

4. 접촉이 없었다

다정한 손길이 얼마나 중요한지는 앞에서도 언급한 바 있다. 안타깝게도 이런 손길을 받지 못하고 자라는 아이들이 너무나 많다. 주위에 어른이 많아도 적절하고 다정한 신체 접촉 없이 자란 아이들은 회피 애착에 적응하며 "살 고픔 skin hunger"을 앓는다.

5. 정서적으로 방치되었다

정서적 방치는 양육자가 아이의 정서적 욕구에 민감하지 않았다는 의미다. 아이에게 반응하는 시간이나 반응의 질이 부족했을 수 있다. 전체적으로 정서적 교육이 부적절했을 수도 있다. 가장 많이 경험하는 것은 일관적인 무반응이다.

6. 표정이 일치하지 않았다

부모가 (화가 나거나 슬플 때 웃는 것과 같이) 감정 상태와 일치하지 않는 표정을 사용하는 경우도 있다. 이런 경험이 계속되면 아이도 감정과 일치하는 표정으로 자신을 진정성 있게 표현하지 못하며, 이런 아이들은 적절한 사회적 신호를 이해하고 해석하거나 전달하는 문제로 자주 힘들어한다.

7. 참여가 끊겼다

예를 들어, 아이가 아프면 전형적인 애착 행동에 참여할 수 없기 때문에 부모의 안정 애착 반응을 적절히 자극하지 못한다. 반대의 예도 마찬가지다. 부모의 몸 상태가 좋지 않으면 아이의 안정 애착 체계에 참여하는 반응을 보일 수 없다.

8. 거부를 당했다

불행히도 부모에게 완전히 거부를 당하는 아이들이 있다. 악의가 없었다고 해도 부모의 거부는 아이에게 깊은 영향을 미친다. 그리고 그런 상황이 정기적으로 발생했다면 거부의 영향력은 더욱 커진다.

다시 말하지만 어린 시절 어떤 일을 겪든 우리는 양육자에게 적응한다. 양육자와, 양육자의 신경계와 상호작용을 하며 관계를 보는 시각을 받아들이고 정서적·사회적 욕구를 충족하기 위한 전략을 세운다. 들어가는 말에서 언급한 '관계 설계도 원본'은 이런 식으로 만들어진다.

부모에게 다가갔는데 돌아오는 반응이 방치나 거부였다면 자연히 아이는 애착 추구 행동을 줄일 것이다. 부모가 자녀의 정서적 욕구에 양질의 반응을 하지 않는다면 아이는 점점 더 자신에게만 의존할 수밖에 없다. 반응이 자율적으로 변한다.

반응이 자율화한다는 것은 성장하며 더 많은 일을 혼자 알아서 하게 되는, 정상적인 발달 과정과 다르다. 더 어린아이들에게는 스스로 활용할 수 있는 도구나 자원이 없기 때문이다. 성인이 혼자 알아서 잘하는 능력과 아이가 혼자 알아서 할 수밖에 없는 상황은 엄연히 다르다.

시중에 나와 있는 일부 애착 이론 서적은 회피형이 연결을 원하지 않는다고, 회피형이 관계를 필요로 하지 않거나 원하지 않는 특징을 띤다고 말하지만 내 의견은 다르다. 아니, 나는 이 말에 반대한다. 나는 인간이라면 누구나 사랑과 연결

왜 내 사랑은 이렇게 힘들까

을 갈망하고, 이 갈망은 태어날 때부터 우리 몸에 내재된 안정 애착 체계에서 나온다고 생각한다. 그 사람의 애착 유형은 중요하지 않다.

위험하거나 이롭지 않은 관계 환경에서 자라 타인에게 자신을 잘 드러내지 못하는 사람이 있을 수 있다. 그렇다고 근본적으로 연결감과 친밀감을 원하지 않는다는 뜻은 결코 아니다. 회피형이라면 관계에 대한 갈망과 연결이 끊겼을 수도 있다.

내가 만난 내담자들은 방치되었던 상처를 치료하며 자신도 남들처럼 관계를 원한다는 사실을 깨달았다. 다른 사람에게 나를 열어 보이는 행위가 엄청난 리스크로 느껴질 뿐이다. 약점이 만천하에 드러났다는 느낌을 받는 것이다. 하지만 이미 수차례 말했듯, 안정 애착을 이루지 못할 사람은 없다. 회피 애착에 적응한 사람들도 예외는 아니다.

'분리의 환희'를
느끼는 사람들

"무심하다" "자기만의 세계에 빠져 있다" "둔감하다" "차 갑다" "쌀쌀맞다" "외로운 늑대" "일 중독자" 우리가 흔히 회 피형 하면 연상하는 몇 가지 표현이다. 하지만 회피 적응이 (특히 성인기에) 어떤 모습을 보이는지, 그렇게 표출되는 이유 가 무엇인지 조금 더 자세히 알아볼 필요가 있다.

불편한 관계와 고립된 자아

당연한 말이지만 회피 애착에 적응한 사람은 타인으로부 터 고립되는 경우가 많다. 고독을 자연스러운 상태로 느끼고, 자아감이 멀리 분리된 채 어른이 된다. 도움을 청하거나 협업 프로젝트에 참여하기보다는 혼자 일하는 쪽을 선호한다. 혹 은 무생물(소유물)이나 인간이 아닌 친구(동식물)처럼 덜 불편 한 대상과 관계를 맺는다.

타인이 그립고 혼자 있기 싫어질 때도 있다. 심한 경우에는 가슴 찢어지는 고통을 느낀다. 하지만 우리 회피형은 다른 존재 방식을 깨닫지 못한다. 편안한 관계의 장에서 살아가는 기분을 아예 모른다. 회피형은 대체로 외톨이, 아웃사이더라는 느낌을 받는다. 고립이 지나쳐 남들과 전혀 다른 존재가 된 것만 같다. 극단적인 경우, 자신을 감정 없는 로봇이나 기계처럼 '그것^{it}'이라 칭하는 회피형도 있다.

회피형의 관계 설계도 원본에 따르면 관계는 이롭지 않은 것이다. 그래서 회피형은 사람과 사람 사이의 연결을 하찮게 여기며 자란다. 내 곁에 있어주거나 내 욕구를 충족해 준다는 기대가 없으니 다른 사람에게 먼저 다가가지 않는다. 자랄 때 관계로 부정적이고 고통스러운 경험을 했다면 당연히 성인이 되어 관계를 추구하거나 관계에 의지할 리 없다.

회피형은 암묵 기억상에 다른 사람과 가까이 있었을 때의 경험이 즐겁지 않았다. 친구는 꽤 많아도 장기간 깊고 친밀한 관계를 맺는 사람은 소수이거나 아예 없다. 성性적으로는 장기 연애보다 원 나이트 스탠드나 자위를 선호할 수 있다. 연애를 하기로 선택한다 해도 파트너에게 당신뿐이라는 표현을 끈끈하고 신뢰감 있는 방식으로 하지 못할 수 있다.

어떤 회피형은 중요한 사람이 떠나도 그리워하지 않는다. 업무, 출장, 이혼, 심지어 죽음 같은 이유로 그 사람이 눈앞에서 사라졌을 때 처음에는 안도감마저 느낀다. 연결에 대한 압박이 일시적으로 사라지며 "분리의 환희separation elation" 증상이 나타나는 것이다. 회피형은 자신이 얼마나 단절된 삶을 살고 있는지 상처를 치료한 후에야 제대로 인식하기도 한다.

회피형의 애착 체계는 비활성화 상태로 있다. 어렸을 때, 특히 태어나서 처음 몇 년간 편안하고 이로운 관계를 충분히 만끽하지 못해 일부 기능이 동작을 멈춘 것만 같다. 그러나 물밑을 들여다보면 회피형은 여전히 연결되기를 갈망한다. 거부당할지 모른다는 무언의 두려움을 안고 살아갈 뿐이다. 그래서 회피형은 관계에 마음을 열 때 자신을 너무 드러내 보였다고 느낄 수 있다.

하지만 누구나 그렇듯 회피형도 시간이 지나면 인간의 선천적인 능력인 안정 애착을 경험할 수 있게 된다. 믿을 만한 연결감과 이로운 영향을 주는 파트너나 친구를 만났을 때 가능성은 더 커진다. 그때는 회피형도 상대를 믿는 법을 배우고 관계로 진정한 애정을 받아들일 수 있다.

단절과 분리

회피형은 해리 상태를 편안하며 정상적이라 느끼기도 한다. 연결 스트레스가 감당 못할 수준으로 높아지면 거리를 확보하기 위해 관계에 사용하던 전략들을 버린다. 어린 시절 경험했던 방치는 너무나 고통스러웠고, 그 고통에서 벗어나려면 단절을 통해 "떠난 상태"로 만드는 방법밖에 없었다.

회피형은 인터넷 서핑, 컴퓨터 게임, TV 시청처럼 타인과의 단절을 야기하는 행동으로 주의를 돌리는 경우가 많다. 심지어는 명상을 하기도 한다. 이런 활동을 하며 현실 감각을 되찾고 더욱 깊은 실재감을 느끼는 회피형도 있지만, 보통은 신체와 정신이 분리되는 결과를 낳을 뿐이다. 마음은 차분해질지 몰라도 자신과 타인에 대한 연결감은 줄어든다.

회피형의 설명에 공감이 간다면 평소보다 신체적으로나 정서적으로 실재하는 데 조금 더 집중하기를 권한다. 관계의 압박을 견디기 위해 (한동안 컴퓨터를 하며 멍을 때리는 등의) 평소 하던 수단에 의지하는 대신 다른 사람들과 어울리고 연결되도록 최선을 다해본다.

물론 타인에게 다가가는 일이 회피형에게는 어렵게 느껴질 수 있다. 그러니 자연스러워질 때까지는 언제, 누구와 관계를 맺을 것인지 의식적으로 결정할 필요가 있다. 필요한 것을 부탁하거나 (예를 들어, 물 한 잔을 요청하거나 집에 있는 물건을 고쳐달라 부탁한다든지) 오늘 하루 있었던 일을 들려주는 것처럼 간단한 방법부터 도전해 보자.

파트너가 회피형이라면 상대의 독립심, 무시하는 태도, 해리 상태를 내 탓으로 돌리지 않도록 노력한다. 회피형은 애착 체계를 비활성화하는 방법으로 어린 시절 경험했던 방치나 거부에 반응한다. 이들은 뒤로 물러나 고립되는 법을 배웠다. 연결에 대한 욕구를 차단하려면 많은 에너지가 소모된다. 그러다 보니 회피형이 친밀한 관계를 유지하기는 특히 더 어려울 수 있다. 안정 애착 기술들을 배우고 상처를 치유하고 타인과 연결하려 노력하기 전까지는 말이다.

내가 회피형이라는 생각이 든다면 마음 깊은 곳에서 연결을 막고 있는 감정(대부분 무의식에 있다)에 맞서기 위해 다음의 실습을 해보라.

함께 해보기 | '공동 주의' 연습하기

회피 애착에 적응하며 자란 사람은 타인과 있을 때 상대와 같이 하지 않아도 되는 병렬 주의parallel attention 활동을 선호한다. 비디오 게임이나 영화 감상이 그 예다. 눈앞의 활동을 함께하는 동안 두 사람이 소통하거나 협동할 일은 별로 없다. 그러니 (1장에서도 잠깐 다루었던) 공동 주의 활동을 해보자는 것이다.

경험이 진행되는 동안 상대도 함께할 수 있는 무언가를 찾아보자. 외식, 등산, 경치 좋은 곳으로의 드라이브, 박물관 관람 등 어떤 활동이어도 좋으니 함께 경험하며 친구나 파트너와 연결되도록 최선을 다한다. 오래 하다 보면 이런 활동이 굉장히 유익하다는 사실을 발견하게 된다. 활동 시간을 계속해서 억지로 늘릴 필요는 없다. 하지만 평소보다 상호작용과 커뮤니케이션에 조금만 더 신경을 쓰도록 노력하자.

파트너가 회피형이라면 생각 없이 무의식적으로 여러분과 거리를 두려 할 수도 있고, 그럴 경우 그 거리를 메우고 싶을 것이다. 내 친구인 디디와 셸리는 종종 함께 시내를 걸어다니는데, 셸리는 항상 디디보다 앞서 걷는다. 일부러 상처 주려는 행동이 아니라는 것은 디디도 안다. 디디는 셸리에게 동네 푸드트럭과 미술관에 들렀다 가자는 제안을 자주 하는데, 말 그대로 셸리의 걸음을 따라잡고 같이 경험을 공유하려는 목적이다. 그렇게 각자 즐긴 경험들이 공동 주의로 모이며, 두 사람은 더욱더 가까워지고 서로 의존하며 연결된다. 이 덕분에 회피형인 셸리는 친구와 편하게 연결되는 일을 받아들일 수 있었다. 서로가 언제나 다정하게 곁에 있어준다는 믿음을 발견함으로써, 두 친구는 장차 더욱 쉽게 연결될 수 있었다.

시선의 회피

어린 시절 우리는 양육자를 통해 세상을 바라보며 사랑, 인정, 현존의 증거를 찾는다. 사랑하는 이의 눈에서는 우리의 모습이 비추어 보인다. 그리고 그렇게 비친 모습을 바탕으로 자아감, 개성을 구축한다. 그 모습이 정확한지는 모른다. 실제로는 똑똑해도 부모가 멍청하게 본다면 멍청한 아이라는 정체성을 취할 수 있다. 훗날 잘못된 껍질을 벗겨낸다면 그나마 다행이다. 반면 부모의 눈에 사랑이 보인다면 아이도 자신을 사랑스러운 존재로 바라보고 사랑을 받는 법도 배운다.

자랄 때 마주 본 시선에 부재, 분노, 비판, 거부가 담겨 있었다면 눈 맞춤이 어려워질 수밖에 없다. 누군가와 눈이 마주칠 때마다 멸시, 분노, 거부, 증오의 눈빛이 보일 것이라 예상하기도 한다. 그렇게 부정적인 모습이 비친다면 손상된 애착에 모욕이 더해져 자신을 부족하고, 사랑받을 자격이 없고, 가망이 없고, 멍청하고, 수치스러운 존재로 여기게 된다.

1장에서 언급한 환한 빛을 받아본 사람은 많지 않다. 우리는 "넌 특별해" "널 사랑해" "넌 사랑스러워"라고 하는 눈빛을 충분하게 받지 못했다. 만약 어린 시절 눈이 마주쳤을 때 시선을 피하고 싶었다면 눈 맞춤이라는 행위에 큰 상처가 남아 있다는 뜻이다. 그러므로 성인기에 이 문제를 해결해야 한다. 눈을 맞추는 듯 보이지만 사실은 상대의 눈이나 치아, 턱에 집중하는 법을 익히는 아이들도 있다. 상대가 내 눈을 똑바로 보지 않고 눈 맞춤의 "총알을 피하는 순간"은 알아차리기 쉽지 않다. 그런 식으로 많은 사람들이 시선을 무의식적으로 회피한다.

한번은 커플을 치료한 적이 있는데, 이들은 서로 연결하기 위해 최선을 다하지만 자꾸 애착 적응과 관련한 문제에 직면했다. 짐은 샐리와 더 오래 눈을 맞추고 싶었지만, 사실 샐리는 눈 맞춤을 받아주기 힘든 사람이었다. 자신을 향한 짐의 사랑을 받아들이기는커녕 수치심만 느꼈다. 인간은 수치심을 느끼면 시선을 피한다. 즉 눈을 내리깔고 다른 곳을 바라본다. 샐리가 트라우마를 계속 치유하기 위해서는 샐리의 이런 성향을 짐이 이해해야 했다.

샐리는 눈이 마주치려 할 때마다 스트레스를 이기지 못하고 감정을 차단했다. 그런 사람에게는 쳐다보고 싶을 때 쳐다보고 쳐다보기 싫을 때 고개를 돌려도 좋다는 허락이 필요하다. 눈 맞춤을 강요해서는 안 된다. 지배적인 감정이 수치심이라면 더더욱 불가능하다. 짐이 아무리 눈빛으로 사랑과 지지를 보내고 있어도 샐리는 감당할 수 없었고 같은 눈빛으로 그를 바라볼 수 없었다.

그래서 나는 눈 맞춤을 잠시 접어두고 포옹을 시도해 보라고 제안했다. 대개 포옹을 할 때는 상대와 눈을 마주치지 않는다. 안전한 감각, 몸이 접촉했다는 느낌을 줄 뿐이다. 샐리는 이 방법을 시작으로 짐과의 안정 애착으로 되돌아가는 다리를 더 편안하게 건널 수 있었다.

눈 맞춤이 어렵다면 자신에게 조금 더 온정과 인내심을 베풀도록 하자. 눈으로 상대와 더 깊이 연결하기를 원한다면 눈 맞추는 연습을 쓸데없는 눈싸움으로 바꾸지 않는다. 시선을 피하고 휴식을 취해도 괜찮다. 다른 사람을 보다가도 가끔 다른 곳에 눈길을 돌리는 것은 자연스러운 행동이다. 자신을 조절하고 앞으로 나아가는 방향을 잡는 데도 도움이 된다.

그러니 아래와 같은 교정 훈련을 하고 싶다면 스스로 속도를 정하자. 눈 맞춤을 더 어렵게 만들려는 것이 아니다. 불편을 참는 법을 배우자는 뜻도 아니다. 안정 애착이라는 축복에 접근할 수 있는 공간으로, 문을 열고 들어가자는 말이다. 다시 말해, 눈 맞춤을 자신에게 맞는 긍정적인 경험으로 서서히 바꾸어야 한다.

함께 해보기 | 다정한 눈빛 나누기

눈 맞춤으로 어떤 감정이 떠오르든 이 실습을 마음 편히 해보자. 잠깐만 해도 괜찮고, 느낌이 좋고 내게 도움이 된다 싶으면 계속 해도 좋다. 우선 자리에 앉아 온몸의 긴장을 풀고 심호흡을 몇 번 한다. 눈은 뜨든 감든 상관없으니 편한 쪽을 택하라. 이제 세상을 바라보았을 때 다정한 눈이 나를 마주 본다는 상상을 한다.

그 눈의 주인공은 연인일 수도 있고, 다정한 할아버지일 수도 있다. 자녀, 강아지일 수도 있다. 달라이 라마나 프란치스코 교황도 가능하다. 상상이라도 얼마든지 다정한 눈으로 나를 쳐다봐 줄 수 있는 사람을 택한다. 이런 식으로 상상하기 힘들다면 지인들의 사진, 눈에서 다정히 환한 빛을 뿜어내는 다른 사람(낯선 사람도 괜찮다)의 사진을 모아보자. 그들의 눈을 들여다보고 불편하지 않은 선에서 무한한 관용과 배려를 충분히 흡수한다. 내 내담자였던 테드는 스마트폰에 사랑하는 사람들의 사진을 저장해 앨범을 만들었다. 테드는 이 앨범을 자신의 "연결의 방"이라 부르며 외롭거나 지지가 필요할 때마다 열어 본다.

왜 내 사랑은 이렇게 힘들까

다음은 이런 시선을 받는 기분을 의식할 차례다. 다정한 눈이 나를 보고 반짝일 때 몸에서 어떤 반응이 일어나는가? 첫 단계는 다정함이나 관대함을 의식하는 것인데, 이런 느낌을 받아들이기 어려울 수 있다. 이들의 친절과 온정을 최대한 많이 받아들이자. 똑같이 마주 바라보거나 눈으로 다정함을 흡수한다. 이 순간 눈에 어떤 느낌이 드는가? 눈 주변의 근육이 이완되는가? 오히려 긴장된다 해도 괜찮다. 안구가 해먹이나 베개에 눕듯 부드럽고 편안하게 눈구멍으로 돌아가는 상상을 하자. 목과 어깨의 느낌은 어떤가? 몸의 다양한 부위가 받는 느낌에 호기심을 기울인다.

안도감이 먼저 들지, 남아 있던 과거의 상처가 끼어들지는 예측할 수 없다. 이 실습을 하며 어떤 방향으로 나아가든 서두르지 말고 자신의 느낌과 반응을 경험한다. 그리고 언제든 다른 사람들의 도움을 받으며 이 실습을 다시 해보아도 좋다.

서툰 자기 조절과 전환

회피형은 혼자만의 시간에 익숙하고 내면의 경험에 깊이 몰입한다. 그래서 다른 사람들과의 상호작용이 힘들 때도 있다. 내면 탐구에 한창인 회피형에게 다가가면 다소 거칠거나 무뚝뚝한 반응이 나올지도 모른다. 상대방은 그 사람이 이유도 없이 대뜸 퉁명스럽게 군다고 생각할 수도 있다. 장담하지만 그러는 이유는 있다.

다시 말하는데, 내게 잘못이 있어 그런 반응이 나온다는 생각을 최대한 삼가야 한다. 물론 쉽지 않겠지만 회피형이 타인 없는 혼자만의 고립에서 빠져나오기가 얼마나 어려운지를 고려하면 조금이나마 위로가 될 것이다. 회피형이 그처럼 무시하는 반응을 보일 때 거부를 당했다고 느낄 만도 하다. 하지만 이 점도 염두에 둘 수 있다. 회피형의 무뚝뚝한 반응은 타인과 다시 연결되기 위해 적응하는 과정의 일부다.

회피형도 사실은 연결을 원한다. 부담감을 떨치고 더 매끄럽고 수월하게 연결되는 데 시간이 조금 더 필요할 뿐이다. 만약 파트너가 회피형이라면 그런 여유를 주자. 이런 말을 할 수 있다. "같이 저녁 먹으러 나가서 30분쯤 교감을 나누고 싶어. 근사한 데서 외식하게 준비하려면 시간이 얼마나 필요해?" 이 방법은 상대에 대한 존중을 보여준다. 혼자만의 시간에서 함께하는 시간으로, 전환하는 과정이 필요하니 그 기회를 주는 것이다.

스쿠버다이빙과 비슷하다. 수십 미터 아래에서 수면 위로 천천히 올라와야지, 그렇지 않으면 벤즈^{bends}라고도 하는 감압병을 얻을 수 있다. 회피형은 타인과 있을 때 느끼는 스트레스를 덜어낼 시간이 필요하고, 그렇게 하지 못하면 전부 엉망이 된다. 누구의 잘못도 아니다. 원래 그럴 뿐이다.

내면에 열심히 집중하고 있다가 관계로 초점을 옮기는 데는 많은 에너지가 소모된다. 만약 여러분이 회피형이라면 다른 상태로 전환하는 데 시간이 필요하다는 사실을 기억하라.

왜 내 사랑은 이렇게 힘들까

위안이 될 것이다. 심호흡을 하고 파트너나 다른 사람에게 다가가자며 자신에게 도전 과제를 주는 연습도 필요할 수 있다.

먼저 나서서 함께하는 시간을 마련해 보자. 사랑하는 사람에게 같이 대화하자고, 특정한 활동을 하자고 손을 내민다. 처음에는 짧아도 괜찮다. 적응 기간이 필요할 수 있으니 잊지 말고 부탁을 해보자. 이렇게 말이다. "같이 가면 좋지. 준비하는데 20분이면 돼." "파티에 가는 것 말이야. 생각할 시간이 필요하니 수요일까지 답을 줄게." "파티에 같이 갈 건데 조건이 있어. 남자들이랑 당구 좀 칠게. 또 내가 원하면 일찍 나오자."

익숙하지 않은 욕구 인식과 표현

회피형은 자랄 때 본인만 겪었던 어려움을 인식하거나 생각하지 못하는 경우가 많다. 대개 미래 지향적인 성향이고, 과거에 관해 이야기할 때 개인적인 고통을 모호하게 표현하거나 무시할 수 있다. 어린 시절 방치를 당했다는 사실이나 정서적 욕구가 완벽히 충족되지 않았다는 사실을 모르는 듯 보인다. 어떤 면에서는 과거와 단절되었다고 할 수 있다. 자신의 유년 시절을 긍정적으로 짜 맞추기도 한다(예를 들어, "난 필요한 걸 다 가졌어. 더 이상 바랄 게 없었지").

안정 애착의 느낌을 되찾고 싶은 회피형은 어린 시절 연결을 간절히 원했던 마음, 충족되지 않은 그 갈망을 잘 끄집어내지 못하는 문제에 부딪힌다. 회피형에게 그 경험은 반드시 긍정적이 되어야 한다. 파트너가 회피형이라면 이 점을 염두에 두자. 가뜩이나 회피형의 인간관계에는 비판과 거절이 이미 뿌리박혀 있으니 그런 요소를 더하지 않도록 최선을 다해야 한다.

어린 시절 욕구가 충족되지 않았던 회피형은 성인이 되어서도 자신의 개인적 욕구를 외면할 수 있다. 욕구를 아예 인식하지 못할 수도 있는데, 웬만해서 스스로를 돌아보지 않는 사람일수록 더하다. 어린 나이에 지속적인 고통을 홀로 감당해야 했기에 성인이 되어서도 자연스러운 반응을 억제한다.

자신의 욕구를 인식한다 해도 사랑하는 사람이 도와주고 지지해 주겠다고 손을 내밀면 거부할 수도 있다. 아무것도 받을 필요 없다거나 내가 원하는 대로 도움을 받지 못한다는 생각으로, 그 어떤 도움도 받아들이지 않는다면 상대도 더는 지지를 보내지 않을 것이다. 관용을 베풀고 싶다는 진심 어린 욕구도 빼앗는 셈이다. 어느 쪽이든 서로 연결해 진정으로 교감을 나눌 기회를 잃는다.

이런 설명에 공감이 간다면 시험 삼아 남에게 도움과 지지를 부탁하는 연습을 해보자. 상대의 도움이 완벽하지 않더라도 누군가의 보살핌과 지지를 기꺼이 받을 때의 기분을 느껴본다. 이 연습은 두 사람 모두에게 도움이 되고, 이런 경험을 나누며 안정 애착을 향해 함께 의미 있는 걸음을 내딛을 수 있다.

스스로 혼자 알아서 잘한다고 판단하는 사람은 자기와 다른 부류를 이해하지 못할 수 있다. 왜 그렇게 남에게 의존하는지 모르겠다고 의아해한다. 상대의 의도를 조금 의심하기도 한다. 남에게 지나칠 정도로 의존하는 사람들을 보며 우월감도 느낀다. 나는 혼자 힘으로 여기까지 올라왔는데 왜 못한다는 거야? 그래서 회피형은 공감 표현을 어려워하고 파트너나 자녀의 진심 어린 욕구를 충분히 인식하거나 존중하는 데 어려움을 겪는다. 자연스러운 욕구를 표출할 뿐인데도 너무 의존한다고 생각하거나, 심한 경우에는 상대를 짐으로 여긴다.

회피형은 우리 문화가 찬양하는 인간의 특징인 이른바 독립심, 자율성, 자기 결정권에 더 공감하는 편이다. 올바른 환경에서는 칭찬해 마땅한 특징들이겠지만, 현실을 더 큰 그림으로 보았을 때 인간은 모두 상호의존하는 존재다. 이 사실은 관계 측면에서 더 분명하게 드러난다. 상호의존이란 타인의 도움으로 자신을 더 잘 보살필 수 있다는 뜻이다. 상대 또한 우리의 개입과 지지를 바탕으로 상호 연결된 자율성을 기를 수 있다. 자신을 정확히 탐구하려는 우리에게는 서로가 필요하다. 깊은 수준으로 함께하고 스스로를 돌보아야 한다.

부부 상담사이자 작가인 매리언 솔로몬Marion Solomon은 "긍정적인 의존성positive dependency"을 주제로 책을 썼다.[3] 의존한다는 말은 이미지가 좋지 않고 비판적으로 들리지만, 사실 만들어낼 수 있는 것이 무궁무진하고 사람과 사람을 연결해 줄 수 있는 성질을 지닌다. 또한 건강하다. 물론 자신의 욕구를 스스로 충족하는 법도 배워야 한다. 하지만 타인의 지지를 받아들이고 상대의 욕구에 먼저 다가갈 필요도 있다. 그렇게 한다면 관계가 주는 가치와 성취감은 더욱 커진다.

왼편으로 치우친 뇌

성장기에 지지, 실재감, 감정 인식, 타인과 연결되는 경험이 부족했던 아이는 좌뇌 편향이 될 수 있다. 즉 사실을 중시하고 더 분석적이며 논리적이다. 좌뇌 편향은 대단히 귀중한 특성이고, 인간관계와 관련한 여러 가지 중요한 기술도 좌뇌에서 담당한다.

그러나 좌뇌가 고도로 발달한 사람은 감정이나 온기의 깊이가 없는 모습을 종종 보이는데, 이는 우반구에서의 입력이 부족하다는 뜻일지도 모른다. 이런 사람은 자신의 직관, 대인관계 성향에서 다소 단절된 상태라 중요한 사회적 메시지나 신호를 놓치거나 오해할 수도 있다. 심한 경우에는 다른 사람에게 부정확한 의도를 덮어씌우기도 한다.

좌뇌가 지배하는 사람은 특정 사실들에 집중한다. 회피형은 뇌가 초기의 경험을 처리하는 방식 때문에 어린 시절의 기억에 접근하지 못할 수도 있다. 어린 시절에 대해 이야기한다 해도 자기가 자랐던 유치원, 교실에서 앉았던 정확한 자리,

왜 내 사랑은 이렇게 힘들까

선생님 성함 같은 일반적인 사실은 잘 기억하지만 당시 몸이나 감정에 와닿았던 느낌은 인식하지 못할 수 있다. 기억은 굉장히 생생하지만 감정적인 내용이 별로 담겨 있지 않아 비인간적인 느낌을 준다.

좌뇌가 더 발달했을 때 (혹은 우뇌가 덜 발달했을 때) 나타나는 현상은 그 외에도 많다. 반면 우뇌는 감정, 직관, 인간관계에 더 집중하고 애착을 지향한다. 우뇌 지향을 추구하라거나 좌뇌 지향이 주는 선물을 무시하자는 말이 아니다. 어린 시절에는 불가능했지만 이제라도 좌우의 균형을 잡기 위해 노력하자는 말이다.

효율성을 중시하는 행동파

위에서도 설명했지만 회피형은 과거를 이야기하는 방식에서 어떤 애착 유형에 적응했는지를 드러내 보인다. 선뜻 말을 하지 못한다거나 묘사를 삼갈 수 있고, 어린 시절이 어땠는지를 이해하려는 상대로서는 이야기를 억지로 끌어내야 한다는 느낌마저 받는다.

회피형의 경우 어린 시절에 커뮤니케이션 능력과 의지를 키워주는 사람이 주변에 많지 않았던 탓도 있다. 회피형은 극도로 간결하고 사실적인 커뮤니케이션 방식을 추구한다. 단어를 많이 사용하지 않고 감정을 풍부하게 묘사하지 않으며 다채로운 뉘앙스도 더하지 않는다. 그 과정에서도 정보를 충분히 주기 않기 때문에 상대는 그가 어떤 말을 전달하려 하는지 제대로 이해하지 못한다.

한편, 회피형은 다른 사람들이 커뮤니케이션으로 얻으려는 가치를 이해하는 데도 어려움을 겪는다. 불필요하게 말이 많다 생각하고 개인적인 이야기를 줄줄 늘어놓는 사람을 보며 참을성의 한계를 자주 느낀다. 지나친 묘사와 디테일이 많아질수록 더 거북해진다.

이런 사람에게 공감이 간다면, 다른 사람에게 개인적인 이야기를 들려줄 때 디테일을 조금 더하는 시도를 하며 감정의 뉘앙스를 찾을 수 있는지 알아본다. 다른 사람이 하는 이야기에 더 주의를 기울이며 더욱 실재하고 인내심을 발휘하며 듣는다. 어쩐지 외국어를 배우는 것처럼 부자연스러울 수 있다. 하지만 그럴 가치가 있는 연습이다. 이렇게 서로의 이야기를 공유하는 행위는 만족스러운 관계를 이루는 근간이기 때문이다.

사귀는 사람이 회피형에 가깝다면 이야기를 조금 더 간결하게 하는 연습을 해보자. 그래야 쏟아지는 말들에 파트너가 집중력을 잃지 않는다. 회피형은 과도하다고 느끼는 정보를 처리하고 해석하는 데 힘들어한다. 이상적으로, 훌륭한 화자는 다양한 감정과 뉘앙스로 이야기에 감칠맛을 더하고, 충분한 정보를 제공해 청자가 쉽게 흐름을 따라오게 만드는 사람이다. 세세한 부분까지 설명하지 않아도 청자는 흥미를 느끼고 이야기에 몰입한다.

회피형은 디테일이 많은 커뮤니케이션과 언어 처리에 관심이 없는 대신, 일을 중시하고 과제에 집중하는 편이다. 앞에서 밝혔다시피 이런 성향은 아주 귀중하다. 이 사람들은 효율적이고 생산적이며, 다른 유형보다도 업무 프로젝트에 장시간 집중하는 능력이 뛰어나다. 능숙하게 스스로 프로젝트를 맡아 처리하므로, 팀 활동을 제약이라 느낄 수 있다. 인간관계를 다루거나 집단 단위로 의사 결정을 하는 일이 답답하거나 불필요하다고 생각하기 때문이다. 그렇다고 해도 행동이 앞서는 이런 사람은 우리 사회나 개인의 삶에 남다른 기여를 한다.

하지만 일이나 커리어를 우선시하는 회피형과 사귈 경우 상대는 방치를 당하고 있다는 생각에 괴로울 수 있다. 상대방이 내 욕구를 알아차리지 못하고 충족해 주지 못하는 상황에 너무 자주 직면한다. 일에 대부분의 집중력을 쏟으면 관계는 뒷전으로 밀려나기 마련이다. 이제는 두 사람의 관계에 균형을 잡아야 한다.

안정 애착에 다가갈수록 관계의 가치는 더욱 소중해진다. 그래서 관계에 더 많은 시간과 에너지를 쏟고 실재하는 데 투자한다. 업무에서 손을 놓거나 꼭 필요하다고 생각하는 일들을 그만두라는 말이 아니다. 다만 관계에 조금만 더 집중한다면 더 즐겁고 보람 있는 삶을 누릴 수 있다.

익숙하지 않은 몸의 언어

앞에서 언급했듯 회피형은 해리 상태를 선호하고 이런 경향을 몸으로 드러낼 때가 있다. 어린 시절 신체적 접촉이 대체로 실망스러웠거나 스킨십이 부족해 괴로움을 느꼈다면, 사람과 사람을 가깝게 만들어주는 제스처(포옹하자고 손을 내민다, 부축해 달라고 몸을 기댄다, "유혹"하는 손짓을 보낸다, 눈빛으로 연결을 제안한다 등)를 삼가며 자랄 수 있다. 또는 상대의 제스처에 제대로 반응하지 못한다. 다가오는 사람을 맞이하거나 반갑게 인사하는 것조차 힘들 때가 있다. 여러분도 다른 사람에게 더 자주 다가가고 내게 다가오는 사람을 반갑게 맞이할 수 있는지 한번 확인해 보자.

한번은 출생 중 심각한 트라우마를 경험한 샌드라라는 여성을 치료했다. 제왕절개수술 도중 생긴 문제로 어머니는 출산 후 이런저런 수술을 받았고, 샌드라는 오랜 시간 어머니와 분리될 수밖에 없었다. 안타깝게도 샌드라의 어머니는 심한 산후우울증을 앓다가 샌드라가 태어난 1년 6개월 만에 사망했다. 이루 말할 수 없는 슬픔에 빠진 아버지는 샌드라에게 스킨십을 줄이는 식으로 감정을 표출했다. 샌드라는 어린 나이에 부모님을 둘 다 잃은 셈이었다. 연결감이나 유대감을 나눌 사람도 없이 관계의 진공 상태에서 어른이 되었다.

샌드라와는 단체 치료에서 만났다. 알고 보니 샌드라는 상반신 감각이 거의 없는 상태였다. 그러다 어린 나이에 어머니를 잃은 슬픔을 점차 받아들이면서 상체 감각을 조금씩 되찾았다. 다정하고 따뜻한 동료들의 도움으로 샌드라는 부모님의 부재를 몸으로 느낄 수 있게 되었다. 그것은 가슴에서 심장을 도려낸 듯한 느낌이었다. 나중에는 아버지가 실재하고 지지를 보냈던 순간들과도 이어질 수 있었다.

이런 경험에 빠져들며 샌드라는 몸을 옆으로 기대기 시작했다. 의자 옆으로 몸을 너무 많이 기울여 저러다 떨어지지 않을까 걱정될 정도였다. 샌드라는 이렇게 말했다. "고통스러워지고 있어요. 왜인지 모르겠는데 몸이 이런 자세를 원하네요." 샌드라는 동료들의 도움을 받으려 하지 않았다(회피형은 도움 요청을 어려워한다는 사실을 기억하자). 자세를 똑바로 하려 했지만 고개가 한쪽으로 심하게 기울다 보니 견디기 힘든 고통이 뒤따랐다. 마침내 샌드라는 현재 상황을 간파했다. "아." 샌드라가 말했다. "이걸 혼자 하려고 애쓰고 있었군요. 전부 혼자 해결하려고 했어요."

샌드라는 동료들의 지지 속에서 다른 사람에게 도움을 청할 수 있었다. 참가자 가운데 유능한 마사지사가 있었던 것이다. 자신에게 다가온 마사지사에게 몸을 기대자 온몸의 긴장이 풀렸다. 아이가 사랑하는 부모의 어깨에 기대듯 샌드라는 마사지사에게 녹아들었다. 샌드라는 한동안 이 자세로 영양분을 몸에 흡수했다. 안정 애착이 몸에 되돌아오는 모습을 실시간으로 지켜보는 느낌이었고, 눈물 나게 아름다웠다.

이런 재신체화re-embodiment는 다른 방식으로도 계속되었다. 그전까지 샌드라는 손을 벌리고 있었다. 긴장으로 뻣뻣해진 손가락을 불편하게 내밀고 있는 모양은 엄마 배 속에 있을 때의 스트레스를 나타냈다. 하지만 이제는 달라졌다. 손가락의 힘을 자연스럽게 풀었고 공기를 쓰다듬듯 한쪽 팔을 위로 뻗었다. 샌드라에게는 익숙하지 않은 제스처였고, 팔이 자기 멋대로 움직이는 느낌이 들었다.

하지만 샌드라는 그 움직임을 더 깊이 탐구했고 누군가에게 다가가려는 제스처임을 깨닫게 되었다. "이상하다거나 무의미하다는 느낌이 안 들어요." 샌드라는 말했다. "손을 내밀고 있으면 누군가 저기 있는 것 같아요." 샌드라는 안정 애착 체계와 직접 커뮤니케이션하고 있었다.

더없이 공허하고 너무나도 스킨십이 부족한 어린 시절을 보냈지만 이제는 직접적이고, 강력하며, 이로움을 주는 대상과 연결이 가능해진 것이다. 생전 처음 느끼는 생리적 경험이었다. 샌드라의 신경계는 회피 애착을 뒤로 하고 언제나 그 자리를 지키고 있던 안정 애착을 향해 적응하고 있었다.

이렇듯 내가 하는 애착 치료는 놀라울 만큼 강력하고 신비롭다. 우리는 이런 능력이 있고, 생각보다 안정 애착을 끌어안을 준비를 많이 해놓았다. 안정 애착이 고개를 들고 우리의 지지 속에서 스스로 표출될 길만 찾으면 된다. 이 과정에서는 어린 시절의 경험보다 더 나은 반응을 표출할 수 있는 환경이 꼭 필요하다. 그 안에서 우리는 즐거운 교정 훈련을 통해 안정 애착에 더 익숙해지고, 안정 애착에 맞춰갈 수 있다.

회피형의 관점으로 세상에 진입하면 땅에 발이 닿지 않은 느낌을 받을 수 있다. 혹은 한 발을 든 채로 지구에 도착한 느낌이 든다. 유년기에 저마다 직면해야 했던 문제로 이들은 이 세상에 존재하는 경험을 몸으로 온전히 받아들이지 못하는 인간이 되었다. 너무도 많은 사람들이 샌드라처럼 고립의 상처를 안고 산다. 지금부터 소개할 세 가지 실습은 이런 인간미 없는 방치감neglect을 퇴치하기 위해 만들어졌다. 실습을 이상적으로 마무리한다면 태어날 때부터 환영과 축하를 받는 기분이 어떨지 새로운 가능성을 경험할 수 있을 것이다.

함께 해보기 | 이 세상에 오신 것을 환영합니다

1. 이상적인 시나리오

삶을 시작할 때의 이상적인 시나리오를 상상해 보라. 시각 자료, 그림, 사진을 활용하고 상상력을 최대로 발휘해 가장 멋진 출생 경험을 만든다. 음악이나 완벽한 아기 방이 포함될 수 있다. 탄생을 기다리며 들뜬 마음으로 계획하는 부모님을 상상해 보아도 좋다. 꽃다발, 폭포 같은 요소도 상상할 수 있다. 시간을 들여 세세한 부분까지 그려보자. 사람들이 나를 지지하고 도와주고 나를 특별히 여기며 이 세상에 잘 왔다고 환영하는 경험에 푹 빠져본다.

내가 만난 한 내담자는 따스하고 사랑이 담긴 손길을 받으며 태어나고 싶어 했다. 만개한 꽃밭에서 태어난 자신에게 주위의 말들이 부드럽게 코를 부비는 상상을 하는 사람도 있었다. 맨살을 맞대며 어머니가 안아주었으면 하는 사람, 일가친척이 다 모여 자장가를 부르며 새로운 가족의 탄생을 축하해 주기를 원하는 사람도 있었다. 최고의 탄생 장면을 상상하며 무엇을 보았고 경험했는지 적은 후, 친구나 사랑하는 사람에게 들려줘 보자. 새롭게 떠올랐거나 달라진 감각, 감정, 생각, 의미를 느껴본다.

2. 사랑하는 공동체

태어날 때 누가 맞이해 주면 좋을까? 그동안 내게 긍정적인 영향을 미쳤던 사람들을 모두 모은다. 어머니, 아버지, 형제자매나 제일 좋아하는 할아버지가 될 수도 있다. 몇 세대 위의 자애로운 조상일 수도 있고, 유모나 유치원 때 단짝도 가능하다. 어릴 적 제일 좋아했던 선생님, 정신적 멘토, 사랑하는 반려동물, 중학생 때 짝사랑 상대도 된다. 지금 만나는 파트너나 제일 친한 친구들도 포함될 수 있다.

앞에서 만들었던 시나리오에 이 사람들을 불러 모으자. 몇 명이어도 좋으니 내가 태어나는 자리에 전부 참석하도록 한다. 그리고 이 사람들을 둘러보고 각자의 자기소개를 듣는다. 한 명씩 다가가 얼굴을 쳐다보고 온기와 교감을 느낀다. 시대가 달라도 괜찮다. 그냥 나를 지지하는 공동체를 한곳에 모으고 그 경험을

왜 내 사랑은 이렇게 힘들까

즐기자.

실제로는 좋지 않은 상황에서 태어났다 해도 이 경험의 힘을 빌리면 터널 끝의 빛을 볼 수 있다. 시작은 힘들었을지라도 미래는 다르다는 것을 알기 때문이다. 무조건적인 사랑과 지지를 내게 아낌없이 보내줄 사람들이 있을 것이다. 나와 교감하고, 나를 환영하고, 내게 힘을 실어주고자 하는 사람들이 다가오고 있다는 사실을 알면, 어린 시절의 고통과 괴로움을 조금이나마 덜 수 있다. 이들의 따뜻한 관심을 최대한 받아들이자. 이 공동체를 주제로 글을 쓰거나 사진을 모아 앨범을 만들면 언제든 집어 들고 (혹은 휴대폰을 보고) 이들과 함께할 수 있다. 나만의 동지 앨범, 관계의 방이라 생각하면 된다.

3. 선물 증정식

좋은 사람들에 둘러싸여 완벽하게 태어났을 그 순간, 내가 이 세상에 가져온 것을 생각해 보자. 인류에 무엇을 기여하는가? 특별한 재능이 무엇인가? 우리의 공동체에 나만이 가져올 수 있는 선물은 무엇이 있을까? 사랑하는 사람들이 그 재능, 선물, 공헌을 알아보고 축하하는 모습을 상상한다. 이 사람들은 그것이 무엇인지 바로 이해하고 온전하게 받아들이며 진심 어린 지지를 보낸다. 선물을 환영하고 선물을 준 나를 인정한다. 내 본질과 재능을 정확히 봐주는 기분이 어떤가? 이처럼 사람들이 나를 인정하고 내게 맞춰줄 때를 상상하면 어떤 감각과 느낌이 드는가?

세 가지 중 하나만 하고 나중에 다음 실습을 이어서 할 수도 있다. 원하는 만큼 이 연습을 반복해도 큰 도움이 된다. 각 실습에 최대한 많은 시간을 투자하자. 중간에 너무 부담스럽거나 힘들어지면 잠깐 쉬고 마음을 추슬러도 괜찮다. 실습을 재개할 준비가 되었다면 가장 하고 싶은 부분으로 돌아간다.

실습을 하는 동안에는 내 감정과 신체에 어떤 변화가 일어나는지에 주의를 기울인다. 어떤 생각이 드는가? 알아차린 것은 무엇인가? 이 실습으로 깊은 부분까지 교정이 되었다는 사람들이 많다. 다른 것은 몰라도 진심 어린 인정, 환영, 사랑을 받는 기분을 조금이나마 느끼기를 바란다. 원한다면 친구, 파트너, 믿을 만한 심리치료사에게 도움이나 지도를 부탁해도 좋다.

매마른 사막에
비가 내리면

2장을 마무리하며 몇 년 전 보았던 다큐멘터리의 내용을 여러분에게 소개하고 싶다. 다큐멘터리의 주제는 7년에 한 번씩 비가 내리는 사막이었다. 비가 내리지 않을 동안, 사막은 지독한 가뭄에 시달린다. 그러는 사이 땅은 점점 말라붙고 곳곳이 오래된 시멘트처럼 금이 가며 쪼개진다. 시간이 흐르며 사막에 있던 동물들은 떠나거나 죽고 식물은 말라서 썩는다. 몇 년 후, 그 사막에서 며칠 이상 생존할 생물은 전혀 없어 보인다. 무엇도 자라지 않아 메마르고 헐벗은 땅만이 광활하게 펼쳐져 있다.

하지만 때가 되면 비는 다시 내린다. 처음에는 마른 땅에 고여 있기만 하던 빗물이 차츰차츰 땅속으로 스며들기 시작한다. 조금씩 부드러워진 땅에서 놀랍게도 자그마한 초록색 새싹이 빼꼼 고개를 내민다. 씨앗이 7년 동안 땅속에서 잠을

자고 있었던 것이다. 새싹은 빗물로 영양분을 받아 쑥쑥 자라나고 새싹의 숫자도 늘어난다. 어느새 초록 식물이 사막 전체를 뒤덮었다.

곧이어 사방에서 작은 개울이 나타나더니 큰 시냇물로 변한다. 초목은 무성해지고 꽃과 덤불이 자란다. 메마르고 시들어 생명이 살 수 없던 이곳은 오래지 않아 광활한 오아시스로 변신한다. 이제는 과일과 씨앗이 있고 사방에서 새들이 날아든다. 동물들도 살러 온다. 사막은 이제 울창하고 무성한 정원이다. 모든 생명체의 낙원이다.

비유가 잘 전해졌기를 바란다. 우리도 가물고 메마른 사막과 똑같다. 환경만 제대로 조성된다면 생명과 활력에 필요한 모든 천연 재료가 땅에서 솟아나 꽃을 피우고, 영양분이 풍부한 빗물이 우리 위로 흠뻑 쏟아진다. 어떤 사람인지, 과거에 무엇을 경험했는지는 중요하지 않다. 풍요로움, 충만함, 다른 사람과 관계를 맺는 능력은 태어날 때부터 우리 안에 존재했다. 올바른 환경에서 이 선물을 받아들이겠다는 마음을 먹는 즉시, 진정한 사랑과 친밀감을 추구하는 성향이 만개할 것이다. 씨앗은 우리 안에 그대로 남아 있었다! 본질은 살아 있었다는 말이다!

자신이 회피형인 것 같고 회피형으로서 겪는 문제들을 해결하고 싶다면 2장에 나온 실습들을 다시 해보기를 권한다. 힘들겠지만 이것만큼은 약속한다. 공감 능력이 향상되고 사

왜 내 사랑은 이렇게 힘들까

회성이 좋아질 것이다. 스트레스를 더 잘 다스리고, 교감과 친밀감이 증가하며, 몸의 의식도 강화된다. 결코 노력이 아깝지 않을 것이다.

회피 애착 스스로 평가하기

- 친밀한 관계가 어렵게 느껴지는가? ☐
- 누군가와 가까워지면 이후에 거리를 두게 되는가? ☐
- 깊은 관계인 파트너와 있을 때 왠지 모르게 불편한가? ☐
- 다른 사람의 몸이 내게 접근해 올 때 설명할 수 없는 스트레스를 느끼는가? ☐
- 먼저 다가가 도움을 청하기가 어려운가? ☐
- 내게 필요한 것을 깨닫거나 부탁하기가 힘든가? ☐
- 타인과 눈을 오래 맞추지 못하는가? ☐
- 협업보다 혼자 일하는 쪽을 선호하는가? ☐
- 다른 사람들과 어울리고 싶은가? 아니면 혼자 활동하고 싶은가? ☐
- 혼자 알아서 하지 못하는 사람들을 비판하는 편인가? ☐
- 감정적인 사람, 호들갑스러운 사람, 오버하는 사람을 보면 짜증이 나는가? ☐
- 내게 중요한 문제에 대해 생각하는 것과 다른 사람의 중요한 문제에 대한 의견을 내는 것. 둘 중 어느 쪽이 더 쉬운가? ☐
- 과거에 중요한 인간관계가 끊겼을 때 제일 먼저 밀려들었던 감정이 안도감이나 행복감이었나? 그러고 나서 우울이나 절망처럼 정반대인 감정을 느낀 적이 있나? ☐
- 사람보다 동물이나 사물과의 관계를 선호하는가? ☐
- 인간관계와 비교했을 때 일과 커리어가 얼마나 더 중요한가? ☐
- 이별로 관계의 압박감이 사라진 후에 헤어진 연인을 더 만나고 싶고 그와 교감하고 싶은가? ☐

왜 내 사랑은 이렇게 힘들까

- 아직 만나지 못한 완벽한 상대가 있다고 생각하는가? 지금 만나는 사람과의 관계를 즐기고 만끽하기보다는 환상 속의 유대감을 찾는 편인가? ☐

3장

양가 애착

: 애착과 집착을 오가는 사람들

『그들이 그렇게 연애하는 까닭*Attached: The New Science of Adult Attachment and How It Can Help You Find—and Keep—Love*』에서 아미르 레빈과 레이첼 헬러Rachel Heller는 한 젊은 부부의 사연을 소개한다. 조지아는 양가-불안형이고 헨리는 회피형이다.[1]

저자들과 인터뷰를 하는 자리에서 조지아와 헨리는 결혼 생활을 하며 반복적으로 나타나는 문제들을 두고 언쟁을 벌였다. 헨리는 조지아의 끊임없는 요구에 부담을 느꼈고 마치 평가받는 기분이라고 했다. 반면 조지아는 관계 유지를 위해 자기만 힘들게 노력한다는 느낌을 받았다. 주중에 잠시도 시간을 내주지 않는 헨리 때문에 외로웠다. 헨리는 조지아의 문자에 답장조차 하지 않았다.

그러다 서로의 애착 패러다임을 이해하자 두 사람은 달라졌다. 헨리는 조지아의 연락을 무시하고, 조지아의 전화를 뚝 끊고, 조지아의 요구를 비웃으며 아내와 부부 관계 모두에 상처를 입혔음을 알게 되었다. 조지아는 자신이 잦은 불평과 요구로 헨리를 밀어내고 있다는 사실을 깨달았다. 실제로는 가까워지고 싶어 한 행동이었는데 말이다. 알고 보니 헨리는 주중에도 조지아 생각을 많이 하지만 스케줄이 바빠 연락을 제대로 하기 힘든 처지였다.

두 사람은 머리를 맞대고 기발한 해결책을 찾아냈다. "당신 생각 중이야"라는 문자를 사전에 설정해 둔 것이다. 헨리는 이제 조지아를 생각할 때마다 빠르고 간단하게 문자를 보낼 수 있었다. 그러자 두 사람의 관계에 대한 조지아의 불안과 걱정은 줄어

애착

들었고, 업무를 방해하는 연락이나 잔소리에 대한 헨리의 거부감도 줄어들었다. 이제는 퇴근 후 싸우는 대신 긴장과 적대감 없는 분위기 속에서 둘만의 시간을 즐길 수 있었다.

양가 애착을 키우는
요인들

양가 애착의 본질을 파악하려면 일단 대상 영속성object permanence과 대상 항상성object constancy이 무엇이고, 어린 시절에 이 두 가지가 어떻게 손상되는지 이해해야 한다. 생후 18개월 정도까지 아기는 대상 영속성이 그리 발달하지 않는다. 즉 아기의 관점으로는 누군가 방에서 나갔을 때 그 사람의 물질적 성질이 없어지게 된다. 문제의 대상이 그냥 감쪽같이 사라진 것이다.

하지만 나이가 들고 대상 영속성이 발달하면 우리는 눈앞에 존재하지 않더라도 그 사람의 이미지나 느낌을 만들어낼 수 있다. 그래서 어머니가 우리를 두고 주방으로 갔을 때도 아직 이곳에 실재한다는 느낌을 받고 언젠가 돌아올 것이라 확신한다.

대상 영속성이 발달하면 대상 항상성도 동시에 발달하기

왜 내 사랑은 이렇게 힘들까

시작한다. 대상 항상성이란 어머니가 주방에 갔다가 방으로 돌아왔을 때 몇 분 전 나를 두고 나갔던 사람과 대략 일치한다는 사실을 이해한다는 뜻이다. 문제의 대상은 다른 무언가로 대체되지 않았다. 시간이 흘러 대상 영속성과 대상 항상성을 감지하는 능력이 커지면 주 애착 대상에 대한 연속감도 발달한다. 이런 능력이 부족한 사람과는 유대감을 형성하기가 쉽지 않은 편이다.

양육 방식이 일관적이지 않거나 신뢰하기 힘들다면 대상 영속성과 대상 항상성이 제대로 발달하지 못할 수 있다. 누가 나타날지 모르고, 욕구가 충족될 것이라는 확신이 없을 때 아이는 특정한 불안감을 안고 성장한다. 애착 경험을 주었다 빼앗았다 반복하는 육아는 의심과 불안을 키운다.

여기서 한 가지 짚고 넘어가야 하는 것은 많은 양가형이 실제로는 많은 사랑을 받았고 부모님과 양질의 상호작용을 했다는 사실이다. 양육자와의 관계가 예측할 수 없고 일관적이지 않았을 뿐이다. 한동안은 괜찮았을 것이다. 좋았을지도 모른다.

하지만 신뢰를 줄 만큼 편안한 상태를 오래 유지하지 못했고 아이는 관계가 어느 방향으로 흘러가는지 알 수 없었다. 욕구를 채울 수도, 그렇지 않을 수도 있었다. 동전 던지기나 슬롯 머신과도 같다. 때로는 상대와 연결되려는 노력의 대가로 실재감을 얻고 사랑을 받지만 항상 그런 보상이 떨어지지는 않는다는 뜻이다. 그 결과 이런 양육자 밑에서 자란 아이는 관련 스트레스를 무수히 안고 성장한다.

다른 데서도 말했지만, 해소되지 않은 애착 트라우마가 있는 부모는 자신의 상처를 자녀에게 물려주는 경향이 있다. 양가형도 예외는 아니다. 여느 어머니나 아버지를 보면 알 수 있듯 부모가 되면 과거의 패턴과 상처를 자극하는 계기와 끝없이 부딪히게 되고, 대부분은 그 계기를 의식적으로 알아보지도 못한다. 말하자면 부모의 트라우마는 아이의 트라우마가 된다.

그래서 일관성과 관련한 트라우마를 가진 사람들은 관계에서 더 확실한 헌신, 신뢰, 영속을 경험할 필요가 있다. 3장, 특히 여기서 소개할 실습들은 그런 도움을 줄 목적으로 준비했다. 양가형은 관계를 맺을 때 아래의 요인으로도 불안감을 느낀다.

1. 공동 조절이 불충분했다

1장에서 읽었겠지만 대체로 안정 애착을 형성하며 자란 아이에게는 항상 곁에서 지지를 보내며 아이가 다양한 감정 상태를 헤쳐나갈 수 있게 도와주는 부모가 있다. 양가형은 이처럼 예측 가능한 보살핌을 받지 못했다. 다시 말해, 부모가 충분히 현존하거나 일관적인 태도로 아이의 뜻을 받아주지도 않았기에 아이의 '정동 조절affect modulation'이 부족해진 것이다.

왜 내 사랑은 이렇게 힘들까

정동 조절이란 내면의 감정 영역 안에서 움직이는 능력으로, 양가형이 감정 조절을 하기 위해 다른 사람에게 깊이 의존하는 이유도 그래서다. 그들은 부모에게서 일관적이고 신뢰할 수 있는 상호 조절을 받지 못했기에 자기 조절 능력을 충분히 키우지 못했다. 자기 조절은 성공적인 공동 조절을 바탕으로 발달하기 때문이다.

그래서 양가형은 어린 시절에 부족했던 부분을 충족해 달라고 다른 이들에게 손을 내민다. 하지만 도리어 도움을 거절할 때도 있다. 부족하거나 필요한 부분이 충족되면 울음 신호를 그치겠지만, 그런 만족감은 양가형의 생존을 위협하고 만다. 만족감을 느낀 후에는 버림을 받을 것이라 예상하기 때문이다.

2. 신경계 조절이 방해를 받았다

양가형은 위에서 언급한 요인들 외에 주 양육자의 '조절 방해'로도 만들어진다. 부모가 양질의 관심과 사랑을 보내는 순간 아이는 긴장을 풀고 차분하게 있으려고 한다. 그런데 그런 상황에서 부모가 경고도 없이 경험을 중단한다면 그것이 바로 조절 방해다. 아이는 관계에 녹아들어 신경계를 조절하거나 돌봄, 연결감, 사랑을 받아들이려 하는데, 그때마다 부모가 아이의 그런 능력을 가장 크게 해치는 행위를 하는 것이다.

이런 경향은 부모가 자신의 애착 상처에 사로잡혀 있는 경우 전형적으로 나타난다. 부모에게 입은 상처는 그처럼 대를 이어 간단히 자녀에게 전달된다. 이런 맞교환은 아이를 혼란스럽게 하고 관계 불안증을 조장할 수밖에 없다. 성인이 양가 애착을 드러낼 때는 다른 데 정신이 팔려 있다는 이야기를 듣는다.

3. 과도한 자극을 받았다

자기 조절을 배울 때 아이는 대체로 자신만의 리듬을 찾고 건강한 경계를 발달시키기 위한 공간이 상당히 필요하다. 만약 부모가 이 공간을 침범하거나 시종일관 연결을 유지하려 한다면 아이의 발달을 저해할 수 있다. ABC 〈월드 뉴스 나우World News Now〉라는 프로그램에서는 의학심리학 임상교수 비어트리스 비브Beatrice Beebe가 2011년 실험한 엄마와 아기 사이의 패턴 연구를 보도한 적이 있다.

이 실험에서 엄마들은 각자의 할 일과 욕구 때문에, 아기가 공간이 필요하다는 중요한 신호를 보내는데도 무시하거나 놓치기 일쑤였다. 아기가 얼굴을 양손으로 가리거나 고개를 돌리는 등의 신호를 하는데도 계속해서 엄마가 아이를 자극하면 "쫓고 피하는" 관계가 형성될 수 있다. 엄마는 더 강요하고, 아기는 공간을 만들려는 시도를 배가한다. 엄마는 아기가 자신을 사랑하지 않는다고 느끼고, 아기는 과도한 자극으로 괴로워한다.[2] 나이와 상관없이 인간이라면 다른 사람과 한동안 강렬한 접촉을 한 후에는 눈 맞춤이나 신체적 현존을 잠시 끊을 필요가 있다. 그래야 자신을 조절할 수 있다.

자신과 타인의 애착 관계에 관해 더 많이 배우고 배운 내용을 따뜻한 마음으로 적용한다면 불안, 걱정, 습관적인 이탈로 가득했을 관계에도 안정 애착을 키울 수 있다.

타인에 대한 감각이
고도로 발달한 사람들

회피형 하면 떠오르는 까다로운 특징들이 있듯, 양가형도 "애정 결핍이다" "집착한다" "지나치게 민감하다" "통제하려 든다" "손이 많이 간다" "신경질적이다"와 같은 말들로 폄하될 때가 있다. 이번에도 비판적인 표현을 뒤로 하고 양가형이 어떤 사람들인지 자세히 알아보자. 양가형과 살다 보면 따라붙는 더 많은 문제들에 대해서도 해소할 방법을 몇 가지 알아볼 것이다.

양가형은 진심으로 관계를 원하기 때문에 언제나 애착 체계가 최대치로 활성화되어 있다. 회피형은 관계를 차단하는 브레이크를 풀고 어딘가 숨어 있을지 모르는 관계에 대한 갈망을 찾아야 하지만, 양가형은 과도하게 활성화된 신경계를 달래야 한다. 그래서 회피형에 비해서는 문제 해결이 어렵지 않은 편이다.

이별 스트레스

아미르 레빈과 레이첼 헬러가 만난 커플의 이야기를 다시 살펴보자. 아내가 눈에 띄게 불안해하는 전형적인 사례를 통해, 회피형의 상대와 사는 사람이 얼마나 다른 경험을 하는지 생각해 본다. 회피형은 주기적으로 '접근 스트레스approach stress'를 겪는다. 사랑하는 사람이라 해도 그 사람이 다가올 때 불안감을 느낄 수 있다. 아마도 주 양육자에게 상처를 입었거나 어린 시절 너무 오랜 시간 혼자 방치되었기 때문일 것이다. 그 결과, 때때로 회피형은 '차갑다, 벽을 친다, 거리를 둔다, 거부한다'와 같은 인상을 준다.

양가형은 정반대다. 사랑하는 사람이 떠나면 불안감이 폭발한다. 회사로 출근하거나 잠깐 운동하러 가는 하루의 일과도 예외는 아니다. 양가형은 자신에게 중요한 사람이 곁에 없고 혼자 남았을 때 속상해하는 경향이 있다. 파트너가 있을 때는 멀쩡히 기능하고 안정 애착 네트워크에 접속하지만 상대가 떠나는 순간, 연결감을 불신하기 시작한다.

내 친구 하나는 매일 밤 남자친구가 자려고 돌아누울 때(즉 몸을 돌릴 때) 굉장히 불안해지고 버림받은 기분을 느낀다고 고백한다. 그전에 한참 동안 껴안고 누워 연결감을 공유했는데 말이다. 그 친구는 직전까지 남자친구와 얼마나 친밀했든 이런 고통을 자주 경험한다.

여러분이 양가형의 파트너, 부모, 자녀라면 이 점을 꼭 기억해야 한다. 이해하기 힘들겠지만 양가형에게 작별 인사는 극도로 어려운 행위일 수 있다. 전환 스트레스를 느낄 상대를 최대한 세심하게 배려하고 격려와 확신의 말을 전하며 그의 문제를 인식한다는 사실을 보여주자. 다른 친구 하나는 출장을 갈 때마다 딸에게 말한다. "아빠는 사랑을 보관하는 가슴 속에 너를 매일 담아둘 거야."

주고 주고 또 주는, 과집중

비어트리스 비브가 연구한 "쫓고 피하기" 사례의 엄마들은 양가 애착을 기르는 가정 분위기 속에서 자랐다고 추측할 수 있다. 비일관적인 양육 환경에서 자란 아이는 타인에게, 그중에서도 특히 주 양육자에게 과도하게 집중하는 경향을 보인다. 관계의 세계가 위태롭고 변덕스럽다는 두려움을 품고 살아가기 때문이다. 그러니 지속적으로 접촉을 유지하려하고 우리가 (특히 부정적인 의미로) 흔히 집착과 연결 짓는 행동을 할 만도 하다.

당연히 양가형의 접근 추구 행동은 안정형과 비교했을 때 훨씬 두드러진다. 자기 조절 기능이 충분히 발달하지 않은 사람은 과도하게 활성화된 신경계와 지나치게 민감한 애착 체계를 하향 조절해서, 이를 진정시켜 줄 상대를 계속 찾아다닐 것이다. 스탠 탯킨은 이를 "외부 조절external regulation"이라 부른다.[3] 상호 조절과는 다르다. 서로의 조절에 관여하거나 조절

왜 내 사랑은 이렇게 힘들까

을 받았으면 보답하는 특징이 없기 때문이다.

양가 애착의 정도가 심한 사람은 주변의 관계에서 모욕이나 미묘한 느낌을 인식했을 때, 그것에 과도하게 초점을 맞추느라 업무에 집중하지 못한다. 팀 내부에서 비롯된 감정이나 인간관계에만 집중하느라 자기 할 일을 끝내지 못하고 입장이 곤란해질 수도 있다. 양가형이 사적인 관계에 과도하게 집중하며 애착 트라우마에 휘둘릴 때는 창의성과 호기심이 약해지고 커리어에 흠집이 생길 수 있다. 자신이 속한 공동체, 더 나아가 사회에 기여하는 바도 줄어든다.

게다가 다른 사람이 하는 (또는 하지 않는) 행동, 실재, 사랑에 과집중할 때 양가형은 타인의 변화에 몰입하며 자신과 단절된다. 우뇌가 뇌를 장악하고 좌반구에서 꼭 받아야 할 지혜에 접근하지 못하게 된다. 이렇듯 양가형이 관계에 과집중을 하다 보면 파트너에게 주고, 주고, 또 주는 현상이 일어난다. 융통성과 관대함에 끝이 없는 듯하다.

안타깝지만 이런 관대함에서 진정성을 찾아볼 수 없는 경우도 있다. 양가 애착에 적응을 한 사람들은 언뜻 애타주의로 보이는 행동을 통해 상대를 무의식적으로 조종하기도 한다. 우리는 이런 행태를 따뜻한 마음으로 이해해야 한다. 결국에는 관계를 안정화하려는 노력이기 때문이다.

이들에게는 이로운 점도 있다. 기억하겠지만 회피형은 과업에 집중하는 성향이니 일을 끝내야 할 때는 회피형에게 기댈 수 있다. 양가형은 때때로 지나치게 예민하지만 "타인"에 대한 감각이 고도로 발달한 사람들이다. 따라서 복잡하게 꼬인 감정 문제를 쉽게 해결하고 상대가 꼭 원하는 일에 도움을 줄 수 있다.

자기 진정을 할 수 없고 내가 누구이며 내게 무슨 일이 일어나고 있는지를 모른다면, 즉 자신의 중요한 욕구와 바람을 알아차리지 못한다면 같은 행동을 반복할 수밖에 없다. 타인에게 다가가고 그 사람의 호감과 만족을 사기 위한 행동을 계속해서 하는 것이다. 안타깝지만 이 패턴은 그리 효과적이지 않다.

타인에 대한 의존이 지나치면 상대가 어떻게 하든 원하는 연결감을 쌓기란 불가능하다. 상대가 아무리 사랑을 주고 완벽하게 행동해도 결코 자아를 되찾지 못할 것이다. 양가형은 자신을 잃고 자아를 되찾기 위해 다른 사람에게 손을 뻗지만, 그 과정에서 자신을 버리고 만다. 양가형에게는 아주 중요한 딜레마라 할 수 있다. 외부에서 투입되는 요인에 너무 의존하다 보면 점점 더 과도하게 의존하고 스스로 통제하는 힘을 잃으며, 자신을 더 많이 버리게 된다.

다른 곳에서도 언급했지만 우리는 상호 조절과 함께하는 자기 진정을 배워야 한다. 다음은 내가 제일 좋아하는 실습으로, 우리 몸이 주는 지혜와 선물을 활용해 자신을 조절하고 진정하는 법을 알려준다.

왜 내 사랑은 이렇게 힘들까

함께 해보기 | 현재 내 몸과 감각에 집중하기

우리는 관절을 의식하며 움직일 때 자기 수용 감각(몸의 자세와 움직임에 대한 내적 감각)을 얻는다. 이번 실습을 통해서는 자신의 몸을 더 깊이 느끼는 단순한 행위만으로 강력한 자아감을 길러볼 것이다. 이렇게 해보자. 편안하게 앉을 곳을 찾아 잠시 침묵의 시간을 가진다. 그러고 나서 발의 신체적 감각을 느낀다. 발목을 살짝 돌리고 발가락을 꼼지락거리며 발의 다양한 뼈를 움직여 보라. 기분이 어떤가? 이렇게 하면서 확인되고 느껴지는 감각이 몇 개나 되는가?

여기서 어느 정도 연결감을 얻은 것 같다면 몸의 더 높은 곳으로 인식을 끌고 간다. 발목을 돌리고 무릎을 움직이자. 무릎을 안쪽, 바깥쪽으로 돌리고 이 동작이 골반에 어떤 영향을 주는지 확인한다. 무릎, 허벅지, 골반에서 최대한 많은 감각을 느껴본다.

다음으로는 상체를 왼쪽으로 약간 돌렸다가 오른쪽으로 돌린다. 척추에 느껴지는 모든 감각을 의식한다. 이 동작을 한참 해본 후에는 나와 연결된 끈이 나를 하늘 위로 잡아당겨 구름에 매달리고 하는 듯 척추를 똑바로 편다. 척추골의 움직임을 느끼고 척추가 머리를 어떻게 지탱하는지 확인한다. 상체를 이쪽저쪽 비틀어 본다. 척추의 다양한 부분과 가까워지고 척추뼈들이 어떻게 움직여 내 자세를 똑바르게 만드는지 느낀다. 이제는 목과 등의 작은 움직임들로 관심을 돌려보자. 머리를 천천히 좌우로 돌리며 눈을 뜨고서 현재 시간과 공간을 확인한다. 사방을 둘러보며 주변 환경을 인식하고 그러는 동시에 몸의 감각을 살핀다.

이 실습은 해마를 활성화하고 내가 바로 이곳, 지금 현재에 있음을 알려준다. 우리의 암묵 기억은 대단히 강력하다. 그래서 무언가, 대부분 관계와 관련이 있는 그 무엇이 초기의 애착 패턴을 자극할 때 그 시절의 느낌이나 감각에 쉽게 빠져드는 것이다. 다른 지역으로 간 파트너가 무사히 도착했다는 연락을 깜박하는 것처럼, 그런 단순한 일로도 불안과 걱정이 촉발된다. 이런 경우에 몸을 현재 순간에 접지grounding를 하면 도움이 된다.

계속해 보자. 어깨의 긴장을 풀고 어깨를 살짝 떨어뜨리며 그 느낌을 인식한다. 위협 반응이 발동될 때 우리의 어깨는 귓불까지 슬금슬금 올라간다. 어깨를 귀걸이로 착용하는 모양새가 나올 수도 있다. 견갑골(어깨뼈)를 다시 내리고 어깨를 편안하게 이완할 수 있는지 보라. 어깨의 긴장이 완전히 풀릴 때까지 이 단계를 몇 번이든 반복하도록 하자.

이제는 팔꿈치와 손목을 움직이며 그곳에 다정하게 관심을 기울여 본다. 손을 뻗고 위로 올리고 이쪽저쪽으로 돌린다. 이렇게 관절을 의식하면 자기 수용 감각뿐만 아니라 내 몸, 나 자신에 대한 신체적 체화 감각도 길러진다. 자기 수용 감각이란 자세, 동작, 평형과 관련해 몸 안에서 일어나는 자극들을 감지하는 능력이다. 사람은 안대로 눈을 가리고도 자기 수용 감각을 이용해 팔이 머리 위에 있는지, 몸 옆에 늘어져 있는지 안다.

> 지금처럼 인식에 집중하며 관절을 움직이면 자기 수용 감각이 향상되고 체화감도 깊어진다. 다시 말해, 이 감각을 내 몸, 신체적 집처럼 느낀다는 뜻이다. 우리는 이 안에서 살 수 있다.

이 실습을 하면 굉장히 마음이 편안해질 것이다. 몸 여기저기서 전에는 미처 몰랐던 긴장을 발견할 수도 있다. 그것이 정상이다. 몸에 새로운 관심을 주고 있으므로 더 많은 것이 보일 뿐이다. 이렇게 긴장으로 뭉친 부분을 발견할 때마다 그 부분에 조금 더 신경을 쓰고 더 깊이 이완할 공간을 열어보자.

오래 걸려도 괜찮다. 다양한 방식으로 시도해 본다. 몸의 왼쪽에서 시작해 오른쪽으로 이동해도 좋고, 발가락을 하나씩 느끼며 실습을 시작해도 좋다. 실습 중 갖가지 신체적, 감정적 반응이 나타날 수 있는데, 아무 문제 없다. 의식에 과거의 이야기나 신체적 증상이 들어온다면 그 사실을 알아차린 후, 최선을 다해 현재 상황에 계속 집중한다. 이 연습은 과거와 현재를 명확히 구분하는 능력을 키워줄 것이다. 그뿐만 아니라 과거의 상황이 현재의 경험에 얼마나 많은 영향을 미치는지도 더 분명하게 볼 수 있다.

언제든 켜질 준비가 된 울음 신호

좌뇌가 과도하게 활동하는 회피형과 달리, 양가형은 우뇌의 과잉 활동을 경험한다. 이는 애착 체계가 과도하게 활성화되고 지나치게 민감해진다는 뜻일 수 있다. 양가형은 회피형에 비해 감정적 뉘앙스가 강한 과거를, 특히 그 과거에 대한 감정을 더 많이 기억할 것이다. 하지만 과거의 상처와 실망을 몇 번이고 곱씹으며 연연하는 식으로, 보통은 부정적인 영향을 받기가 쉽다.

양가형은 과거든 현재든 타인의 표현과 감정적 뉘앙스에 심할 정도로 과민하게 반응한다. 상대와 연결이 끊기거나 조율이 잘되지 않은 상황에 직면하면 불안감도 증가한다. 양가형은 다른 유형보다 투사projection(자신의 욕구나 감정에 관해 타인에게 책임을 전가하는 것–옮긴이)에 빠지기 쉬워 아주 작은 모욕을 느껴도 금세 분노한다. 현실이 아닌 상상이었다 해도 마찬가지다.

그래서 양가형은 친밀한 관계에서도 편하게 긴장을 풀지 않는 특징을 보인다. 부모 자식 관계에서든, 연인 관계에서든 이런 과민 반응 때문에 꼭 필요한 휴식 시간을 빼앗기고 상대와 헤어질지도 모른다는 두려움이 현실이 될 수 있다. 나도 모르는 사이에 가장 사랑하고 싶은 사람을 밀어낼지도 모른다는 이야기다.

어떻게 보면 양가형은 울음 신호가 항상 켜져 있다고 할 수 있다. 이는 사소한 반응이 아니다. 긍정적인 생각으로 쉽게 무찌를 수도 없다. 우리의 생존 감각과 얽혀 있어 떼놓는 것이 불가능하기 때문이다. 그래서 불안한 위협 반응을 일으키는 버릇과 그 조급한 느낌을 해결하기 위해 노력해야 한다. 바로 그런 감정 때문에 애착을 느끼는 사람, 즉 주된 애착 대상을 잃을지도 모른다는 불안이 생기기 때문이다.

양가형은 질투도 잘한다. 파트너가 다른 사람과 시시덕거릴 때 분노에 눈이 멀어버린다. 양가형은 특히나 "짝을 보호하는 행위mate guarding"가 강해 당장이라도 그 사람이 나를 떠날까 두려워진다. 위협이 너무도 현실적이라 과민 반응과 의심을 발동해야 한다고 느낀다.

누구나 울음 신호로 연결에 대한 욕구를 표출할 때가 있다. 하지만 울음 신호가 항상 켜져 있는 양가형은 자기 감정을 과장해야 한다고 느낄 수 있다. 소리가 작으면 누가 내 신호를 들어주겠는가?

울음 신호는 관심을 달라는 갈구의 형태로도, 압박을 이기지 못해 쏟아져 나오는 말(디테일이 지나쳐 이해하기 힘들 정도의 아주 강렬한 상호작용 유형이다), 수다, 습관적인 불평의 형태로도 나타난다. 일부 양가형은 만성 질환에 시달리거나 온갖 질병을 달고 다니기도 한다. 간절히 원하는 연결을 얻기 위해 몸으로 무의식적인 울음 신호를 점점 더 크게 내고 있는 것이다. 어렸을 때 이 방법으로 효과를 본 사람일수록 더하다.

이처럼 과장된 반응은 이해하려고 하면 이해할 수 있다. 양가형은 내 욕구가 충족될 것인지 시시때때로 궁금해하며 자랐기 때문이다. 연결의 순간은 일관적이지 않았고 너무도 자주 끊겼다. 부모와의 연결이 정동 조절과 자동적인 신경계 조절을 방해하니 편안함을 느낄 리 없다. 이런 상황은 아이를 근본적으로 혼란스럽고 불안하게 만든다. 그래서 성인기에도 쉽게 그런 극단적인 반응을 보이는 것이다. 양가형은 사랑하는 사람이 돌아와도 흥분을 가라앉히기 힘들다.

안타깝지만 과민 반응, 질투, 과장으로 인간관계를 안정시키려는 노력은 대개 우리가 가장 두려워하는 결과를 불러온다. 자기도 모르는 사이에 상대를 밀어낼 수 있고, 사람을 만나도 언젠가는 버림받을 것이라는 근본적인 믿음이 굳어진다. 게다가 관계에서 불안감이 큰 역할을 하면 신뢰가 무너지고 더 깊은 연결과 성장을 방해할 수 있다.

양가형은 그런 연결이 불가능하다는 믿음으로 연결을 향한 굶주림을 단단히 감싸고, 행동으로 이 모순을 지킨다. 버림받을 걱정을 1년 365일 하지는 않더라도 (걱정을 한다는 의식이 없어도) 관계에 지속적인 실망을 투영하고 상대방에게 어떤 식으로 거절을 당하고 다시 상처를 받지 않을까 하는 예상을 자주 한다. 파트너가 실제로 감정을 불편하게 할 행동을 하기도 전에 (그렇게 행동할 생각도 없는데 지레) 그에게 실망하거나 상처를 받을 것이라 예상한다.

그래서 계속 슬퍼하고 상처를 받으며 관계가 좋았다 나빴다 할 때마다 쉽게 트라우마를 떠올린다. 이런 악순환에 빠지면 대단히 고통스럽다. 다행인 점은 그래도 우리와 주변 사람

들이 이런 순환을 끊고, 반복되는 고통에서 벗어나도록 도와
줄 많은 방법들이 있다는 것이다.

확신을 통한 안정감 추구

3장 초반에 나왔던 헨리와 조지아 커플은 카운슬링을 받
으며 문제를 명확히 밝히고 해결책을 찾을 수 있었다. 조지아
의 불안감을 명쾌하게 안심시켰고, 회피하는 태도로 거리를
두던 헨리가 조지아에게 가까워지는 데 도움을 주었다.[4] 점
차 확신이 강해지고 불안은 줄어들자 조지아는 두 사람의 관
계를 더욱 신뢰할 수 있었다. 조지아의 애착 체계가 영양분을
흡수하기 시작하며, 집에 온 헨리를 신경계가 조절된 상태에
서 맞이하기가 쉬워졌다.

확신이 중요하지 않은 사람이 있겠냐마는, 양가형에게는
그 의미가 더 크다. 만약 주변에 양가형이 있다면 이 점을 염
두에 두기를 바란다. 확신을 주고 주기적인 이메일, 문자, 통
화 등으로 연락을 이어가야 상대의 과도하게 활성화된 애착
체계가 진정된다.

남은 평생 양가형 파트너에게 쉬지 않고 확신만 주어야
한다는 뜻은 아니다. 조지아와 헨리의 사례에서 보듯, 양가형
이 확신을 느끼면 커플의 안정감도 증가한다. 어린 시절에 경
험하지 못했던 대상 영속성과 대상 항상성을 경험한 덕분이
다. 이를 통해 관계에 참여한 양쪽 모두에게 이로운, 안정 애

착으로 편하게 다가갈 수 있다.

　양가형은 분명 관계를 원하고, 일반적으로 관계 유지도 쉬운 편이다. 특히 일관적인 태도로 확신을 주는 안정형 파트너를 만났을 때 양가형의 진가가 드러난다. 만약 자신이 양가형인 것 같다면 깊은 자기 확신을 가져다주는 아래의 실습을 간단히 해보자.

함께 해보기 | 일관적이고 믿을 만한 사람들 떠올리기

우선 편한 장소에서 접지를 한다. 바닥을 누르는 발의 촉감을 느끼고 의자에 앉았을 때 떠오르는 모든 감각에 주의를 기울인다. 팔다리를 늘어뜨리고 긴장을 풀며 의자에 내 몸을 맡긴다. 다른 행동은 필요 없다. 바닥이 발을 지지하고, 의자가 허리를 지탱한다. 잠시 편안하게 이런 감각들에 빠져보자.

　그런 다음에는 가족, 친구, 선배, 교사 등 과거 내게 큰 영향을 준 사람들과의 관계를 되짚는다. 오랜 세월 한결같이 내 옆에 있었던 사람이 있으면 특별히 더 관심을 쏟는다. 완벽했던 사람이 아니어도 된다. 어느 정도 의지가 되었던 사람이면 충분하다. 일정 수준 이상으로 신뢰하는 사람을 찾도록 하자. 수년째 연락이 끊겼어도 괜찮다. 얼굴을 보거나 목소리를 듣는 순간에도 연결감이 깨지지 않을 사람으로 찾는다. 여태껏 나를 지지했고 앞으로도 지지해 줄 사람 말이다. 이 사람과 있으면 더 나은 사람이 되려고 노력하지 않아도 된다. 그 사람은 내 곁에 있어주고, 나를 사랑해 주고, 나를 믿어준다.

이 역할을 특별히 잘 채워준 사람이 없었다면 가진 것 안에서 가장 비슷한 사람을 선택한다. 아니면 일관적이고 믿을 만한 이상형을 만들어 이 실습에 이용할 수도 있다. 혹은 앞의 묘사와 맞아떨어지는 사람이 여럿이라면 일단 한 명만으로 시작한다. 원하면 실습을 진행하면서 추가해 나갈 수 있다.

이 사람을 상상하면 어떤 느낌이 드는가? 몸에서 어떤 변화가 일어나는가? 긴장이 풀리고 신경계가 조절되는 징후가 보이는지 확인한다. 전보다 다소 따뜻해질 수도 있고, 더 깊고 고르게 호흡할 수도 있다. 어깨는 어떤 느낌인가? 심장과 안면 근육 주변에 변화가 일어나는지도 본다. 몸에서 어느 부분이 가장 편안해지는지 집중하라. 애착 체계는 몸 안에 있기 때문에 몸에서 일어나는 변화를 확인해야 한다.

감정의 변화에도 주의를 기울일 수 있다. 이 사람에 대한 사랑을 느끼는가? 아니면 안전해지고 침착해진 느낌이 드는가? 달콤쌉쌀한 슬픔을 느낄 수도 있다. 일관적이고 신뢰할 수 있으며 사랑하는 사람과 함께 있는 기분이 어떤지 최대한 하나도 빠뜨리지 말고 느껴본다.

이 실습을 하면 떠나보낸 사람의 기억이 떠오를 수도 있다. 그렇다면 자신에게 슬퍼할 시간을 주자. 그리고 슬픔은 사랑하고 깊이 연결할 능력의 증거라는 사실을 이해한다.

실습을 마친 후, 실습을 하며 누가 떠올랐고 그 사람을 상상했을 때 어땠는지 간단히 메모를 해보자. 마음속의 영화 장면을 묘사해 보는 것이다. 여러 관계를 살피는 동안 상대에 따라 다른 반응을 느낄지도 모른다. 이후에는 다른 사람을 염두에 두고 이 실습을 하며 어떤 변화가 일어나는지 확인한다.

"그렇기는 한데…"

수년 전 내가 주최하는 애착 회복 워크숍 중에 킴이라는 네덜란드 여성이 참여했다. 킴은 말했다. "제게는 패턴이 있어요. 몸으로나 감정적으로나 이어질 수 없는 남자들하고만 사랑에 빠지는 것 같아요. 장거리 연애처럼요. 2년쯤 되면 관계가 끝나죠. 남자들이 절 사랑할 수 없는 것 같아요. 저와 연결이 되거나 많은 시간 곁에 있어주지 않는 느낌이에요."

나는 킴의 이야기를 들으며 킴이 하는 말이 100퍼센트 옳을 것이라는 사실을 배제하려 노력했다. 정말로 감정적으로든 무엇이든 이어질 수 없는 남자들만 줄줄이 만났을지도 모른다. 하지만 나는 어린 시절의 애착 문제에 초점을 맞추며 이야기를 들으려 해보았다.

현재 만나는 파트너인 요한은 출장이 잦은 사업가였고, 킴은 요한도 전 남자친구들처럼 정상적인 연인이 될 수 없다고 느꼈다. 나는 요한이 어떤 행동으로 지지와 애정을 표현했는지 물었다. "그런 건 없어요." 킴은 대답했다. "다른 남자들

왜 내 사랑은 이렇게 힘들까

과 똑같아요. 다른 일을 하느라 별로 제 곁에 있어주지 않아요." 하지만 나는 요한의 행동을 조금 더 자세히 살펴보라고 재촉했다. 상대의 애정 표현을 대수롭지 않게 여기는 것은 양가형의 특징이기 때문이다.

어린 시절 부모를 의지할 수 없었고 사랑과 지지를 받는 순간이 드물었다고 해보자. 드물게 찾아온 그 순간을 즐기다 이후 부모가 곁을 떠나버리면 더 극심한 고통이 닥친다. 리스크가 너무 크다. 생존이 위태롭기 때문에 울음 신호를 그칠 수가 없다. 물론 성인이 되면 상황이 크게 달라지지만 애착 체계는 그 사실을 아직 모른다.

킴은 어리둥절한 표정이었다. "글쎄요." 킴이 말을 꺼냈다. "오늘 하루 어떻게 보냈냐고 매일 밤 전화를 하긴 해요. 잘 자라고 인사하는데, 기분이 꽤 좋더라고요." 나는 킴에게 몸의 감각을 느껴보라고 했다. 전화를 건 사람이 요한인 걸 알았을 때 어떤 느낌을 받았을까? "배 속이 더 따뜻하고 편안해졌어요." 킴이 대답했다. 살짝 미소를 짓기도 했다.

나는 두 사람의 관계를 더 들여다보기를 부탁했다. 다른 애정 표현도 있었을까? "다른 나라로 출장을 가면 선물을 사오죠. 보석이나 제가 좋아할 것 같은 특별한 선물들요. 그리고 돌아오면 보통 한 달에 한 번은 둘만 보내는 특별한 주말을 계획해요. 방해받지 않고 저희끼리만 여행을 할 수 있게요. 그럴 때 정말로 그와 연결이 되는 느낌이에요."

요한이 자신에게 보내고 있던 모든 애정 표현을 인식하고 나열하기 시작하며 킴이 얼마나 충격받은 표정을 지었는지 모른다. 평소 경험하던 요한과 딴판이었지만 명백한 증거가 여기 있었다. 그때까지 킴은 요한이 늘 곁에 있어주지 못한다는 사실만을 보았다. 부족한 것들밖에 눈에 들어오지 않았다. 이제는 두 사람의 관계를 더 깊이 탐구할 수 있었다. "보기가 두려워요." 킴이 말했다. "이렇게 좋은 것들을 받으면 두려워지거든요. 전부 잃게 될 걸 아니까요." 이것이 딜레마다.

양가형에 공감하는 사람은 원하던 사랑, 애정, 안전 등을 상대에게 얻으면, 아주 기분 좋은 편안한 해먹에 누운 듯한 기분을 느낀다. 정말로 편안함에 몸을 맡기고 싶지만 저놈의 끈이 단단히 묶였는지 자꾸만 의심스럽다. 당장이라도 끊어져 땅에 아프게 떨어질 것만 같다. 잠깐 순간은 내가 받은 좋은 것들을 알아보지만 금세 미래에 집중한다. 이것이 내일도 과연 있을까? 어떻게 확신하지?

본질적으로 양가형은 연결을 간절히 원한다. 하지만 소망이 이루어져도 실제로는 곤란함을 느낀다. 연결을 원하지만 막상 앞에 있으면 어떻게 가져야 하는지 모르는 것이다. 친밀감을 갈망하지만 그토록 찾았던 친밀감을 얻고 나서의 두려움도 만만치 않다. 그러다 보니 일부 양가형은 사랑을 표현하려는 파트너의 노력을 하찮게 여기거나 과소평가하는 능력이 아주 탁월하다. 아니면 연결을 끊고 거리를 둘 (싸움을 걸거나,

방어적으로 행동하거나, 질투와 의심으로 파트너를 대하는) 방법을 찾기도 한다.

우리는 양가형의 이 경험에 초점을 맞추어야 한다. 몸과 마음으로 느끼는 이 경험들을 밝히고 꺼내야 애착 딜레마를 무찌를 수 있다. 삶에서 "그렇기는 한데…"처럼 부정이 따라오는 반응이 얼마나 강력한 힘을 가지고 있는지, 얼마나 큰 제약을 주는지 보아야 한다.

이 사실을 이해하면 이미 삶에 존재하는 행복을 무턱대고 한정하거나 폄하하거나 무시하지 않고 눈앞의 사랑과 지지를 받아들일 수 있다. 긍정주의를 거부하는 사람도 있다니 의아할 것이다. 그것이 삶의 목표 아닌가? 하지만 양가형의 생리적 패턴이 얼마나 강력한지를 기억해야 한다.

양가형은 생존이 위태롭다고 믿는다. 울음 신호를 그치면, 말이나 불평을 그만두면 주된 애착 대상을 잃을 것이라 믿고, 그 믿음은 아주 위협적이다. 꼭 그렇지 않다는 사실을 밝혀내야 한다. 울음 신호를 진정시키면 파트너와 더 가까워질 수 있고, 연결이 끊길까 하는 두려움에 휩싸이기보다 실제로 연결을 즐기고 충만한 사랑을 만끽할 수 있을지도 모른다.

상대가 내게 보내는 사랑을
알아차리자

양가형이 겪는 어려움을 해결하기 위한 실습은 앞에서도 몇 가지 소개했다. 하지만 남은 3장은 우리가 안정 애착으로 방향을 돌리게 도와줄 그 밖의 방법들에 할애하고 싶다.

다시 보는 안정 애착 기술 12 긍정적인 경험을 소중히 여긴다

이 사실을 알려준 릭 핸슨에게 다시 한번 감사 인사를 전한다. 우리 인간은 긍정적인 경험을 평소보다 조금 더 오래 유지하려는 노력을 통해, 부정적이고 위험하고 우울한 삶의 요소에 집중하는 성향을 신경학적으로 고칠 수 있다. 릭은 긍정적인 경험이 체를 통과하는 물처럼 뇌로 쏟아져 들어온다고 한다.[5] 우리는 자신을 보호하려는 뇌의 습관을 없애기 위해 최선을 다하면 된다. 그래야 항상 최악을 추정하지 않는다. '최선'을 받아들이고 즐길 수 있게 된다.

왜 내 사랑은 이렇게 힘들까

행복한 생각만 하고 문제와 어려움을 무시하자는 말이 아니다. 내게 효과적인 방향으로 관심을 돌리자는 것이다. 삶의 긍정적인 경험까지 눈에 담도록 카메라의 조리개를 더 넓게 열자. 양가형에게는 이런 방식의 행동이 특히 더 중요하다.

위에서도 썼지만, 양가 애착 성향을 보이는 사람은 관계에서 잘되고 있는 부분들을 무시해 넘기기 쉽다. 간절히 원했던 좋은 것들이 눈에 보이지 않는 듯하다. 이런 성향의 균형을 잡으려면 우선 누군가 내게 사랑과 애정을 보내는 순간부터 '알아차려야' 한다. 그런 다음 그 의지가 사라지지 않게 몸에 받아들여야 한다. 연결을 향한 갈망이 이루어졌을 때 그것을 알아보고 다정한 말이나 행동, 손길, 제스처, 표정, 선물 등에서 선한 마음과 사랑을 느껴보자.

타인의 마음을 얼마나 받아들일 수 있는지 실험하며 고통과 실망에 집중하는 성향을 바로잡는다. 생각보다 간단하지 않을 것이다. 평소 인식의 영역 밖에 있는 것들을 알아차리기는 더욱 까다롭다. 새로운 관점으로 주의를 기울이면서 삶의 긍정성을 조금씩 신뢰하는 법을 배울 필요가 있다.

오래전 연인에게 이런 말을 듣고 화가 났던 적이 있다. "저기, 내가 얼마나 사랑하는지 아냐고 말할 때마다 피하거나 다른 얘기를 꺼내는데, 그럴 때마다 어쩐지 당신과의 연결이 끊어져 버리는 느낌이야. 당신이 내 사랑을 받아주지 않는다는 게 참 가슴 아프다." 내가 그런 짓을 한다고 생각하니 믿을 수 없어 화가 났다. 하지만 분노 뒤에는 사실을 인정하기 싫은 마음도 있었다. 밤새도록 생각한 끝에 나는 애인의 말이 옳다는 것을 깨달았다. 이를 인정하기는 쉽지 않았다. 예전부터 나는 애정 표현이 불편했다. 사랑이 그처럼 직접적으로 다가올 때 무엇을 해야 할지 몰라 외면하거나 화제를 돌리는 버릇이 있었다. 기가 막히지 않은가?

그래서 나 자신과 계약을 했다. '누군가 사랑을 표현할 때마다 현재에 머무를 것이고 연결을 끊거나 회피하지 않겠다고.' 상상보다 훨씬 더 힘든 일이었다. 몇 달씩 연습을 한 후에야 상대방의 마음을 계속 몸에 받아들이고 연결을 유지할 수 있었다. 포옹을 진심으로 느끼고, 다정한 말을 정말 귀담아듣고, 선물에 감사하고, 사랑을 담은 시선을 마주했다. 이런 표현들을 의미 있게, 오랫동안 느꼈다. 회피하는 내 태도가 파트너에게 상처를 준다는 사실에 촉각을 곤두세우고 그가 주는 선물들을 받아들이려 했다.

모두 이 연습을 해보기를 추천한다. 교정적 경험으로서 여러분이 안정 애착 네트워크와 가까워지게 도와줄 것이다. 양가형이라면 누구보다 더 필요한 연습이다. 좋은 경험을 알아차리자. 그리고 이것만으로도 쉽지 않겠지만 어떤 형태로든 사랑, 배려, 감사를 흡수하자. 처음에는 어려울 수 있으니 초반에는 단계를 쪼개 하나씩 도전하고 점점 발전하며 더 많은 것을 받아들인다. 다음의 실습을 통해 좋은 경험을 받아들이는 연습을 더 체계적으로 해보자.

함께 해보기 | 받은 사랑을 떠올리기

편안한 자리를 찾아 발의 감각을 느끼고 몸의 긴장을 푼다. 그리고 언제 마지막으로 누군가 내게 친절과 사랑을 베풀었는지를 기억한다. 이런 행위의 표현 방식은 다양하다. 부드러운 손길로 만지기, 도움 주기, 공감하며 이야기 들어주기, 시간을 함께 보내기, 특별한 선물을 주기 등이 그 예다. 작가이자 치료사인 게리 채프먼Gary Chapman은 이 분야에 크게 기여한 인물로, 게리가 다섯 가지 사랑의 언어를 주제로 쓴 책은 전부 다 읽어보기를 추천한다.

여러분은 사랑이 다가올 때 사랑을 어떻게 알아보는가? 무엇을 가장 가치 있게 여기는가? 사랑을 어떻게 표현하는가? 잘하고 있다는 피드백? 스킨십? 아니면 도움, 실재(양질의 시간을 함께 보내는 것), 선물인가?[6] 내가 가장 유창하게 말하고 반응하는 사랑의 언어를 열심히 찾아본다.

다음으로는 이 점을 생각해 보아야 한다. 주변 사람들의 사랑 표현 방식은 여러분이 사랑을 주고받는 데 선호하는 방식과 크게 다를 수 있는 사실 말이다. 예를 들어, 나는 사랑을 확인해 주는 말을 정말 좋아한다. 하지만 아버지는 돌아가실 때까지 내게 사랑한다는 말을 한 번도 하지 않았다. 그 대신 내 자전거를 고쳐주었고, 우리 가족이 안전하게끔 매일 밤 문단속을 했고, 집에 고장 난

곳이 없는지 철저히 확인했다. 이것이 우리 아버지의 사랑 표현 방식이었다. 당시에는 내 눈에 보이지 않았을지 몰라도 아버지는 '행동으로' 사랑을 표현하고 있었다.

이런 차이가 처음에는 이해하기 힘들 수 있다. 일단 나와 파트너의 사랑의 언어가 다를 수 있다고만 생각하자. 상대에게는 명백한 사랑이 우리에게만 보이지 않는 것처럼 문제는 단순할 수 있다.

사랑을 최대한으로 넓게 수용해 보자. 그물을 멀리까지 던진다. 내가 미처 알아차리지 못한 사랑하는 사람의 표현이 있다면 무엇인가? 상대가 나를 위해 한 행동을 전부 확인한다. 내 파트너는 사랑을 어떻게 표현하는가? 그전까지는 몰랐을지도 모를 그 행동을 깨달았을 때, 어떤 변화가 일어나는가? 내게 사랑과 지지를 표현하는 파트너만의 방식을 발견했을 때 몸에 어떤 감각이 드는가?

포장이 마음에 들지 않는다고 선물을 내던지지 말자. 내 마음을 다양하게 표현하면 어떨지 알아보고, 내 문 앞에 어떻게 도착하든 상대의 사랑과 친절을 받아들이는 실험을 해본다. 이 관점을 이용하면 사랑이 더욱더 풍성해진다. 이탈리아 사람들의 말처럼 아본단차Abbondanza(풍성, 풍부를 뜻하는 이탈리아어-옮긴이)다!

"그렇기는 한데…"의 상황이 떠오르는지도 확인하자. 분명 그럴 것이기 때문이다. 파트너가 나를 위해 어렵게 특별한 시간을 내놓고도 함께 있을 때 내 말에 귀를 기울이지 않을 수도 있다. 꽃을 사오기는 했는데 내가 좋아하는 꽃이 아닐 수도 있다. 칭찬에 무언가 찜찜한 구석이 있었을지도 모른다. 양가형에게는 이런 생각이 들기 마련이다.

　파트너가 무엇을 하든 무조건 내치지 말고 온정으로 대하자. 상대에게는 호기심을 품고, 내게는 관대해지자. 사랑을 받는 것이 쉽다고들 생각하지만 그것이 힘들고 어려운 사람들도 있다.

　이런 정성에 조금이라도 마음을 열었을 때 어떤 일이 생기는가? 사랑의 손짓, 다정한 말, 애정 어린 스킨십을 전부 떠안지는 말고 그저 1퍼센트만 더, 한 번에 조금씩 받아들이자. 그러면 자그마한 변화는 가져오되 갑자기 천지 개벽하는 사태는 안 겪어도 된다. 1퍼센트만 더 받아들이는 기분이 어떤가? 괜찮다면 1퍼센트 더 받아들일 수 있을까? 그렇다면 자신만의 페이스로 계속한다. 어느새 1퍼센트가 5퍼센트로, 5퍼센트가 10퍼센트로 변한다. 한 번에 1퍼센트씩만 움직이며 천천히 실습해 보자. 그다음 원하는 만큼 단계별로 반복한다. 그러다 보면 사랑 앞에 실재하는 능력이 커지고 또 커질 것이다.

　킴이 1퍼센트를 더 받아들이는 연습을 하고 요한을 잃는다는 두려움을 떠나보내자 배의 긴장이 풀리고 가슴이 활짝 열렸다. 이제는 요한을 향한 사랑과 감사를 느낄 수 있었다. 만족스럽고 충만한 경험을 만끽할 수 있었다. 요한과 헤어지기를 바라는 대신, 얼른 집에 가서 그의 품에 뛰어들고 싶었다. 치료를 마치며 킴은 말했다. "내가 이 프로그램을 들은 걸

요한이 정말 좋아할 거예요!" 킴도 이제는 요한의 사랑과 애정 어린 행동을 보고 느낄 수 있었다.

자기 진정의 공간 찾기

앞에서도 말했지만 양가형은 사랑하는 사람들에게 많은 시간과 에너지를 요구하는 경우가 많다. 주로 타인을 통해 자신의 욕구가 충족된다고 느끼기 때문이다. 양가형은 어린 시절 자신의 신경계를 적절히 조절하는 법을 배우지 못했기에 늘 타인에게서 만족과 안전을 찾으려 한다. 당연히 파트너에게는 문제가 될 수 있고, 갈수록 더 많이 요구하는 성향은 어떤 관계에든 부담을 가중시킬 수밖에 없다.

물론 관계에 기대고 지지와 사랑을 부탁하는 행위 자체가 잘못은 아니다. 나도 그러지 말라고 할 생각은 없다. 다만 공동 조절과 자기 조절 사이에서 최적의 균형을 잡는 법을 배워야 한다는 것이다.

어떻게 하면 자기 진정 행동들을 연습할 수 있을지 찾아보자. 골치 아픈 일이 벌어질 때마다 그렇게 대응하라는 말은 아니다. 다른 사람과 함께 조절하는 쪽이 일반적이고 바람직하기 때문이다. 안정 애착은 다른 사람들과 함께하는 것이 당연하다! 여기서는 불안해지거나 두려워질 때 자신을 조금 더 잘 달랠 수 있는 선천적인 능력의 범위를 넓히자는 이야기다. 혼자만의 생각이든 실제 상황이든 어긋나는 관계에 직면했을 때 특히 더 도움이 된다.

　다른 사람의 개입 없이 혼자 하는 활동 중 무엇을 하면 긴장이 풀리는가? 진정되는 음악을 듣거나 혼자 춤을 춰볼 수도 있다. 숲에서의 산책, 이 책에 나오는 실습(3장 초반에 했던 "현재 내 몸과 감각에 집중하기"를 가장 추천한다)을 하는 방법도 있다. 명상, 요가, 달리기도 좋고, 건강한 심호흡 몇 번만으로도 도움이 된다.

　인간관계에서 강렬한 느낌이 들 때 그 느낌에 유념하고 깊이 생각하는 방법도 자기 진정에 좋다. 느낌에 집중하는 동안 부족했던 부분을 완성하고, 새롭게 변화하고, 상처를 치유할 수 있을지도 모른다. 어린 시절 많은 고통을 받았다는 사실을 떠올려보자. 그 안에는 기억할 수조차 없는 형성기의 트라우마도 포함된다. 우리가 때때로 느낌과 반응을 과장하는 이유도 그래서다. 이제는 성인으로서 그 성향을 명료하고 다정한 눈으로 바라볼 수 있다. 이런 식으로 전전두엽의 활동을 유도할 수 있다면 안정 애착 네트워크가 활성화되고, 그 자체로 훌륭한 자기 조절이다.

　보너스도 있다. 자기 조절을 더 잘하게 되면 우리의 감정에 책임을 느끼던 파트너의 부담감이 줄어들 것이다. 공동 조절 습관과 자기 진정 행동의 균형이 맞아떨어질수록 관계에서 건강한 공간의 영역이 넓어진다. 그러면 두 사람의 연결을 파트너와 훨씬 더 즐겁게 경험할 것이다.

나와의 관계 쌓기

사랑하는 사람에게 더 많은 공간을 내주고 자기 진정 방법을 배우는 일이 양가형에게는 유독 어려운 것이 사실이다. 그래서 다른 관점을 제시해 보려 한다.

이렇게 생각해 보자. 양가형은 특별한 선물을 받은 사람들이다. 엄청난 민감성과 수용성을 가지고 세상을 누빈다. 다른 사람과 깊이 공명하고, 상대를 속속들이 잘 안다(상대보다 먼저 상대가 원하는 바를 알아차리는 때도 있다). 그리고 고유한 방식으로 그에게 집중한다. 그 재능이 얼마나 소중한지 이해해야 한다.

동시에 나는 양가형이 자신과 재연결하는 능력을 키우도록 돕고 싶다. 자기 연결이 부족한 채로 살아간다면 득보다는 삶을 고달프게 하는 실이 더 많기 때문이다. 자신과 단절된 느낌은 매우 고통스럽다. 다르게 살 수 있는 기술을 이미 가지고 있는데도 단절되어 있다면, 고통은 더욱 심하다.

한 가지 시도하면 좋을 방법은 '나다운 나'를 보는 것이다. 무슨 뜻이냐고? 나를 예로 들어보겠다. 내가 자신을 가리켜 말한다는 것이 어떤 의미일까? '다이앤다운 다이앤'이 누구란 말인가? 조금은 말장난 같다는 것을 안다(실제로도 그렇다). 하지만 내가 전하려는 의미는 나 '자신의' 특별한 감각이다. 한 개인으로서 여러분이 현재 하고 있는 경험 말이다.

어떤 감정을 느끼는가? 몸에서 어떤 변화가 일어나는가?

왜 내 사랑은 이렇게 힘들까

튀어나오고 연결되고 흩어지는 생각은 무엇인가? 다정한 관심을 품고서 순간순간 오고 가는 나만의 고유한 경험을 살펴보자. 대니얼 시겔이 만든 "인식의 바퀴Wheel of Awareness"라는 훈련을 추천한다. 이 훈련과 관련해 대니얼은 자신과 진정성 있게 연결하고 인식을 다양한 지각 모드로 전환하는 연습이 중요하다고도 지적한다.7

양가형은 자아 연결감을 복구함으로써 어마어마한 이득을 얻는다. 일단 관계에 민감해지고, 진정한 상호의존성, 회복탄력성을 더욱 높일 수 있다. 앞에서도 이야기했지만, 자신과 가까워지면 타인을 이해하고 타인에게 공감하는 능력도 향상된다. 그 사람과 관계를 맺을 때 나타나는 관계 영역에 대한 조율 능력도 더 높아질 수 있다.

양가형은 다른 사람이 곁에 있을 때 자신에게 조율하기가 어려울 수 있다. 혼란스럽겠지만 꼭 장애물이라 생각할 필요는 없다. 이런 어려움에 공감한다면 다음 실습을 해보라. 건강한 경계를 경험하고 다른 사람과 함께 있을 때 자아 연결감을 유지하게 도와줄 것이다.

함께 해보기 | 따로 또 같이

우선 몇 번 심호흡을 하고 몸에 나타나는 감각과 접촉하자. 불편한 부분, 땅이나 의자와 닿은 느낌, 근육의 긴장 혹은 이완에 주의를 기울인다. 도움이 된다면 이 실습을 본격적으로 시작하기 전에 앞에 나왔던 "현재 내 몸과 감각에 집중하기"를 다시 반복해 볼 수도 있다. 어떤 선택을 하든 잠시 긴장을 풀고 자신의 몸을 인식하는 시간을 갖는다.

이 실습의 다음 부분을 하는 동안 눈을 감고 있기를 좋아하는 사람들도 있다. 그럴 때는 내 맞은편에 누군가 앉아 있다고 상상한다. 상대가 누구인지는 중요하지 않다. 파트너, 자녀, 친구, 낯선 사람은 물론이고, 강아지도 괜찮다. 심리치료를 받는 중에 이 실습을 한다면 심리치료사를 상상할 수도 있다. 실제로 앞에 사람이 있다면 그 사람의 신발이 보일 만큼만 눈을 뜨고 실습을 한다. 다른 것보다 누군가 나와 함께 있다는 사실을 기억하기 위해서다.

앞에 있는 사람을 상상하면서 내 인식에 어떤 변화가 일어나는지 본다. 경험에 다른 사람을 포함했을 때 일어나는 변화들을 찾아내는 것이다. 실습을 시작할 때는 나와 내 감각만 존재했지만 이제는 바로 앞에 다른 사람이 있다.

무엇이 달라지는가? 인식이 그 사람으로 이동해 자신과 떨어지지 않는가? 자신, 특히 신체적 감각과의 연결이 끊어지는가? 그렇다면 발가락을 꼼지락거려 내 몸으로 돌아오라. 그리고 실습을 시작할 때 확인했던 감각들을 느낀다. 뇌는 정보의 80퍼센트를 몸으로부터 얻는다. 우리는 몸, 특히 관절을 움직일 때마다 뇌에 신체적 인식을 들이붓는 셈이다. 이렇게 자신과 재연결했다면 일어나 주변을 돌아다닌 후 다시 앉는다. '나다운' 본질과 재연결 되었던 지점으로 가서 몇 번 숨을 들이마신 후 맞은편에 앉아 있는 사람을 다시 상상한다.

자신과 조율하는 동시에 앞의 상대를 더 잘 상상할 수 있게 되면, 내 몸에서 인식을 움직여 내 인식 안에 그 사람의 신체가 실재하는 듯이 느낄 수 있는지 알아본다. 어떤가? 자신이나 신체적 감각과 연결이 끊어지는가? 만약 그렇다면 몸을 느끼며 오직 내게로 초점을 되돌리고 다시 시도한다. 나 '그리고' 상대와 확실하게 연결되도록 노력해 보자. 그러니까 나 혹은 상대 중 '하나'가 아니라, '둘 다'여야 한다.

자신의 인식을 가지고 놀아본다. 이리저리 움직이며 몸을 훑은 다음 상대에게로 돌아간다. 두 사람 모두를, 관계의 모든 영역을 아우르도록 인식의 범위를 확장한다. 자신과의 연결이 끊어졌다고 느끼면 언제든 편안하게 다시 접지를 하고 실습을 재개한다. 절대로 나를 빠뜨리지 말자! 대부분이 그렇듯 연습할수록 능력은 향상된다. 나를 인식하는 능력, 타인을 인식하는 능력, 관계의 모든 영역을 인식하는 능력도 마찬가지다. 이 능력은 안정 애착 체계의 전원이 켜 있고 아무 문제 없이 돌아간다는 신호다.

이 실습의 장점은 실시간으로 할 수 있다는 것이다. 다른 사람과의 관계에서 방향을 잃은 기분이 든다면 언제든 이 실습을 경고 등이나 경고 신호 삼아 다시 해보자. 잠깐 휴식하며 자신의 경험과 재연결하고, 나와 상대를 동시에 완전히 인식할 수 있다는 사실을 기억한다.

무엇보다도 양가형이 트라우마를 치유하려면 어떻게든 자신과 재연결해야 한다는 사실을 기억하기를 바란다. 타인을 배제하라는 말이 아니다. 하지만 처음에는 자신에게 먼저 집중한 후 (위의 실습처럼) 단계적으로 타인을 포함할 필요가 있다.

양가형은 자신을 잃었던 경험을 교정해야 한다. 중요한 자기 진정 수단들을 학습하고, 다른 이들에게 위로와 지지를 부탁하다 보면 상대의 배려하는 행동들이 눈에 띄기 시작할 것이다. 그리고 이미 존재했던 사랑을 받아들이며 관계에서 만족감과 성취감을 느낄 것이다. 자신의 요구를 더 명확하고 직접적으로 밝히며 불만은 줄어들고 받아들이는 연습이 가능해진다. 혼자만의 시간뿐만 아니라 연결하는 시간에서도 즐거움을 느끼고 둘 사이를 더 수월하게 오갈 수도 있다.

내게 자애심을 발휘하기

우리가 몸에 담고 있는 행동과 경험은 하루 이틀 사이에 만들어지지 않았다. 우리의 정신은 경험을 이야기로 구성할 능력이 발달하기도 전에, 특정한 연속 행동을 배우고 체화했다. 그리고 정말 가진 것으로 최선을 다했다. 그러니 매사에 자책하지 말자. 있는 힘껏 자신에게 다정하게 대하라.

왜 내 사랑은 이렇게 힘들까

그러기 위해서는 자신에게 비판의 칼을 더욱 겨누지 말아야 한다. 그보다는 현재 우리에게 도움이 되는 것과 도움이 되지 않는 것을 자세히 관찰하라. 다시 마음을 열고, 자원을 확보하고 안정 애착으로 가는 다리를 건너야 한다.

자신의 애착 유형을 자애롭게 감싸 안으면 대부분 불가능하다고 생각했던 선택지가 열린다. 양가 애착에 공감하는 사람이라면 필연적으로 관계가 불편해진 상황에서 그 불편함에 조금 더 호기심을 가져보도록 하자. 내 감정에 타인을 원망하거나 타인에게 책임을 돌리는 성향이라면 다정한 관심을 기울이며 자신의 몸으로 서서히 복귀하고 감정적 자아와 조율을 이룰 수 있는지 확인한다.

여러분은 그럴 자격이 있다. 불편함을 이겨내고 없애는 능력은 여러분의 손이 닿는 바로 그곳에 존재한다. 잊지 말자, 이것은 우리가 날 때부터 타고난 권리다. 이런 선천적인 능력은 여러분에게, 여러분이 선택한 관계에 훨씬 충만한 경험을 선사할 것이다.

양가 애착 스스로 평가하기

- 사귀지 못할 것 같은 사람을 자주 갈망하는가? □
- 상대가 화를 내거나 관계를 끊을까 두려워 내가 하지도 않은 일로 사과하는 경우가 있는가? □
- 사람을 만날 때 자신을 내팽개치거나 관계에 몰입하는가? 나보다 상대에게 더 집중하는가? □
- 파트너가 나를 향해 '요구가 많다, 집착이 심하다'라고 묘사하는가? □
- 다른 사람의 부탁을 거절하기가 힘든가? 건강한 경계를 지키는 것이 어려운가? □
- 자신의 선택을 의심하는 경우가 많은가? 혹은 자신의 말이나 행동에 자신감이 부족한가? □
- 관계를 맺을 때 받는 것보다 주는 것이 많다고 느끼는가? 만약 그렇다면 상대에 대한 불만이 쌓여 원망하는 지경에 이르는가? □
- 파트너가 사랑과 감사를 표현할 때, 이런 애정 표현을 알아차리고 깊은 감동을 느끼는 것이 많이 어려운가? □
- 혼자 있으면 많이 힘든가? □
- 혼자 있을 때 버림받았다는 느낌을 자주 받는가? 스트레스, 상처, 분노를 느끼는가? □
- 상대와 가까워지기를 갈망하면서도 관계를 잃을까 두려운가? □
- 파트너와 (휴가나 출장으로) 한동안 떨어져 있었을 때, 토라지거나 파트너에게 시비를 거는 경우가 많은가? □
- 다른 사람의 감정, 바람, 요구에 쉽게 맞출 수 있다고 느끼는가? □
- 타인의 감정을 달래주어야 한다고 느끼면서 내 감정을 다스리기는 어려운가? □

왜 내 사랑은 이렇게 힘들까

- 과거에 머물러 예전의 상처를 잘 잊거나 용서하지 못하는가? ☐
- 사랑하는 사람에게 불평을 많이 하고 애정 표현은 간과하거나 무시할 때가 있는가? ☐

4장

혼돈 애착

: 생존을 위해 불안정을 택한 사람들

혼돈형은 네 가지 중 가장 복잡한 유형이다. 애착 체계가 뒤얽혀 있기 때문이다. 초기의 애착 관계에서 너무나 많은 두려움을 느꼈던 탓에 생존 본능과 애착 체계가 뒤엉켜 버렸고, 다른 유형들에 비해 참고할 연구나 자료가 많지 않다. 혼돈형은 추적할 수 있을 만큼의 확실한 행동이나 경험 패턴을 보이지 않는다는 점에서도 복잡하다. 혼돈형의 패턴은 불규칙적이고 갑자기 다른 곳으로 튀는 특징을 드러내기 때문에 이해하거나 연구하기가 까다로울 수 있다.

혼돈형의 패턴은 많은 시간 공포감을 조성했던 부모나 양육자에 반응하며 발달한다. 실제로 자기 자식을 두려워하는 부모도 있고, 자신의 트라우마가 해소되지 않아 두려움, 분노, 해리에 빠져 사는 부모도 있다. 출생 트라우마, 대형 참사, 큰 수술 같은 요인도 부모와의 연결을 일찍부터 차단해 관계가 위험하다는 느낌을 준다.

두려움, 위협, 조절 장애에 이 패턴대로 반응하는 아이는 감당하기 힘든 고통을 행동으로 표출하기 마련이고, 세상은 이 아이들을 "문제아"라고 본다. 신경계를 조절하지 못해서 처벌을 받으니, 문제는 더욱 악화될 수밖에 없다. 극단적인 사례이지만 혼돈형의 패턴은 사람을 중독, 정신 질환, 성격 장애, 범죄에 이르게 할지도 모른다.

두려움에 빠져 자신의 고통을 조절하지 못하는 부모는 자녀의 고통도 달랠 수 없다. 아이는 과도하게 흥분한 상태가 너무 오래 지속되고, 에너지를 소모하는 교감신경계가 활발하게 돌아간다(투쟁 혹은 도피 상태). 아니면 에너지를 보존하는 부교감신경이 지나치게 활성화된다(차단 혹은 해리 상태). 회복탄력성의 범위나 관용의 창이 쪼그라들기 때문에 아이는 쉽게 자극을 받고 불균형을 느낀다. 자기 조절, 자기 진정을 어려워하고 다른 사람들과의 공동 조절도 잘하지 못한다. 아무 감정에 이끌려 행동하고 습관적으로 이탈disengagement을 할 수도 있다. 뇌와 몸의 활동이 부진해지고, 그 결과 의욕이 없거나 남들과 연결되지 못하고 홀로 멍하니 있는 모습을 보인다. 자제력이 약하고 이해력이 부족하며 학업 성취도도 낮게 나타난다.

혼돈형 아이는 대인 관계도 어려워한다. 위협 반응이 활성화되어 있다 보니 친근하게 다가오는 신호도 공격으로 오해한다. 친구 사귀기를 어렵다고 생각해, 트라우마 치유에 필요한 연결을 멀찌감치 밀어놓고 산다. 가정에서의 관계가 문제이니 그 문제를 해결해야 하는데, 애꿎은 아이만 골칫거리 취급을 받는다. 안정 애착이라는 혜택을 누리는 사람들은 불안정형들이 직면하는 만성 스트레스를 잘 이해하지 못한다. 혼돈형이 매일같이 느끼고 웬만해서 해소하지 못하는 극심한 고통은 더욱 이해를 받지 못한다.

어떤 의미에서 혼돈 애착은 회피 애착과 양가 애착의 조합이지만, 계속되는 위협에 대응하다 보니 두려움에서 비롯된 생존 방어 능력이 특징으로 나타난다. 일부 혼돈형은 회피형으로 치우쳐 더욱 폐쇄되고 단절되는 반면, 양가형에 가까워 지나치게 불안하고 우울하고 분노에 사로잡힌 상태로 살아가는 부류도 있다. 그리고 고도의 불안과 우울을 오가는 혼돈형도 있다. 또한 오직 "상황에 따른" 혼돈형도 존재한다. 고함을 듣거나 TV에서 폭력적인 장면을 보는 것처럼 특정한 자극에 반응할 때만 혼돈형의 모습이 나타나는 경우다.

그렇다면 이제는 기초를 잘 쌓았는지 확인하는 차원에서 앞에서 다루었던 애착 유형들을 간략히 복습한 후 혼돈형을 마저 탐구해 보자. 혼돈형은 어떤 모습인지, 애초에 어떻게 혼돈 애착을 형성했는지, 나와 타인의 애착 문제를 해결할 방법은 없는지 알아보려 한다.

안정 애착을 형성하며 자란 아이들은 부모나 그 밖의 양육자의 도움으로 자신의 신경계를 조절할 수 있다. 그들은 대체로 사랑과 지지를 받았고 부정적인 감정을 더 빠르게 떨치고 일어난다. 그 덕분에 원활한 공동 조절 능력을 길렀고 효과적인 자기 조절 능력도 개발할 수 있었다. 이런 안정형들은 곤란하거나 위협을 느낄 때 도움이나 지지를 부탁하는 데 거리낌이 없어 필요하면 언제든 자신의 공동체가 주는 안전을 누린다.

인간의 삶에는 자기 조절과 공동 조절이 다 필요하지만, 정상적인 발달 과정에서 아이는 양육자와 상호 조절을 배운 후 자기 조절에 비중을 두기 시작한다. 그래서 관계의 회복탄력성이 굉장히 우수하다. 두 가지 조절을 적절히 기르고 활용함으로써, 둘 사이의 균형이 맞아떨어지기 때문이다. 그런 이유로 안정형은 살면서 피할 수 없는 어려움에 부딪혀도 문제에 대처할 선택지가 다양하다.

회피형과 양가형은 사정이 다르다. 어린 시절 여러 가지 이유로 일관적이고 만족스럽게 상호작용하지 못했다는 점은 같지만, 자라면서 그런 결핍에 적응하는 방식에 따라 서로 다른 애착 유형이 되었다. 회피형은 과거에 공동 조절로 좋은 경험을 한 기억이 없어, 다른 사람과의 공동 조절을 추구하지 않는다. 부모는 곁에 없었거나 너무나 부정적이었기에 애착 형성에 필요한 공동 조절을 충분히 경험하지 못했고, 그 결과 공동 조절이 신경계에 각인되지 않았다. 이런 아이들은 타인의 감각을 잃은 채로 성장한다. 회피형은 자기 조절의 전문가로 보일 수 있지만, 홀로 조절하는 모습을 보면 해리에 더 가까울 때가 많다.

반면 양가형은 자기 조절을 배제하면서까지 공동 조절을 원하고, 이런 요구는 남에게 자신을 챙겨달라고 조르는 형태로 나타날 수 있다(즉 일방적으로 받기만 한다). 또한 양가형은 자신에 대한 감각을 잃기도 한다. 부모의 부족했던 양육 방식에 적응한 결과, 회피형은 의존을 지나치게 거부하고 양가형은 지나치게 의존한다.

두 가지 애착 유형 모두 생존과 엮여 있다. 회피형은 자신을 지향하고 타인을 외면하거나 타인의 필요성을 거부함으로써 생존하도록 적응했고, 양가형은 별다른 자기 지향 없이 자신과 단절된 채로 타인에게 지속적으로 사랑과 도움을 요구하며 생존하려

하고 있다. 회피형의 경우 상대의 다정한 마음을 받아들이려고 늘 발버둥 치면서도, 오히려 배려하는 파트너와 그의 사랑 표현을 밀어내는 결과를 낳을 수 있다. 이런 회피형을 도우려면 상호 조절을 경험하고 배울 수 있게 곁에 다른 사람들의 자리를 마련해 주어야 한다. 이를 통해 관계의 연결에서 오는 진정한 영양분을 흡수할 필요가 있다.

한편 양가형의 교정에 도움이 되는 경험은 자아감을 기르고, 스스로 조절하는 법을 배우는 것이다. 진정으로 함께하는 상호 조절을 연습해야 한다. 자신을 내팽개치지 말고 그 자리에 서서 그토록 원하던 사랑을 알아차리고 받아들이자. 자기 조절과 공동 조절을 둘 다 배우는 것이야말로 혼돈 애착으로 힘들어하는 사람들에게 가장 중요한 교정적 경험이다. 관계가 안전하다는 감각을 기르고 명확한 시야로 마음의 혼란을 쫓아버리자.

애착 유형에 따른
회복탄력성의 범위

대니얼 시겔은 개개인이 신경학적으로 편안함을 느끼는 최적의 영역을 "관용의 창window of tolerance"이라 말한다.[1] 이 영역에서 우리는 살아 있음을 느끼고 지나치게 스트레스를 받지 않는 선에서 수용력을 발휘한다. 편안하게 긴장을 풀고, 깨어 있는 상태를 즐긴다. 우울해하거나 외부의 접근을 차단하지 않는다. 신경계가 자기 할 일을 잘해내는 중이다.

교감신경계로 올라가 에너지와 활기를 즐기고, 리드미컬하게 부교감신경계로 전환해 그에 대한 반응으로 이완, 휴식, 소화 활동을 즐긴다. 에너지가 충전되고 활기가 샘솟다가 이완 작용으로 되돌아가는 것이다. 오르락내리락 부드러운 파도를 타는 것처럼 말이다. 이것은 안정 애착의 느낌을 묘사하는 또 다른 방식이기도 하다. 이때 인간의 신경계는 설계된 대로 작동하고 있다.

하지만 신경계가 조절되고 안정 애착을 형성한 사람의 경우 관용의 창은 고정되어 있지 않고 능력에 따라 확장한다. 시간이 갈수록 안전지대(나는 '회복탄력성의 범위range of resiliency'라고도 칭하는 편이다)를 벗어나지 않고도 더 높게 튀는 움직임과 더 낮게 가라앉는 움직임을 견딜 수 있게 된다. 자기 조절과 상호 조절을 적절히 하고 있기 때문이다.

양가형은 이와 같은 이상적인 범위에서 더 쉽게 벗어난다. 교감신경의 흥분도가 올라가며 관용의 창의 꼭대기에서 탈출하는 것이다. 그래서 불안, 패닉, 분노, 격분 등의 강렬한 감정 상태를 경험한다. 애착 체계의 스위치를 너무 많이 올린 탓이다. 애착 체계는 대단히 예민하며 관계가 어긋나거나 실수가 있을 때 자주 과민 반응을 한다. 곧 버림을 받을 것이라는 두려움에서 헤어나지 못하고 안전한 접촉이 이루어져도 긴장을 풀 수 없다.

반면 회피형은 애착에 대한 건강하고 자연스러운 갈망을 차단하느라 자기도 모르게 많은 에너지를 소모한다. 부교감신경도 과도하게 활동하며 관용의 창은 최적의 상태에서 벗어날지도 모른다. 부교감신경이 과도하게 활동한다는 것은 내면의 감정을 조절하는 정동이 낮아지고 활력과 관심이 줄어든다는 뜻이다. 다른 사람과의 관계에, 특히 친밀한 관계에도 참여가 줄어든다. 애착 체계의 전원이 꺼지고 비활성화된다. 이들은 분리, 해리를 경험한다.

회피형, 양가형, 혼돈형 같은 불안정 애착 유형들은 서로 연결되어 있다는 사실을 잊지 말아야 한다. 하나의 패턴으로 조금 혹은 많이 기울어졌을 수도 있지만, 각기 다른 관계 환경에 따라 애착 적응이 뒤섞이는 현상도 가능하다. 대체로 안정 애착으로 살다가 특정한 자극을 받으면 일시적으로 불안정 애착으로 전환될 수도 있다.

고정되어 있든 아니든 인간의 애착 체계는 조절 장애를 일으킬 수 있다. 신경계도 비슷해 교감신경이 너무 흥분하거나 부교감신경이 너무 차단되면 조절 장애가 일어난다. 특히나 혼돈형은 극심한 스트레스 상황에서 자율신경계가 양극단 사이를 빠르게 오갈 수 있다. 그 결과 체온이 급격히 변하거나 식욕 조절 장애를 앓게 된다(너무 적게 먹거나 너무 많이 먹는다). 성에 대한 관심이 극도로 약해지거나 강해질 수도 있고, 기절을 하거나 경직 반응으로 움직이지 못할 수도 있다.

혼돈 애착을
만드는 요인들

혼돈 애착에 적응한 사람들을 보면 회복탄력성의 범위에서 극과 극 상태를 오가는 복잡한 상황이 눈에 띌 것이다. 혼돈형은 관계를 차단하고 울음 신호를 완전히 껐다가도 과도하게 흥분하고 울음 신호를 항상 켜놓을 수 있다. 애착 체계가 위협 반응과 단단히 얽혀 있기 때문이다. 정말로 고통스러운 경험이다. 때로는 스트레스가 높아지고 위협을 느끼면 두려움에 휩싸이고 위축되는 "회피 혼돈형"이 될 수도 있다.

내 내담자였던 하우이는 아버지가 술만 마시면 목청이 커지고 화를 냈다고 말했다. 하우이가 유소년 야구단 경기 중 공을 놓치거나 스트라이크를 당했을 때, 아버지가 자신에게 고함을 쳤던 기억은 특히 생생했다. 그럴 때면 아버지는 연결을 끊고 며칠이나 쌀쌀맞게 행동했다. 이 기억은 아버지가 술에 취해 분노를 터뜨리던 기억들을 압축하는 듯했다. 이제 하

왜 내 사랑은 이렇게 힘들까

우이는 큰 목소리만 들어도 위협 반응이 일어나 도피, 해리, 우울, 위축에 빠졌다.

위협을 느낄 때 타인에게 달라붙는 "양가 혼돈형"도 있을 수 있다. 이들은 끈질기게 확신을 받기 원하고 버림받을까 지나치게 걱정한다. 내 동료였던 셸리는 친구 디디가 스페인 여행을 가서 사흘간 연락이 없자 계속 문자를 보냈다. 갈수록 횟수가 늘고 더 집요해졌다. 어린 시절 어머니에게 버림을 받았던 셸리는 디디와 연락이 끊기자 두려워졌다. 친구가 왜 그렇게 다급하게 구는지 몰랐던 디디는 결국 그만 좀 하라고 답장을 보냈고, 셸리는 거부당하는 최악의 악몽을 다시 경험하게 되었다. 두 친구는 셸리의 애착 트라우마를 이해하고 나서야 우정을 되찾을 수 있었다.

실제로 일어났든 느낌에 불과하든 위협은 신경계를 자극하고 대부분의 시간 동안 이 상황을 감당할 수 없다는 느낌을 준다. 안정적이고 친밀한 관계 속에서는 안전하다는 느낌이 들기 마련이다. 하지만 이런 만성 조절 장애가 계속될수록 혼돈 애착에 적응한 사람들은 그와 같은 관계를 맺거나 유지하기 힘들어진다. 기억해야 할 점은 혼돈 애착이 상황에 따라 발생하며 이 경우 특정한 촉발 요인 몇 가지가 고통을 불러일으킨다는 것이다. 그러다 트라우마를 촉발했던 계기가 사라지면 위협 반응의 지배를 받지 않고 안정 애착이나 회피 애착, 양가 애착을 되찾을 수 있다.

2장에서 소개한 "낯선 상황" 연구에서 메리 에인스워스는 그때까지 확인했던 세 가지 애착 유형(안정형, 회피형, 양가형)과 맞아떨어지지 않는 일부 아이들의 행동을 발견했다. 일반 범위를 벗어난 애착 유형에 가장 먼저 집중한 에인스워스는 이 애착 유형에 "혼란형disoriented(적절한 설명이라 본다)"이라는 이름을 붙였다.[2] 이 연구에서 혼란형 아이들은 방으로 돌아온 어머니에게 달려갔지만 거리가 가까워지자 갑자기 방향을 돌리고 달아나는 모습을 보였다. 빙글빙글 뛰는 아이, 바닥에 몸을 던지는 아이, 좀비처럼 제자리에 얼어붙은 아이, 어머니를 때리는 아이도 있었다. 마치 위협 반응이 갑자기 켜진 것만 같았다.

메리 에인스워스는 추가 조사를 통해 아이들의 이런 행동이 대부분 유년기의 학대나 폭력과 관련이 있음을 발견했다. 알고 보니 내 내담자들 중에도 위협적인 행동을 하지는 않아도 해소되지 않은 트라우마를 안고 사는 부모 밑에서 자란 경우가 많았다. 이 부모들은 주변에 두려움의 영역을 만들었고 그 영역은 아이와의 건강한 애착 형성에 방해물로 작용했다. 아이들은 애착에서 분리되는 법을 배웠다.

안정형 아이들은 속상하거나 위험하다고 느낄 때면 부모에게 달려간다. 그러나 부모라는 존재가 위협적이라면, 애착 체계가 어떻게 발달할지를 상상해 보자. 양육자가 위험의 원천일 때 겁에 질린 아이들은 도망칠 곳이 없다. 얼마나 두렵

왜 내 사랑은 이렇게 힘들까

겠는가. 아직 자신의 신경계를 조절하지 못하고, 부모를 은신처 삼아 의지할 수도 없다. 굉장히 비극적인 이 상황은 인간의 생리에 근본적으로 혼란을 준다.

혼돈형 아이에게는 상충되는 두 가지 본능이 있다. 한편으로는 생존을 지향하지만, 다른 한편으로는 양육자의 도움을 받고자 한다. 애착 체계가 부모와 연결을 시도하려 하면 부모를 두려워하는 생존 본능이 발동해 모든 연결을 차단하는 것이다. 갓 태어난 아기에게는 이러지도 저러지도 못하는 상황이 만들어진다. 상호 조절을 위해 부모에게 전적으로 의존해야 하기 때문이다. 기본적인 안전은 말할 것도 없다.

자연에서도 이런 현상이 일어날까? 내가 아는 대부분의 동물은 같은 종 안에서 안전하다. 토끼를 예로 들어보자. 토끼는 포식이라는 기본적인 사실을 이해한 채로 설계되고 태어났다. 코요테, 부엉이, 강아지 등의 점심 식사가 되지 않으려 매일 위험한 삶을 산다. 하지만 굴에 돌아오면 긴장을 풀 수 있다. 다른 토끼를 두려워하지 않는다. 다른 토끼들과 있을 때는 경계할 필요가 없다.

그것이 토끼 세계의 기본 논리다. 포식자들과 같은 종인 토끼들 사이의 구분이 뚜렷하다. 다른 토끼들이 내게 달려들지 않을 것을 안다. 굴속이 안전하다고 믿을 수 있다. 가족들과 옹기종기 껴안고 대체로 아늑하게 지낸다. 그 안에서 무슨 일이 일어나는지 전부 알지는 못해도 수많은 토끼가 새로 태어난다는 사실만큼은 확실하다.

불행히도 우리 인간은 그렇게 말할 수 없다. 명백히 위험한 동물과 명백히 안전한 동물이 뚜렷하게 구분되는 토끼 세계의 기준이 우리에게는 해당되지 않는다. 인간 세계에서는 안전한 환경에서 살지 못하는 아이들이 너무도 많다. 믿을 수 있고 안전하게 보호해 주는 양육자 밑에서 충분히 좋은 육아를 받지 못하는 아이들도 많다. 혼돈형의 경우, 가장 보호해 주어야 할 부모가 아이에게 가장 큰 상처나 위협을 주고 있다. 토끼와 달리 우리 인간은 훨씬 더 혼란스러운 세계와 싸워야 한다.

따라서 메리 에인스워스가 확인한 것처럼 혼돈 애착의 가장 큰 요인은 두려움을 유발하는 부모다. 부모가 폭력적이거나 해소되지 않은 트라우마를 무수히 안고 살 때도 마찬가지다. 양육자가 아이에게 소리를 지르거나 때리거나 학대를 하지 않는다 해도, 가정에 지나친 공포, 분노, 혼돈 분위기를 조성한다면 아이의 애착 체계가 차단될 수 있다. 다음은 혼돈 애착을 만들어내는 그 밖의 요인이다.

1. 집에 분란이 있었다

재정 문제(이는 빈곤, 굶주림, 범죄, 질병 방치로 이어진다), 끊임없는 중독, 위험한 환경처럼 가정이 늘 혼돈 상태에 빠져 있을 요인은 많다. 항상 방해를 받거나 신뢰할 수 없다는 느낌이 들 때 아이들은 어디서든 안정감을 느끼지 못한다. 두려움과 혼돈이 일상인 생활은 안정 애착을 경험하는 데 도움이 되지 않는다.

2. 부모의 감정이 불규칙했다

혼돈 애착에 기여하는 부모는 감정 상태의 변화가 극과 극을 오간다는 특징도 있다. 예를 들어, 행복하게 있다가도 트라우마가 자극되면 예고도 없이 폭력적으로 분노를 터뜨리거나 주체할 수 없는 눈물을 흘린다. 한 내담자는 반응이 아주 강한 어머니의 이야기를 들려주었다. 어머니는 식탁에 우유를 흘렸거나 문고리에 걸어둔 재킷을 치우지 않는 것처럼 사소한 잘못으로도 화를 내며 꾸짖다가도, 상냥한 이웃이 갑자기 찾아오면 언제 화를 냈냐는 듯 순식간에 행복한 표정을 지었다. 부모가 이처럼 비일관적으로 자신을 표현하면 자녀에게 깊은 혼란을 일으킬 수밖에 없다.

3. 커뮤니케이션이 혼란스러웠다

모순적인 명령, 이중 잣대, 혼합 신호("이리 와"와 "저리 가"라는 메시지를 동시에 준다)도 아이에게 근본적으로 혼란을 주는 요인들이다. 이처럼 부모가 실패할 수밖에 없는, 해결 방법이 없는 문제를 만들어 버리면 자녀는 커서도 그 영향에서 벗어나지 못한다. 실패할지도 모른다는 두려움에 새로운 시도를 하지 않을 수 있다. 수치심은 창의력을 가로막고 단순하거나 복잡한 문제의 해결 방안을 찾아내는 능력을 저해한다. 이렇게 자란 아이는 타인의 권위에 무조건 복종해 '자신'에게 무엇이 옳은지 깨닫는 인식을 개발하지 못한다. 자신의 욕구, 재능, 목표를 알아보지 못할 수도 있다.

내 내담자였던 프리다의 사례를 한번 보자. 프리다의 어머니는 토요일만 되면 프리다가 청소 같은 집안일을 하기를 바랐다. 물론 그것이 잘못은 아니다. 하지만 청결에 관해서는 완벽주의자였던 어머니는 프리다의 행동 하나하나에 흠을 잡았다. 집안일을 하는 순서가 올바르지 않다고, 제대로 된 도구를 사용하지 않는다고 했다. 아니면 일 자체를 전부 잘못하고 있다고 했다. 프리다가 명확한 설명이나 지도를 부탁하고자 "청소기부터 돌릴까요, 먼지부터 털까요?"와 같은 질문을 했을 때 어머니는 직접적인 답을 주는 법이 없었다. 그냥 이렇게 말하고는 했다. "여태껏 이 집에 살았으면 그 정도는 전부 알아야지."

글쎄, 프리다는 알지 못했다. 매주 잘못하고 있다는 말을 들었기 때문이다(어머니 말로는 말이다). 훗날 어른이 된 프리다는 자신이 집이나 사무실의 정리 정돈을 잘 못한다는 점에 고민이 많았다. 어차피 제대로 하지 못할 텐데 시도할 이유가 있나? 이렇게 느낀다고 했다. 잠깐은 정리를 할 수 있었지만 다시 포기하고는 했다. 자신은 실패하게 되어 있다고 느꼈다.

위의 내용들을 읽으며 여러분의 가정환경이 떠올랐다면 위협과 위험이라는 감각이 삶의 원동력이었을 가능성이 크다. 현재 여러분의 삶에서 가장 두드러지는 애착 유형이 아주 오래전의 경험에서 비롯되었을지 모른다는 사실도 잊지 말아야 한다. 기억을 형성하기도 전, 무슨 일이 있었는지 이야기를 구성하기도 전에 일어난 일이다. 생리적으로 안전하다는 감각을 많이 받지 못했다면 그런 성장 과정은 지속적인 걸림돌로 작용할 것이다.

그래서 지금부터는 보호를 받고 안기는 감각을 느끼게 해줄 교정적 연습을 소개하려 한다. 믿기 힘들겠지만 고통스럽고 혼란스러운 유년기를 보낸 사람도 근본적인 안전감을 기르고 되찾을 수 있다. 그래도 미심쩍다면 다음 실습을 해보고 어떤 변화가 일어나는지 확인하자.

함께 해보기 | '유능한 보호자' 찾기 혹은 되기

적당한 자리를 찾아서 앉는다. 심호흡을 몇 번 하며 긴장을 풀고 그곳에 앉아 있는 몸의 감각을 느낀다. 바닥에 닿은 발과 의자에 앉은 둔부를 의식한다. 어떤 느낌인가? 발가락을 꼼지락거리며 편안히 자세를 취하고 신체적 감각에 귀기울인다. 의자가 어떻게 내 몸을 완전히 지탱하는지도 확인한다. 지금 당장은 아무것도 할 필요 없다. 그저 가만히 앉아 주의를 기울여 이 실습을 한다.

이제 과거의 관계를 살펴본다. 4장을 읽으며 떠올랐을 상처가 아니라 그 반대를 떠올린다. 누구든 좋으니 지금까지 살아오면서 여러분을 진심으로 보호하고 안전하게 지켜주었던 사람을 기억해 보자. 잠깐이라고 해도 곁에 있어주었던 사람 말이다. 말없이 수동적으로만 돌보아 준 사람은 빼야 한다. 확실한 태도로 여러분을 위해 행동했던 사람, 혹은 자신을 지키려는 여러분에게 힘을 주었던 사람을 찾는다. 실제 도움이 되는 방식으로 여러분의 뒤를 받쳐주었다는 면에서 이 사람은 "유능"했다.

이제 이 사람을 방으로 초대한다. 조부모, 교사, 멘토, 친구, 강아지 등 그가 어떤 존재인지는 중요하지 않다. 낯선 사람도 가능하다. 이 사람이 여러분에게 해주었던 행동이 눈에 보인다. 이는 일회성이 아니라 주기적인 행동이었을지도 모른다. 그에게 의존할 수 있다는 사실을 안다. 안전한 곳으로 도망치고 싶을 때 그 사람은 그곳에 있을 것이다. 이 사람을 인식하니 어떤 기분이 드는가? 지지를 받는다는 느낌이나 감각이 어디에, 어떻게 느껴지는가? 몸이 조금 더 따뜻해지는가? 가슴이 더 활짝 열리는 느낌인가? 척추가 길어지는가?

내 내담자였던 데브라는 아는 사람 중에 누구도 떠오르지 않았다. 하지만 불안 증세와 성장통으로 병원을 찾아가 어머니와 진료실에 함께 있었던 때를 기억했다. 의사는 데브라를 진찰하며 얼굴이 점점 더 심각해지더니 한참 후 어머니를 돌아보며 아주 직접적으로 말했다. "이 아이 그만 때리십시오." 처음에는 어머니가 집에서 늘 하는 행동대로 의사를 공격할 줄 알았다. 하지만 어머니는 이렇게 말할 뿐이었다. "아, 네. 그만할게요." 의사와 어머니의 짧은 대화는 그때까지 이어지던 가정 폭력에서 데브라를 벗어나게 해주었다. 데브라는 이 실습을 하는 동안 그 의사를 기억해냈고 짧지만 의미 있었던 대화로 그가 자신의 삶에 얼마나 깊은 영향을 미쳤는지 깨달았다.

살면서 이런 사람을 만나지 못했을 수도, 만났지만 기억하지 못할 수도 있다. 그래도 괜찮다. 유능한 보호자를 소환하는 방법은 많으니 여러분에게 효과적인 방법을 찾으면 된다. 소설이나 영화에서 인상적이었던 캐릭터를 떠올릴 수 있다. 전형적인 전사 캐릭터가 대표적이다. (내담자들은 〈브레이브하트Braveheart〉의 멜 깁슨 캐릭터나 〈보통 사람들Ordinary People〉의 저드 허슈 캐릭터를 선택했다.) 보호 에너지를 대표하는 사람이면 누구든 생각해 보자.

칼리라는 내담자는 자신의 수호자로 원더우먼을 택했다. 심지어 원더우먼 사진을 출력해 차와 집 안에 (욕실 거울에도) 붙이기까지 했다. 볼 때마다 원더우먼의 놀라운 힘과 능력을 떠올리기 위해서였다. 칼리는 특히 원더우먼이 가지고 다니는 진실의 올가미에 공감했고 그녀에게 거짓말을 하고 학대를 하는 사람에게 상상으로 그 무기를 사용했다. 슈퍼맨, 터미네이터, 헐크, 여전사 지나를 선택한 내담자들도 있었다. 알고 있던 동물이나 강인함과 보호를 상징하는 동물인 사자, 곰, 용 등을 선택하기도 했다. 무엇이든 좋으니 여러분과 잘 맞는 느낌의 전형적인 전사를 찾아보고 공감해 본다. 그런 경험을 통해 보호를 받는 감각적 느낌에 다가가고 그 느낌을 불러일으켰으면 좋겠다.

가상의 캐릭터를 포함해도 떠오르는 존재가 하나도 없다면 여러분만의 이상적인 보호자를 무에서 창조해도 좋다. 본인에게 효과가 있다면 수호천사 같은 영적 수호자를 떠올려도 괜찮다. 보호자가 누구든 (무엇이든) 다음의 질문을 떠올려보라.

그는 어떤 자질을 자랑하는가? 어떤 모습을 하고 있는가? 어떤 식으로 말을 하는가? 여러분의 어디에 서 있나? 앞에? 뒤에? 아니면 옆에? 늘 곁에 두고 싶었던 사람인가? 아니면 필요할 때 딱 맞게 나타난 사람인가? 한 명 이상인가? 아예 군대가 뒤를 지키고 있는가? 경비견 두 마리가 앞에 있고? 조금 더 깊이 파고들며 자신의 수호자를 최대한 상상한다. 유능한 보호자가 있다는 가능성의 감각을 받아들일 때 여러분의 경험에는 어떤 변화가 일어나는가? 조금 더 편안해지고, 안도감을 느끼고, 자세가 똑바르게 변할 수 있다. 어린 시절 충분히 보호받지 못했다는 사실에 슬퍼질지도 모른다. 보호 에너지를 받을 수 있게 된 지금의 경험을 최대한 많이 흡수하자.

여러분이 누군가에게 보호 본능을 느끼고 그 사람을 보호해주었던 때를 생각할 수도 있다. 위험한 가정에서 자란 사람 중에는 다른 사람을 안전하게 잘 지키는 경우가 많다. 보호를 받지 못하고 자란 이들은 다른 사람에게 강력한 보호자가 되어준다. 그야말로 돌을 황금으로 바꾸어 세상에 선사하는 사람들이다. 보호

왜 내 사랑은 이렇게 힘들까

대상은 자녀나 반려동물이 될 수도 있다. 자신이 속한 공동체나 전 세계 수많은 난민을 돕기도 한다. 여러분도 보호 에너지를 내뿜는 사람들에게 공감이 가는지 생각해 보라. 여러분이 보호자가 되는 것이다. 누구도 다치지 않게, 무력감을 느끼지 않게, 트라우마가 생기지 않게 지켜줄 수 있다.

이 역할에는 생리적으로 옳고 필요하다는 느낌이 있다. 세상을 구하고 모든 사람을 보호할 수 없다는 사실은 안타깝지만 우리는 다른 사람을 안전하게 지키고 싶다는 천부적인 정당성을 강하게 느낀다. 다른 존재를 보호하고 싶다는 충동, 고통스러워하거나 곤경에 빠진 사람을 보살펴 주고 싶다는 충동을 느꼈을 때 몸에서 어떤 변화가 일어나는가? 기분이 어떤가? 이리저리 움직이며 경험을 최대한 깊이 느껴본다.

자, 이제 여러분의 아이를 보호하고 있다고 상상해 보자. 아이의 유능한 보호자로서 존재한다는 사실을 알았을 때 어떤 기분이 드는가? 여러분은 파수꾼처럼 아이를 지켜보고 있다. 아이는 일이 잘못되더라도 자신을 사랑하고 보호해 주는 여러분이 아무 조건 없이 대신 나서줄 것이라 확신한다. 아이는 몸에서 어떤 감각을 느낄까? 안전하다는 깊은 감각적 느낌을 어떻게 경험할까?

이 모습을 목격하는 아이가 되었다고 상상하며 이 실습을 해 볼 수도 있다. 즉 성인인 여러분이 어린아이인 자신을 보호하는 것이다. 보호자로서 유능한 자신을 보았을 때 두려운 상황에 처했던 내면의 어린아이는 어떤 생각을 하는가? 어떤 이는 자기 내면의 어린아이가 과도하게 주변을 경계하던 버릇을 갑자기 고쳤다고 느꼈다. 이제는 위험을 탐지할 필요가 없어졌기 때문이다. 그 부분을 책임져 주는 성인이 있으니 조금은 긴장을 풀고 살 수 있다. 여러분의 상상에도 그런 일이 일어나는지 보자. 이 가능성을 최대한 명료하게 인식해 본다.

내면의 또 다른 나를 찾을 수도 있다. 그는 다른 이들을 보호하는 내 모습을 쭉 지켜보고 있다. 이 자아는 이 세상에 보호자들이 실제로 존재한다는 느낌을 받는다. 내면의 이 관찰자가 되어 안전감과 보호감을 느끼는 기분이 어떤지 생각해 보자.

이런 상상을 하며 어떤 변화가 일어나는가? 내면의 어린 자신에게 다가가 본다. 잔뜩 힘을 주고 긴장하다가 편안해지는 신체 부위가 있는가? 이 파수꾼이 나를 지켜보고 있다는 상상을 하자 조금 더 태평한 마음이 드는가? 어른이 된 내가 이런 식으로 나를 보호할 수 있다는 사실을 알고 어린 나는 어떤 기분을 느끼는가? 내면의 약한 아이와 보호하는 성인을 하나로 이어준다. 그러면서 나타나는 안도감이나 안전감을 느껴본다.

어떤 단계든 이 실습을 할 때는 몸에서 일어나는 변화에 주의를 기울여야 한다. 어깨가 조금 내려가는 느낌, 피부가 조금 따뜻해지는 느낌이 들 수 있다. 호흡이 더 편안하고 깊어질 수도 있다. 한동안은, 아주 잠깐이라 해도 실제로 안전하다는 느낌이 들 것이다. 최소한 내 삶에 보호와 안전이 존재한다는 가능성을 느낄 수 있다.

실습을 마무리할 준비가 되었다면 어떤 식으로든 주변 환경으로 주의를 돌리자. 실습을 할 때 눈을 감는 것을 선호한다면 (시각화에 더 효과적이라는 사람들이 있다) 이제 눈을 뜨고 방 안을 둘러본다. 현재의 순간과 공간을 확인한다. 실습을 어떻게 끝내든 반드시 여러분의 몸과 다시 접촉해야 한다. 특히 의자와 바닥에 닿는 부분에 신경 쓴다. 천천히 접지한 후 일상으로 돌아간다.

이 실습을 한 후에, 혹은 실습을 주기적으로 한다면 실습과 실습 사이에 확인할 점이 있다. 이렇게 보호자가 내 편에 있다는 연습을 하고, 여러분의 삶이 전반적으로 안전해졌다는 느낌이 드는지 알아보기를 바란다. 더 즐거워지고, 호기심이 생기고, 빨리 세상을 탐험하고 싶어졌다는 사람들도 있다. 경험이 어떤 모습으로 나타나든, 샘솟은 안전감에 몸을 맡기고 변화를 관찰한다. 자신에게 맞는 방법으로 그 안전감을 여러분의 삶에 점점 더 많이 받아들이도록 노력하자. 그러다 보면 일상에서도 안전하다는 느낌이 강해지며 여러분의 생리에 안전감을 되찾을 수 있다.

이런 사고가 어떤 효과를 발휘하는지 내 내담자였던 제프의 사례를 보자. 제프는 조카 라일리가 거친 친구들과 수영장에서 수영을 하는 동안 늘 조카를 감시했다. 분위기가 험악해질 경우를 대비해 "긴급 대기" 중이었고, 든든한 보호자가 있다는 사실을 아는 라일리는 걱정 없이 신나게 놀 수 있었다.

제프는 어린 시절 폭력적인 아버지에게 맞고 자랐었다. 나는 제프에게 물었다. 삼촌이 안전망이자 보호자로서 있다는 것을 알고 라일리는 어떤 느낌을 받았을까? 제프는 말했다. "아, 라일리는 제가 전적으로 자기를 지켜준다는 걸 알아요. 무슨 일이 생기든 저를 찾아올 거고, 저는 도와주러 가겠죠. 제가 현장에서 지켜보고 있기 때문에 대체로 아이답게 천진난만하게 놀 수 있는 것 같아요."

이후에는 이런 상상을 해보라고 부탁했다. 내면의 어린 제프는 다정한 성인이 된 자신을 보고 자신이 얼마나 훌륭한 보호자가 되었는지 이해할 수 있을까? 제프는 겁에 질렸던 어린 시절의 자신을 만나는 데 익숙했다. "네, 제가 얼마나 커졌는지 알고 놀라고 라일리와 잘 지내고 있는 모습을 봅니다. 라일리는 정말 운이 좋은 아이예요."

그런 다음 나는 일곱 살짜리 제프에게 성인인 제프를 자신의 유능한 보호자로 받아들일 수 있겠느냐고 제안했다. 그렇게 하자 제프는 뿌듯함과 안도감으로 가슴이 벅차올랐다. 내면에서 찾은 차분하고 든든한 에너지를 받아들이는 동안 눈물이 조용히 흘러내렸다. 상처 입은 일곱 살 어린아이에게는 이제 자신을 지켜줄 어른 제프가 생겼다. 시간이 흐르고 트라우마를 치유하며 제프의 어린 자아는 성장해 성인인 제프와 조금씩 융합되었다. 서로의 상처를 어루만지며 두 제프는 가지고 있는 능력을 확장하고 보존했다.

브레이크와 액셀러레이터를
동시에 밟는 사람들

내 내담자였던 엘리는 심각한 가정 폭력의 피해자로 자란 사람이었다. 성인이 되어서도 감정을 잘 조절하지 못했고 관계 문제로 힘들어했다. 첫 시간에 서로를 알아가는 동안, 나는 충격을 받았다. 엘리가 털어놓은 사연은 대부분 위험한 상황을 배경으로 하고 있었다.

엘리는 위협에 직면할 때마다 도망치기는커녕 오히려 위험 속으로 걸어 들어가고는 했다. 별일 아니라는 것처럼 도시에서 제일 위험한 지역을 돌아다녔고, 주기적으로 폭력적인 사람과 사귀었다. 안타깝게도 어린 엘리의 인간관계에서 위험은 선택 항목이 아니었다. 매일 학교가 끝나면 폭력적인 아버지가 있는 공포의 집으로 걸어가야 했다. 그렇게 엘리는 자연스러운 위협 반응을 무시하며 하루하루를 살았다.

엘리의 트라우마를 치료하려면 우선 위협 반응을 재구성

해야 한다고 느꼈다. (위험에 다가가지 않고) 위험에서 멀어지는 법을 가르치기 위해, 나는 엘리에게 함께 있으면 안전하다고 느꼈던 사람들을 떠올려 달라고 했다. 우선 친구 폴이 있었다. 나는 폴이 곁에 있을 때 몸에 어떤 느낌이 드는지 추적해 보라고 했다. 엘리가 폴과 함께 있으며 느꼈던 안전하고, 반응이 빠르고, 마음이 편안해졌던 감각을 떠올리자 어떤 변화가 일어났을까? 엘리는 폴이 자신에게 베푼 다정한 행동들을 전부 기억하며 몸이 따뜻해지고 느긋해졌다. 그러면서 안전과 관련 있는 사람들과 상황을 구분할 수 있게 되었다.

다음에는 위험한 지역에 있을 때 몸에 어떤 느낌이 드는지에 관해 이야기했다. 그곳에서는 불량배들이 불쾌하게 힐끔거리고 추파를 던졌다. 한번은 떠밀린 적도 있었다. 치료를 받으며 엘리는 위험한 상황에서 생리적으로 마땅히 보여야 할, 두려운 반응 감각을 기르고 확인하기 시작했다. 위험한 상황에서 빠져나오거나 맞서 싸워야 할 때, 이런 위협 반응 신호가 필요한 것은 물론이다. 나는 치료가 아주 잘되고 있다고 느꼈다. 짧은 기간에 크나큰 진전을 이루어낸 기분이었다. 엘리는 안전감과 구분되는 위험을 다시 감지할 수 있었다.

하지만 일주일 후 두 번째 치료를 받으러 돌아온 엘리는 지난주 내 클리닉에서 나간 직후 일어난 일을 들려주었다. 엘리베이터로 향하던 엘리는 엘리베이터를 기다리는 남자가 무섭고 위험인물일 수 있다고 느꼈다. 나는 어떻게 했느냐고 물었다. 엘리는 (어린 시절 폭력적인 아버지가 있는 집으로 돌아가야 했던 것처럼) 그냥 남자와 엘리베이터를 탔다고 했다.

다음 엘리베이터를 기다린다거나 계단을 이용한다거나 남자가 갈 때까지 여자 화장실에서 기다린다거나 하는 생각은 미처 들지 않았다. 내 사무실로 돌아와 몸을 숨길 생각도 하지 못했다. 엘리가 그런 생각을 하지 못한 이유는 그런 행동이 설계도 원본과 어긋나기 때문이었다. 다행히 별다른 일이 일어나지는 않았고 우리는 치료를 계속하며 이 사건을 훌륭한 자료로 활용할 수 있었다. 엘리가 남자를 잠재적인 위협 인물로 파악했다는 것만으로도 다행이었다.

하지만 이제는 다음 단계로 나아가야 할 시간이었다. 엘리는 자신을 돌보는 선택지를 만들고, 자신을 보호하는 행동을 취해야 했다. 나는 엘리에게 다양한 선택지를 검토해 보라고 했다. 자신에게 이로운 선택을 내릴 수 있다는 자신감이 생길 때까지 하나하나 느껴보고, 연습하고, 안전한 행위들을 몸에 습득했다. 엘리가 본 남자가 실제로 위험했는지는 나도 모른다. 단순히 폭력적인 아버지를 둔 과거 때문에 그 남자를 위험하다고 보았을 수도 있다. 하지만 사실 여부는 중요하지 않았다.

엘리는 안전과 위협을 다시 구분해야 했고, 투쟁이냐 도피냐 하는 실질적인 위협 반응을 되찾아야 했다. 더는 어렸을 때처럼 위험 속으로 무턱대고 들어갈 수는 없었다. 결국에는 엘리도 위험에 반응하는 습관적인 패턴을 고치고, 안전을 지향할 수 있게 되었다.

이제 혼돈 애착의 방향을 돌리는 다른 방법들도 곧 알아볼 것이다. 엘리의 이야기는 하나의 사례로써, 성인이 되어서도 유년기의 시나리오에 따라 무의식적으로 행동하는 방식을 보여준다. 여기에는 자신에게 이롭지 않은 행동도 예외는 아니었다. 매일같이 가정 폭력을 당하며 유년기를 보내야 했던 엘리는 위협과 안전을 구분할 수 없을 정도로 위협 반응이 망가져 있었다. 혼돈 애착은 성인의 삶에 이런 식으로도 드러날 수 있다. 성인이 혼돈 애착을 보이는 그 밖의 모습들도 몇 가지 더 알아보자.

생존에만 특화된 뇌

인간의 애착 체계는 안전한 상황에서 제대로 기능하도록 만들어졌다. 그러니 자라면서 두려운 경험을 너무 많이 했다면 모든 것이 망가질 수 있다. 엘리는 안전한 상황과 위험한 상황을 구분하지 못하는 성향으로 혼돈 애착에 적응했다.

하지만 지속적으로 경계심을 발동하며 살았다면 정반대의 성향에 적응한다. 현실이든 상상에 불과하든, 위협에 대처하는 데만 과도하게 집중한다. 위험을 견뎌야 한다는 생각에만 사로잡혀 다른 이들과 연결되고 가치 있는 관계를 이루기 힘들어진다. 위협에 집중하는 성향에 무한 반복되는 격한 감정(즉 분노와 공포)까지 더해지면 문제는 더 심각해진다.

생리학에 따르면 생존과 관련된 뇌 영역이 이런 식으로 활성화될 때, 우리는 다른 사람과의 연결을 담당하는 뇌 영역으로 접근할 권한을 잃는다. 어린 시절 이런 상황에 자주 처했다면 대인 관계 기술이 좀처럼 발달하지 않고 어른이 되면서 관계를 맺고 유지하기가 더 어려워진다.

자기 몰두와 강한 통제력

혼돈형은 내면에서 일어나고 있는 극단적인 투쟁과 혼란으로, 자기 몰두 성향이 강한 편이다. 그처럼 강렬한 감정을 다스리려면 많은 시간 내면에 집중해야 하고, 이는 통제적인 행동의 모습으로 드러난다. 말하자면 나와 관련된 모든 사람과 상황을 감시하고 감독해야 한다고 느끼며 살아간다. 상황을 통제하지 못했을 과거에 안 좋은 일들이 일어났다면 통제권을 손에 쥐어야 한다고 느낀다. 통제적 행동은 웬만해서 좋은 소리를 듣지 못하지만, 내막을 생각하면 이해가 안 되는 것도 아니다.

트라우마에 직면한 아이는 아직 맞서 싸울 만큼 성장하지 못했고, 그냥 집을 나가 새로운 부모를 선택할 수도 없다. 지독한 곤경에 처해 빠져나오지 못하는 것이다. 그래서 상황만 통제할 수 있다면 안전해질 것이라고 믿으며 자란다. 그리고 나이가 들고 힘이 생길수록 실제로 상황을 관리하는 능력도 커진다. 다른 사람을 고도로 통제하는 법을 배우는 동안 자기 몰두 성향은 더욱 강해진다.

하지만 관계에서 이런 성향은 유쾌한 모습이 아니다. 성인 간에 원래 이래야 한다는 엄격한 기준을 가지고 관계를 맺는다면, 문제가 발생할 수밖에 없다. 파트너에게도 자기만의 느낌, 생각이 있고 맞서야 할 상처가 있기 때문이다. 혼돈형은 무의식적으로 자신과 주변 사람에게 트라우마를 일으키는 시나리오를 재창조할 수도 있는데, 이 또한 연결과 관계 자체를 통제하려는 수단일 것이다.

문제를 해결하기 위해서는 통제 욕구가 어디서 오는지 알고 가능한 한 다정하게 자신을 대해야 한다. 주변에 혼돈형이 있다면 그의 불편한 행동이 어떤 환경에서 비롯되었는지 떠올려보자. 그 사람을 이해하는 데 도움이 될 것이다.

통제력과 반대되는 강한 충동

흥미롭게도 혼돈형은 통제력이 바닥을 친 상태로도 살아갈 수 있다. 이들은 특히 감정을 통제하지 못한다. 감정 관리를 힘들어하다 보니 충동적으로 행동하는 경우가 많다. 극단적인 사례에서는 다른 사람과의 연결을 망가뜨리는 상황을 초래할 수도 있다. 건강한 확신을 가지는 대신, 지나치게 공격적이고 폭력을 휘두르기 쉬우며 늘 화가 나 있다.

모든 혼돈형이 이렇다는 말은 아니다. 하지만 삶의 모든 면을 통제해야 한다는 생각으로 괴로워하는 사람들과 달리, 정반대인 점이 흥미롭지 않은가. 이는 사람들이 회복탄력성의 범위나 관용의 창을 벗어나는 방법이 얼마나 다양한지도 보여준다. 이들은 고통에서 완전한 해리와 단절을 이루는 방법으로 "탈출구가 없는 탈출"을 하기도 한다. 마지막으로, 감정과 반응을 다스리기 힘들어하는 특성은 어린 시절 상호 조절의 중요성도 보여준다. 일찍이 상호 조절을 배워야 커서도 자기 조절을 할 힘이 생긴다.

끊임없는 실패 의식

부모가 혼란스러운 커뮤니케이션을 지속적으로 할 때, 특히 이것이 아이에게 실패감을 심어주는 의사소통일 경우 아이는 자아 존중감이 부족한 채로 성장하고 크든 작든 삶의 어려움에 직면했을 때 실패자가 된 느낌을 받는다. 이렇게 느끼는 혼돈형들은 새로운 시도를 좋아하지 않는다. 해보았자 실패한다고 확신하기 때문이다. 처음부터 해결할 수 없는 문제로 보일 수도 있다.

자연히 크면서 곤란해지는 일이 많다. 학교와 직장에 다니다 보면 주기적으로 문제에 부딪히고 문제를 해결해야 하기 마련이다. 이 증상은 위협 반응의 생리 구성과 비슷하다. 오랜 시간 두려움이 쇄도했다면 문제에 집중하거나 적극적으로 문제를 해결하기 어렵다.

안정 애착을 이루었다고, 안정 애착의 안식처에 들어갔다고 해서 안전이 보장되지는 않는다. 성장하고 위험을 감수하고 힘을 키우는 것보다 안전이 중요하다고 말하고 싶지도 않다. 하지만 은신처가 생기면 더 자신감 있게 세상에 나가 즐길 수 있는 토대가 마련되는 것도 사실이다. 나만이 줄 수 있는 선물로 이 세상에 기여할 수 있다. 실패와 거부에 대한 두려움이 너무 강해 꽃을 피우지 못하는 재능이 너무 많다. 은신처가 있으면 문제와 어려움을 뚫고 나아갈 수 있다. 옴짝달싹 못 하게 만드는 제약에서 벗어나 능력을 펼치고 힘을 키울 수 있다.

내면의 갈등과 혼란

혼돈 애착은 인지적, 감정적, 신체적 혼란에서 출발한다. 혼돈 애착의 근본적인 문제가 두 가지 천부적인 충동 사이의 끊이지 않는 갈등에 있는 만큼, 일리 있는 말이라 할 수 있다. 우리는 본능적으로 타인과 연결되고자 하는 욕구를 느끼지만 한편으로는 위험을 피하고 생존하도록 설계되었다. 최초의 패턴에 두려움이 너무 많았다면 관계가 근본적으로 위험하다고 느낄 수 있지만, 그러는 동시에 연결을 갈망한다.

보통 이 모순은 이해하기 어려운 모습으로 우리 앞에 나타난다. 친밀감과 연결감을 나누고 싶다가도 어느 순간 트라우마나 두려움이 촉발되어 일이 끔찍하게 잘못될 것이라 느긴다. 친밀감 자체가 최초의 애착 시나리오에 있던 위협 감각을 자극할지도 모른다. 이럴 때면 접근-회피 상태에 빠지고 본인이나 파트너에게 상당한 혼란을 준다.

앞에서 이야기했듯이 애착 체계는 언제나 작동하고 있다. 파트너와 서서히 서로 의존하기 시작하면 두 사람은 서로의 주 애착 대상이 되고 관계를 잃지 않는다는 믿음이 커진다. 그리고 애착 체계가 상대를 영구적인 존재로 인식하는 과정에서 이전의 주 애착 대상의 기억들과 연결될 수 있다.

처음에는 관계가 원만하게 흘러간다. 하지만 친밀감이 어느 정도 이상으로 깊어지면 이미 존재하는 혼돈 애착이 위험을 자극할 수 있다. 친밀감과 연관된 촉발제들이 갑자기 튀어나오고 얼마 전까지만 해도 편안하게 느꼈던 파트너를 두려워하게 된다. 대부분은 특정한 사연도 없는 신체 기억의 짓이다. 깊이 사랑했던 사람이 하루아침에 두려운 대상으로 바뀌고 이런 변화는 양쪽 모두에게 큰 혼란을 안긴다.

위협받은 생존 본능의 경직 반응

경직 반응은 혼돈 애착의 대표적 특징이지만, 애착 유형을 불문하고 심각한 트라우마를 경험한 사람들에게서도 흔히 찾아볼 수 있다. 애착 체계가 생존 본능과 어긋날 때 뒤이어 경직 반응이 일어난다. 경직 반응에 관해 여러 가지 표현을 접해보았을 것이다. 피터 레빈은 "긴장성 부동tonic immobility"

이라는 용어를 사용하고,[3] 스티븐 포지스는 "등쪽미주신경 경직dorsal-vagal freeze"이라 부른다.[4] 경직 반응은 아주 격앙된 상태로, 앞으로 나아가고 싶은 마음과 도망치고 싶은 마음이 동시에 든다.

그렇게 운전하려 한다고 상상해 보라! 한쪽 발은 액셀러레이터에, 한쪽 발은 브레이크에 올리면 어떤 일이 벌어지겠는가? 엔진이 쉴 새 없이 돌아가고 차는 뜻대로 움직이지 않는다. 차에 탄 사람들은 어디에도 가지 못하고 결국에는 엔진만 타버릴 것이다. 밖에서 보면 움직이지 않는 차에 누군가 앉아 있는 것처럼 보인다. 그 사람은 편안해 보일 수도 있다. 하지만 상황을 더 자세히 관찰하면 대조적인 충동에서 비롯된 엄청난 긴장이 보인다.

교감신경계는 강력하게 행동하고 방어하기를 원한다. 반면 부교감신경계는 브레이크를 밟으려 한다. 경직 반응은 겉보기에 정적이고 수동적인 느낌을 주지만 사실은 굉장히 흥분한 상태다. 두려움, 해리, 부동이 가득한 채로 "굳어져 버린" 극단적인 상태를 말한다. 심하면 마비도 온다. 이 상태에서 많은 사람들이 듣거나 말하는 능력을 상실한다(후두와 내이를 자극하는 신경이 실제로 차단될 수 있다). 적어도 혼돈형은 경직 반응이 일어났을 때, 고통을 전달하고 그 상황에 현존하는 데 어려움을 겪을 수 있다.

혼돈형이 의식적으로 경직 반응을 선택하지는 않는다. 압도감을 느낄 때 언제든 일어날 수 있는 반응일 뿐이다. 내 내담자였던 어맨다는 어린 시절, 수도 없이 폭력적인 분노를 터뜨리던 어머니 때문에 괴로워했다. 어맨다는 어머니가 화를 내는 도중에 간혹 경직 반응을 일으켰고 언니는 그런 어맨다를 "좀비 소녀"라고 부르기 시작했다.

위협에 직면했다고 느낄 때 우리는 헤드라이트를 본 사슴처럼 몸이 얼어붙을 수 있다. 스티븐 포지스는 이처럼 심각한 생리적 상태를 죽음을 대비하는 우리 몸의 선천적인 반응과 연관 짓는다.[5] 경직 반응이 오래 계속되는 상황은 당연히 이상적이지 않다. 인간은 안정 애착의 작용에 따라 교감신경계와 부교감신경계가 원활하게 조절되고, 함께하는 시간과 혼자 있는 시간 사이를 물 흐르듯 전환하도록 만들어졌다. 하지만 트라우마는 두 가지 작용 모두 심각하게 방해할 수 있다.

망가진 경계 감각을 복구해야
깊은 안전감이 살아난다

그나마 다행인 점은 생존 욕구에서 애착 체계를 떼어놓을 수 있다는 사실이다. 지금부터는 여러분의 혼돈 패턴을 격파하는 방법들뿐만 아니라, 혼돈 애착으로 힘들어하고 있을 주변의 소중한 사람들을 도와줄 도구들도 알아보려 한다. 그뿐만 아니라 안전과 보호를 경험하는 감각을 되찾도록 몇 가지 실습들도 더 소개하겠다. 이제 긴장을 푸는 법을 배우고 안전한 사람들과 연결하기 위한 애착 체계를 자신에게 가르쳐 보자. 그러는 동시에 위협과 위험으로부터 나를 지켜보자.

경직 반응과 맞서 싸우는 법

나는 경직 반응을 경험하는 내담자를 만나면, 그를 강렬한 생리적 상태로 몰아붙인 두려움이 어떤 일로부터 생겼는지를 사실을 먼저 확인한다. 거기서 출발해 흥분을 가라앉히고 다시 움직일 수 있게 하는 다양한 기법들을 적용한다. 경직 상태는 곧 에너지를 보존하는 상태이기 때문에 우리 몸은 산소의 흡입량을 줄인다. 즉 숨을 깊이 쉬지 않고 있다는 뜻이다. 그래서 경직 반응에 빠진 사람은 심호흡으로 큰 도움을 받을 수 있다.

하지만 강한 안전감을 되찾는 방법이 훨씬 더 효과적이고, 그렇게 되면 정상적인 호흡도 알아서 되돌아온다. 경직 반응은 차가운 감각, 무기력, 우울과도 연관이 있을 수 있다. 때로는 해리 상태에 빠지기도 한다. 이런 증상이 나타났을 때는 몸을 이리저리 움직이면 좋다. 아무리 적은 움직임이라 해도 경직 반응에서 풀려나게 도와줄 것이다.

케이티라는 내담자는 과거에 심한 트라우마를 경험한 적이 있었다. 치료의 첫 번째 목표는 케이티가 기본적인 경계의 감각을 되찾게 돕는 것이었다. 그래서 케이티를 바닥에 앉히고 털실로 케이티의 주위에 선을 그렸다. 이곳이 안전지대라는 의미였다.

시작은 좋았다. 케이티는 이 실습으로 기본적인 보호의 느낌을 다시 익히기 시작했다. 내가 안전지대 안으로 조심스럽게 들어갔을 때 케이티가 어떻게 느끼는지 알고 싶었고, 케이티와 합의해 그쪽으로 장난감 공을 굴리기로 해보았다. 이상하게 들리겠지만, 애착 트라우마 치료를 어렵게 만드는 문제는 대부분의 트라우마가 무의식중에 일어난다는 데 있다. 그래서 우리는 때때로 몸에 무엇이 입력되었는지 볼 수 있는 상황을 만들고, 그 지점부터 문제를 해결해 나갈 수 있다.

이 사례에서 나는 케이티에게 미리 알린 후, 케이티 쪽으로 장난감 공을 천천히 굴렸다. 첫 번째 시도에서 케이티는 무해해 보이는 "침범"에 반응해 패닉에 빠지고 경직 반응을 일으켰다. 이 반응은 케이티가 어린 시절 반복적으로 경험했던 것에 관해 많은 정보를 알려주었다. 알고 보니 케이티는 안전에 대한 감각이 전혀 없었다. 곁에서 케이티를 지켜주거나 방어 반응을 기르게 도와준 사람이 없었다.

그래서 우리는 몇 가지 신체적 반응을 연습했다. 나는 케이티에게 손과 팔을 이용해 공이 안전지대에 들어가지 못하게 막아보라고 했고, 케이티는 몇 번의 시도 끝에 가까이 온 공을 멀리 쳐내는 연습을 할 수 있었다. 이렇게 기본적인 반응 운동성 방어 행동을 시도하며 케이티는 힘을 얻었고, 나중에는 이 게임을 즐기게 되었다.

대부분의 사람에게는 대단하지 않은 일이겠지만 케이티에게는 달랐다. 습관적인 부동과 해리 반응에서 벗어나는 의미 있는 변화였기 때문이다. 케이티는 수동적인 반응이 아니라 힘 있고 적극적인 반응을 보이기 시작했다. 시간이 흐르며 교감신경계에 접근할 수 있었고, 비유하자면 부교감신경계의 브레이크를 풀어낸 것이었다.

케이티는 스스로를 보호하고 방어하는 행위를 더 많이 배

왜 내 사랑은 이렇게 힘들까

우고 다른 사람에게 다가가는 제스처들도 학습했다. 스트레스를 받았을 때 경직 반응 말고도 선택할 수 있는 반응이 점점 늘어나고 있었다. 피터 레빈이 내게 가르쳐준 것처럼, 강렬한 감정 상태를 건드리기 전에는 절차 기억에 접근해 방어 반응들을 활성화하는 과정이 중요하다. 이렇게 하면 강렬한 감정에 대처하는 데 필요한 힘과 도움을 얻을 수 있다.

한편 우리가 다른 사람과의 관계에서 습관적이고 무의식적으로 드러내는 방어 반응들도 있다. 스스로 인식하지 못하는 제스처 말이다. 누군가와 가까워지고 싶지만 우리 몸이 내보내는 신호는 그 사람을 쫓아 보내고 싶은 것처럼 보이게 한다.

또 다른 내담자 제임스는 사회복지사였다. 가족을 대상으로 심리치료를 했고, 아이들을 아주 잘 다루었다. 그러나 성인에게는 쉽게 다가가지 못했는데, 특히 여성은 제임스에게 두렵고 수수께끼 같은 존재였다. 제임스는 여성과 평생 친밀한 관계를 잘 맺지 못했고 자신에게 그럴 능력이 없다는 의심이 생기던 참이었다. 사랑 이야기를 다루는 방송 프로그램을 즐겨 보았지만 직접 연애를 해본 적은 없었다.

그래서 나는 제임스에게 물었다. 지금껏 살아오면서 신뢰한 사람이 있는지? 그의 편을 들어줄 사람은 누구인지? 누구와 가장 강한 연결감을 느꼈는지? 제임스는 즉각 친구 론을 떠올렸다. 제임스와 론은 어떤 일이든 함께했고 서로 정말 즐거운 시간을 보냈다.

이번에는 다른 공으로 실험을 해보았다. 나는 운동에 쓰는 커다란 공인 짐볼을 들고 사무실 문을 열었다. 공을 들고 복도를 걷는 동안 제임스에게 이 공이 친구 론이라고 상상해 보라고 했다. 그리고 내가 언제 그쪽으로 공을 굴리면 좋을지, 멈추어야 할 때는 언제인지도 알려달라고 했다. 공을 조금씩 가까이 가져갈 때 몸에 느껴지는 감각에도 주의를 기울이라고 주문했다.

제임스가 준비되었다는 신호를 보냈을 때, 나는 짐볼을 천천히 제임스에게로 굴리기 시작했다. 공이 아주 조금 가까워졌을 뿐인데 제임스는 의자에서 등을 활처럼 휘고 뻣뻣하게 팔을 뻗었다. 손가락을 쫙 펴고 방어를 하듯 손바닥을 들어 올리는 모습은 꼭 누군가를 안고 싶다거나 밀어내고 싶다는 느낌을 동시에 주었다.

이처럼 분명하게 드러난 신체적 반응을 생각해 보라고 했을 때, 제임스는 무슨 소리인지 이해하지 못했다. 방어적으로 팔을 내밀었다는 사실을 아예 인식하지 못했다. 이 행동은 자신을 보호하려는 움직임이 무의식적인 암묵 기억에 아직 남아 있다는 뜻이었다. 나는 이 제스처를 제임스에게 알려주고 함께 그 의미를 연구해 보았다. 그러고 나서 한참 후 실습을 다시 해보았는데, 이번에야말로 제임스는 자기가 어떻게 몸을 움직이는지 지켜보기로 작정했다.

내가 론을 나타내는 공을 조금씩 천천히 가져갔고, 전과 비숫한 거리에서 제임스는 또 그때 그 반응을 보였다. 하지만 이 번에는 자신이 자동적으로 팔로 취한 동작을 알아차릴 수 있었 다. 제임스는 깜짝 놀라 말했다. "보여요. 정말 론이 더 이상 가 까이 오기를 원하지 않는 것처럼 보이네요. 사실은 론을 좋아 하고 론이 곁에 있었으면 좋겠는데요." 하지만 제임스의 애착 반응은 론과 별 상관이 없었다. 무엇인지 모르지만 아마도 제 임스가 아주 어린 시절 일어났던 일에서 시작되었을 것이다.

나는 제임스에게 등을 활처럼 휘고 방어적으로 팔을 내민 후 그 자세를 유지하는 기분을 느껴보라고 했다. 제임스는 공 간을 필요로 하는 욕구가 자신의 몸에 박혀 있다는 사실을 알 수 있었다. 침범하는 존재를 막아야 한다고 느낄 만큼 욕구는 강했다.

눈치챘겠지만 지금 우리는 과거의 이야기를 캐내고 있지 않다. 물론 언어를 습득하기도 전에 일어난 사건을 발굴할 수 는 없겠지만 말이다. 제임스의 경우도 위협이나 침범과 관련 한 특정 기억을 찾지 못했다. 하지만 제임스에게는 그 느낌을 확인하는 것이 더 중요했다. 안전한 경계를 지키는 감각을 의 식적으로 정하고, 현재와 미래의 관계를 위해 연결 능력을 되 찾기 시작해야 했다.

제임스와 나는 경계를 만드는 제스처와 표현을 다양하게 찾아보고 애착을 부르는 제스처도 정해보았다. 방어하듯 팔 을 내밀며 "안 돼" 또는 "저리 가"라고 말하는 것처럼 말이다.

연결을 시도하고 받아들이는 의미로는 양팔을 활짝 벌리기로 했다. 나는 제임스에게 두 가지 제스처를 번갈아 가며 하라고 지시했고 그 느낌에 익숙해져야 한다고 말했다. 두 가지 모두 우리 인생에 필요한 반응이기 때문이다. 경계를 지키는 근육과 표현도 필요하지만, 그만큼 우리는 다른 사람들을 맞이할 수 있기를 원한다.

케이티와 달리 제임스는 두 번째 움직임을 이끌어내고 몸에 배도록 만들어야 했다. 그러면서 제임스는 생리적으로 론에게 마음이 열리는 것을 느낄 수 있었다. 그 결과 론을 더욱 반갑게 맞아주고 론과 함께하는 동안 더 큰 기쁨을 만끽할 수 있었다. 그러면서 다른 관계들을 즐기기 위한 문도 조금씩 열었다.

애착 패턴이 활성화되면 우리는 온갖 무의식적인 행동을 할 수 있다. 사랑하는 사람들을 경계 안에 들여보내려면 방어에서 환영으로 반응을 전환해야 한다. 물론 안전과 연결, 위험과 침범을 명확히 구분할 줄도 알아야 한다. 우리 몸에 내장된 두 가지 반응을 모두를 표현할 제스처가 필요하다.

케이티와 제임스의 사례를 소개한 이유는 내가 어떤 식으로 이 문제를 다루는지 여러분에게 느낌을 전하고 싶어서였다. 두 사람의 사례를 통해 여러분도 자기만의 치유의 길에 창의력을 발휘하고 싶다는 마음이 들었으면 좋겠다. 여러분만의 흥미진진한 아이디어를 개발해 안전감을 확대하기를 바란다. 또한 혁신적인 방법들로 여러분 주변에 있는 혼돈형을 도울 수 있었으면 한다.

경계 감각을 복구하는 법

앞에서 설명한 케이티의 사례는 한 사람의 경계 감각을 복구하고 재건하는 과정을 보여준다. 경계가 하는 일을 알고 싶을 때는 우리 피부를 생각하면 된다. 우리 몸의 밖에 있는 것과 안에 있어야 하는 것은 명확하게 구분되고, 우리의 피부는 그 역할을 훌륭하게 해낸다. 하지만 피부는 단단한 갑옷이 아니다. 필요할 때는 안에 있는 것을 내보내고 밖에 있는 것을 들여보낸다. 딱 적당한 침투성을 가지고 있어, 비타민D 흡수를 위해 햇빛을 들여보내고 땀은 내보내는 것처럼 꼭 필요한 일들을 한다.

그리고 무언가의 침입을 받았을 때 우리 몸은 당장 행동에 돌입해 보호 태세를 취하고 온갖 독창적인 방법으로 복구 작업을 한다. 손가락 하나를 베었다고 해보자. 우리는 필요하면 반창고를 붙이거나 꿰매는 방법을 이용해 이 근본적인 경계를 온전하게 보존한다. 치유와 생존을 위해서는 그렇게 할 수밖에 없다.

이 세상에서 살아남고 성공하려면 에너지의 경계도 신체의 경계 못지않게 중요하다. 에너지의 경계는 대체로 불분명하지만 말이다. 그래도 문화적 차이의 관점에서는 어느 정도

분명하다. 아르헨티나인의 경우 약 80센티미터 거리까지 사람이 가까워져도 크게 불편함을 못 느끼지만, 루마니아인이 필요로 하는 개인 공간은 그보다 두 배는 더 크다.[6]

또한 자신이나 지인이 망가진 경계로 살아가고 있을 때도 이 점은 확실하게 보인다. 경계 파열은 혼돈 애착이나 해소되지 않은 트라우마를 대표하는 특징이다. 혼돈형은 대개 기억도 하지 못할 정도의 어린 시절에 다른 사람으로부터 상처를 받았거나 트라우마를 경험했다. 누군가 소리를 치거나 때리거나 성적으로 학대를 하는 등 심각하게 경계를 침범당했다. 이런 상처를 치료하기 위해서는 부단한 경계 복구 작업을 해야 한다.

우리는 온전한 경계의 감각을 개발함으로써 안전하다는 감각을 인식하는데, 다른 사람과 연결하려면 무엇보다도 이런 안전감이 필요하다. 망가진 경계를 수리하는 과정에서는 우리 삶에 꼭 필요한 깊은 안전감과 다시 연결된다. 내 경계가 온전하고 제대로 기능한다는 감각적 느낌은 더없이 소중하다. 세상을 탐험하는 동안 우리를 안전하게 지켜줄 일종의 "에너지의 피부"가 생기는 셈이다.

이제 여러분을 둘러싼 공간을 탐구하고 그 느낌을 느껴보는 실습을 해보자. 팔을 많이 사용해야 하니 (케이티와 제임스의 사례를 보면 알겠지만 팔을 어떻게 사용하고, 사용하지 않았는지가 문제의 핵심이었다) 편안한 장소를 찾아 시도해 보라.

왜 내 사랑은 이렇게 힘들까

오른쪽이나 왼쪽 팔 중 하나를 선택하고 (반대쪽 팔도 뒤에서 사용할 예정이니 우선 하나만 택한다) 앞으로 뻗는다. 누군가와 연결하기 위해 다가가는 것처럼, 아니면 그 사람에게 선물을 받는 것처럼 팔을 내밀어 보자. 단순한 제스처이고 굳이 특정한 사람을 떠올릴 필요는 없다. 기분이 어떤가? 괜찮고 안전한 느낌이 드는가? 약점을 드러낸 것 같고 두려워지는가?

이제 반대쪽 팔을 시도해 보자. 다정함과 친절함, 사랑을 담은 연결을 받아들이듯 팔을 뻗어본다. 그럴 때 몸에 어떤 변화가 일어나는가?

이제 준비가 되었다면 양쪽 팔을 다 뻗는다. 처음에는 양팔을 활짝 벌렸다가 두 팔을 가까이 모으는 제스처를 사용한다. 어떤 느낌인지 다시 확인해 보라. 긴장이 풀리는가? 몸에 힘이 들어가고 긴장되는가? 어떤 변화가 일어나든 그 느낌에 집중한다.

연결된 느낌을 받으면서도 건강한 경계를 유지할 수 있어야 하니, 이번에는 반대되는 제스처를 시도해 본다. 스스로를 방어하듯 앞에 오른손을 둔다. 이 제스처는 "싫어" "물러나" "가까이 오지 마"와 같은 의미를 전달할 것이다. 말은 나중에 해도 된다. 이제 왼팔도 사용해 여러분 앞에 실제로 공간의 경계를 만드는 것처럼 두 팔을 내민다. 팔 길이만큼 여러분을 감싼 보호의 영역에 들어와 있다고 상상하는 것이다. 에너지가 흐르는 이 공간의 내부를 느껴본다. 이것이 여러분의 에너지 공간이다. 손으로 안전한 공간을 탐험하자. 손바닥으로 벽에 그림을 그리고 위, 아래, 앞, 뒤의 사방에서 여러분을 보호하는 영역의 면을 느껴본다. 천천히 몸을 틀며 영역의 모든 면을 느낀다.

이 공간의 감각을 느낀다. 몸에 어떤 느낌이 드는가? 더 안전해진 느낌인가? 그렇다면 어디에 그런 느낌이 나타나는가? 힘이 솟는 느낌은 들지 않나? 한쪽이 다른 쪽보다 더 안전하다고 느끼는가? 잠시 이 영역을 탐구하며 다른 곳보다 더 안전하게 나를 보호하는 듯한 방향이 있는지 찾아본다. 그 부분의 가장자리를 느껴보자.

그렇게 할 때 떠오르는 사람이 있는가? 만약 4장의 앞에 나온 "유능한 보호자" 실습을 해보았다면 이 지점에서 그 보호자를 들여다본다. 그가 영역의 가장자리에 있다고 상상해 보자. 어느 쪽으로든 영역 확장에 도움이 되는지 본다.

이 실습을 하며 존재조차 몰랐거나 오랫동안 생각하지 않았던 경계의 파열을 자연스럽게 떠올리는 사람들도 있다. 여러분도 그랬다면 정상이니 걱정하지 말자. 그 경험은 강렬한 감정들과 보호하는 말들을 불러일으킬 수도 있다. 어쩌면 나도 모르게 "멈춰" "날 내버려 둬" "저리 가" 같은 말들을 할지도 모른다.

어떤 말이 나오든 괜찮다. 큰 소리로 말하거나 나만의 유능한 보호자가 그 말을 하는 모습을 상상한다. 어떤 선택을 하든 몸과 안전지대 안에서 일어나는 변화를 느낀다. 더 강해진 느낌, 더 안

왜 내 사랑은 이렇게 힘들까

정적으로 변한 느낌이 드는가? 영역이 확장하는 것 같나? 한층 온전한 상태로 돌아다닐 수 있는 부분이 더 있는가?

실습을 하며 압도당하는 느낌이 든다거나 경계가 파열되었을 때의 기억이 지나치게 강렬할 수 있다. 벅차다면 신뢰하는 사람과 시도해 보기를 추천한다. 지지를 받는 느낌이 든다면 어떤 도움을 받아도 좋다. 누군가 바로 그곳에 있다는 사실을 알기만 해도, 누군가 내 편이 되어주고 있다는 사실만 알아도 집중력을 유지하는 데 도움이 될 것이다.

이 실습은 안전하다는 깊은 감각적 느낌과 재연결하게 도와준다. 보호받는 느낌을 되찾고, 실제 그 느낌을 몸에 받아들여야 한다. 이 실습을 하다 보면 건강하고 손상되지 않은 경계도 발달한다. 신경계가 조절되며 위협 반응에 빠질 일이 줄어들어 에너지의 경계를 더욱 잘 느낄 수 있을 것이다.

혼돈형을 돕는 법

여러분은 혼돈형에 공감하지 못할지라도 주변에 혼돈 애착을 안고 사는 사람이 있을지도 모른다. 이 책은 이 사람들(다른 유형도 마찬가지)을 돕는 궁극적인 지침서는 결단코 아니다. 하지만 다른 사람의 안전감을 키워주고 싶다면 다음과 같은 습관을 시도해 보기를 적극 추천한다. (다음 장에서는 연애 관련 팁들도 소개할 계획이다.) 만약 자신이 혼돈형이라면 다음의 습관들로 사랑하는 사람에게 부탁할 용기가 샘솟기를 바란다.

1. 단순하고 명료하게 의사를 전달한다

4장의 초반에 설명한 것처럼, 혼돈형은 혼란스러운 혼합 메시지를 보내는 가정에서 자란 경우가 많다. 그렇기 때문에 최대한 명료하고 직접적으로 말을 해야 한다. 특히 지시를 하거나 무언가를 가르칠 때, 파트너 혹은 자녀가 결정을 하지 못하거나 혼란스러워할 때 이 부분에 더 주의해야 한다. 이런 현상은 경직 상태에 깊이 빠져 있을 때 주로 발생한다. 이때 혼돈형은 적당한 말을 찾지 못하고 아예 반응을 보이지 못하는 경우도 있다. 심하면 기본적인 사고조차 불가능하다.

이 경우에는 최대한 적은 선택지를 주는 것이 좋다. 혼돈형의 경우 덜 흥분한 상태라 해도, 좋아하는 식당 몇 군데 중 저녁을 먹으러 갈 곳을 결정하는 것조차 힘들어한다. 스트레스가 많은 상황이라면 선택지를 최대 두세 개로 제한할 필요가 있다. 아이에게 무언가를 묘사하거나 설명할 때는 나이에 맞는 개념과 언어를 사용해야 한다는 사실도 기억하자.

2. 목소리 톤에 유념한다

우리가 목소리를 사용하는 방식, 특히 운율과 톤은 다른 이들에게 안전 혹은 위험의 느낌을 전달한다. 억양과 음의 높낮이가 부드럽고 낭랑한 목소리는 안전감을 주는 반면, 단조롭거나 기계 같은 목소리는 차갑고 무심하다는 인상을 준다. 그런 목소리에 위협을 느끼기도 한다. 우리는 아기와 동물을 대할 때 음악 같은 목소리 톤을 사용하는 편이다. 애정이 담긴 목소리가 노래를 부르듯 올라갔다 내려간다. 성인에게도 같은 목소리를 사용하라는 말은 아니다. 하지만 목소리 톤을 조절하면 대화할 때 확실히 도움이 된다.

화가 나거나 위협을 느낄 때 사람의 목소리가 어떻게 달라지는지 생각해 보자. 그것은 무언가 잘못되었다고, 공동체에 알리는 신호로서 진화한 목소리다. 우리는 위험이 발생하면 부족에 경고하기 위해 목소리 톤을 바꾸게끔 태어났고 그렇게 진화했다. 여성의 목소리는 더 높고 날카로운 편이고, 남성의 목소리는 톤이 낮고 쩌렁쩌렁 크게 울린다. 이로써 다른 이들에게 즉각 위험하다는 사실을 알리고, 하던 일을 멈추고 방어 준비를 해야 한다고 전하는 것이다.

하지만 관계에서 안전한 사람인 (바라건대) 사랑하는 파트너와 의논을 하거나 갈등을 빚고 있을 때 스트레스로 이런 목소리가 나온다면 상대의 위협 반응을 쉽게 자극할 수 있고, 파트너는 싸울 태세를 취하거나 도망치기를 원하게 된다. 그러니 파트너와 화해하고 싶고 관계에 긍정적인 결과를 얻고 싶다면 목소리를 유의해서 사용하는 것이 좋다.

차분하고 진정되고 잘 조절된 목소리를 연습한다면 친밀감과 관련한 문제나 관계의 고민을 해결하려고 할 때 파트너가 위협을 덜 느낄 것이다. 날카롭거나 울리는 목소리, 위협의 느낌을 주는 목소리는 파충류의 뇌, 그러니까 우리의 편도체를 자극해 파트너를 사랑하는 사람이 아닌 적으로 보이게끔 만든다.

3. 안전한 손길을 연습한다

사랑을 담되 상대의 경계를 의식하는 손길도 안전하다는 느낌을 준다. 스킨십은 우리가 말로 표현할 수 있는 모든 것을 증폭시킨다.『상대를 사로잡는 0.3초*Snap: Making the Most of First Impressions, Body Language, and Charisma*』에서 패티 우드Patti Wood는 인간이 조절된 손길을 통해 조절 감각을 전한다고 말한다. 즉 우리 몸이 조절되었을 때 악수로도 생리 조절 감각을 전달할 수 있다는 뜻이다. 이때 핵심은 자신의 신경계에, 즉 회복탄력성의 범위 안에 중심을 잡고 접지한 후 스킨십을 하는 것이다. 우드는 단순하고 조절된 악수가 세 시간 동안의 확실하고 힘을 불어넣어 주는 대화보다 조절 효과가 높다고 주장한다.[7] 안전한 손길은 여러분과 파트너의 상호 조절에 도움을 줄 것이다.

하지만 이 점을 잊지 말아야 한다. 여러분의 조절 장애가 심각하다면 신경계를 조절하지 않고 상대를 만지는 것이 큰 부담으로 와닿을 수 있다. 상대의 피부에 닿은 피부의 에너지 또는 화학 작용은 느낌의 실체를 전달하니, 할 수 있다면 여유를 가지고 자신의 신경계 조절부터 확실히 해두어야 한다. 상대가 차분하고 사랑스럽고 안전할 때 포옹을 하면, 얼마나 조절되는 느낌이 드는지 생각한다. 등을 두드리고 금방 풀어버리는 포옹이 아니라, 배를 맞대고 온몸을 이용하는 포옹을 말하는 것이다. 친밀감을 느끼는 사람과 시도해 보기를 바란다. 이런 스킨십으로 서로의 몸이 조절되는 것을 느낄 수 있다.

내가 내담자들에게 자주 사용하는 기법이 하나 있다. 우선 그 사람 옆에 가서 앉는다. 잠시 그 기분을 느끼며, 나와 익숙해지게 만든다. 말하자면 그들의 에너지를 감지하는 것이다. 그러고는 어깨 사이의 등 부근에 내 손바닥을 올려도 괜찮겠냐고 묻는다. 피부에서 약 8~10센티미터 떨어진 지점의 에너지장energy field(개개인의 생물이 발산하는 영적 에너지-옮긴이)에서 시작해 그의 상태를 확인한다.

상태가 괜찮고 상대도 그렇다고 동의하면 그의 몸에 조심스럽게 손을 올리고 적당한 압력을 찾는다. 압력이 너무 강하거나 약하면 큰 차이가 날 수 있다. 또 등에서 어느 부분의 느낌이 가장 좋은지 알려달라고 하고 반응에 따라 손을 움직인다. 내가 상대의 요청에 맞추어 접촉을 조절하기 때문에 그들은 욕구가 충족되면서 안전, 실재, 배려를 받는 경험을 한다. 계속 지지하는 의미로 파트너나 가족에게도 이 방법을 알려줄 수 있다.

4. 다정하게 (표정을 사용하면서) 타인을 본다

얼굴로 자신을 표현하는 것도 파트너에게 안전감을 전달하는 방법이다. 그중에서도 특히 눈이 중요하다. 1장에서 말했던 안전한 애착 시선, '환한 빛'을 기억하는가? 눈도 충분히 맞추어야 하지만, 눈빛으로 감사, 사랑, 그 사람이 특별하다는 느낌까지 표현해야 한다. 앞에서도 이야기했지만 상대가 원할 때만 이런 연결을 시도하는 것이 중요하다. 시선을 회피하며 수치심을 드러낸다면 때가 아니다. 수치심을 조금이나마 해결한 후에야 애착 시선으로 건강한 연결을 쌓을 수 있는 경우가 많다.

이처럼 연결과 다정함의 메시지를 비언어적으로 전하는 방법은 정말로 상대의 안전 반응을 불러일으킨다. 파트너가 화를 낼 때의 얼굴(찡그리고 굳는다)과 여러분과 함께 있어 행복할 때의 얼굴(눈을 크게 뜨고 밝게 미소를 짓는다)의 차이를 생각해 보자. 사람들은 의식하지 않아도 항상 상대의 시선과 표정을 읽고 있다.

지금까지 안전을 나타내는 지표들은 무엇이고 혼돈형에게 그것을 어떻게 전달할 수 있는지 알아보았다. 그렇다면 이제 4장의 마지막 실습을 해보자. 만약 혼돈 애착에 공감이 간다면 실습을 하기 전에 위의 설명들을 다시 한번 쭉 읽어보기를 추천한다. 너무 부담스럽다면 건너뛰었다가 준비가 되었을 때 돌아와도 괜찮다. 원한다면 친구, 파트너, 전문 치료사의 도움을 받는다. 다시 한번 말하지만, 자신에게 지나친 부담을 주지 말고 필요하다면 스스로에게 자비심을 베푸는 태도가 중요하다.

함께 해보기 | 애착 동맹 오아시스

"애착 동맹 오아시스"는 모든 사람이 대체로 안전한 장소이며, 비교적 쉽고 편안하게 주변 사람들과 연결될 수 있다고 느끼는 공간이다. 현실에서는 우리가 선택한 사람들과 섬이나 오아시스에서 살 수 없지만(가능하다면 얼마나 좋을까!), 이 실습을 하면서 안정 애착 네트워크와 연결하는 데 유용한 자원을 모으고, 상상력의 힘을 활용해 신경계를 이롭게 할 수 있다.

우선 여러분이 안전하다고 느끼는 사람들을 전부 생각한다. 이 사람들이 바로 여러분의 동맹이다. 이들은 여러분이 잘 살고 잘되기를 빈다. 오래 알고 지낸 사람일 수도, 어쩌다 마주친 사람일 수도 있다. 떠오르는 사람을 전부 적어보고 이들이 왼쪽, 오른쪽, 앞쪽, 뒤쪽에서 여러분을 둘러쌌다고 상상한다. 이렇게 동맹의 오아시스가 만들어진다. 하지만 그곳에 다가갈 수 있으려면 모든 사람을 넣을 구체적인 위치가 필요하다. 위치를 선택하고 최대한 상세하게 상상해 보자.

내 내담자였던 코니는 모든 동지가 그 어떤 방해 요소도 없는 바다의 선착장에서 자신을 에워싸고 느긋하게 휴식을 취하는 모습을 상상했다. 이후 고통스러운 기억을 끄집어내기 시작할 때 코니는 친구들로 가득한 선착장으로 주의를 돌리고 안도감과 조절감을 느낄 수 있었다. 또 다른 내담자 켄은 강아지 두 마리가 양쪽에 서 있는 모습을 상상하고 든든함을 느꼈다.

여러분이 모은 사람들은 이 세상에 존재하는 좋은 것이란 좋은 것들을 다 대표한다. 안전, 실재, 힘, 보호, 기쁨, 인정, 소속감. 동지들이 그곳에 있다는 것을 아니 어떤 느낌이 드는지 잠시 생각해 본다. 몸에서 어떤 변화가 일어나는가? 조금 더 따뜻해질 수 있다. 마음이 더 열리고 자원이 풍부해지며 회복탄력성이 높아지는 느낌이 들 수도 있다. 그냥 웃으며 동맹과의 연결을 즐길 수도 있다. 떠오르는 강렬한 감각들을 천천히 음미한다.

지지자들이 있는 환상의 오아시스에 갈 수 있게 되었으니 이제 새롭고 조금 무서울 수 있는 도전을 해보자. 여러분의 양육자들을 기억하는 것이다. 자라는 동안 이상적이지 않은 행동과 반응으로 여러분을 길렀던 사람들 말이다. 이 실습을 하는 동안에는 언제든 동맹 오아시스로 관심을 돌릴 수 있다.

집중의 대상은 아버지(혹은 어머니)일 수도 있다. (각자의 사정에 맞게 예시를 바꾼다.) 아버지가 나름의 방식으로 여러분을 사랑했지만 화가 날 때 소리를 지르는 습관이 있었다고 해보자. 지금의 목표는 두 가지를 떼어놓는 것이다.

아버지가 사랑했다는 부분은 당연히 괜찮다. 그 부분은 아무 문제도 일으키지 않았을 것이다. 하지만 아버지의 소리를 지르는 행동과는 거리를 두어야 한다. 그 행동을 최대한 멀리, 내 몸이 원하는 만큼 멀리 치우자. 각자 어떤 양육자를 상상하든 필요한 만큼 공간을 만든다. 이 사람에게서 얼마나 멀리 떨어지고 싶은가? 일부 사람들은 계속 주시할 수 있도록 위협적인 행동을 가까이 두는 상상을 하기도 한다. 반면 광활한 우주의 끝에 두기를 선택하는 사람들도 있다. 여러분에게는 어디가 적합한지 느껴본다. 그리고 부정적인 행동을 하는 사람을 그곳에 두고 오자.

위치와 거리를 정하면 유해한 행동을 하고 있는 사람을 그곳에 정지 화면으로 만든다. 이 사례에서는 소리를 지르고 있는 아버지를 얼릴 것이다. 아무 소리도 들리지 않게 거대한 얼음에 집어넣을 수도 있다. 위협 행동이 얼어붙었으니 아버지는 움직일 수 없지만 '여러분은' 움직일 수 있다. 여러분이 만들고 있는 이 장면에서 아버지의 입에 테이프를 붙일 수도 있다. 아니면 아주 강력한 리모컨이 있어 원할 때마다 아버지의 고함을 향해 음소거 버튼을 누를 수도 있다.

트라우마를 촉발하는 이 요소에서 보호받는 느낌을 줄 방법이라면 무엇이든 상상할 수 있다. "그만!"이라고 외치고 싶을 수도 있다. 스스로 먼저 시작하고 완성한 보호 반응이라면 효과를 본 무엇이든 괜찮다. 안도감을 즐겨도 된다. 다른 사람을 해치는 행동도 아니다. 전부 상상이기 때문이다. 두려움에서 벗어나는 데도 큰 도움을 준다.

자, 이제 위협 행동을 얼렸다. 소리를 지르는 행동에 여러분의 몸은 무슨 말을 하고 싶은가? 유능한 수호자가 대신하고 싶은 말이나 행동은 무엇이 있을까? 얼어붙은 위협과 관련해 보호자를 어디에 두고 싶은가? 앞에? 옆에? 뒤에? 우리가 어릴 때는 대신 나서줄 사람이 필요하다. 누군가 우리를 보호하는 경험을 통해 자기 보호 방법을 습득한다. 그러니 유능한 보호자가 이렇게 여러분을 지지하는 모습을 보며 어떤 기분이 드는지 느껴본다. 내 내담자였던 줄리아의 말처럼 "내 몸이 내 보호자!"라는 신호를 항상 보내고 있으면 스스로 할 수 있다는 용기가 더 생긴다.

여러분의 몸이 하고 싶은 말이나 행동이 더 있는지 찾아본다. 손과 팔로 경계를 만들고 싶은가? 아버지에게 조용히 하라고, 그만 소리를 지르라고, 평범한 톤으로 말하면 안 되느냐고 말하고 싶은가? 아버지를 분노 조절 치료 교실로 보내고 훌륭한 치료사의 도움으로 울화에 깔린 문제를 해결하는 모습을 보고 싶을 수도 있다. 무엇을 하고 싶다 해도 상관없다. 어떤 생각이 드는지 본다. 여러분이나 유능한 보호자가 무슨 말이나 행동을 하든, 아버지는 얼어붙은 상태다. 어떤 식으로든 반응할 수도, 여러분을 해칠 수도 없다.

이때 몸에서 어떤 변화가 일어나는가? 위협 행동의 곁에서 "충분히 안전한 상태"로 있을 때 어떤 느낌이 드는가? 달라진 관계를 본다. 아버지는 움직이지 못하지만 내 힘은 점점 더 강해지고 있다. 몸이 조금 더 커지거나 나이가 드는가? 발로 차거나 똑같이 때리고 싶은 것처럼 팔다리가 움직이는 느낌이 드는가? 꼼짝하지 못하다가 움직일 수 있게 되면 쌓여 있던 생존 에너지가 대량 방출된다. 전까지 갇혀 있던 흥분이 몸에서 풀려나고 해방되는 것이 느껴지는가? 그래서 열이 오르거나 땀이 나지 않나? 몸이 후들후들 떨리지는 않나?

과잉 에너지가 몸에서 빠져나갈 수 있게 내버려 두자. 오랫동안 여러분 안에 갇혀 있던 무언가가 이제야 자유를 찾았을지도 모른다. 이것은 어린 시절 경험했을 경직 반응을 깨뜨릴 한 가지 방법으로, 적절한 방어 기능을 일부분 가동시킬 것이다.

자기 보호 반응을 연습하는 동안 언제든 지지가 필요하면 오아시스에 있는 동맹을 찾아간다. 그들과 상호 조절을 나누며 즐거운 시간을 보낸다. 지지와 힘을 모았고 성인으로서 가진 자원들을 손에 넣었으면 아버지의 크기가 쪼그라드는 모습을 발견할 수 있다. 여러분은 더 커지고 위협은 점점 더 흐릿해진다.

이때도 사랑하는 동지들이 전부 곁에 있다는 사실을 다시 한번 기억해야 한다. 여러분을 감싸 안고 하이파이브를 청하고 사랑과 다정한 눈으로 쳐다볼 수 있다. 그들과 있으면 안전하다. 그들은 여러분을 인정하고 지켜보아 준다. 이 지지를 최대한 깊이 느끼고 언제든 원하면 동지들로 가득한 애착의 오아시스로 돌아가도 좋다. 이것이 여러분의 안정 애착 네트워크이고 언제나 곁에 있다.

이 실습이 끝나갈 즈음, 내 내담자였던 로사는 훨씬 더 안전해졌다고 느꼈고 분노하는 어머니에게 맞설 힘을 되찾았다. 상상의

영화는 어머니를 옆에 앉히고 화해하는 것으로 마무리되었다. 이
제 로사는 두려움 없이 어머니 옆에 앉아 있을 수 있다. 이런 치유
과정을 통해 로사는 안정형 약혼자를 받아들이고 결혼 계획을 계
속 진행할 수 있었다.

4장을 읽으며 자신이나 사랑하는 사람들을 이해하는 방
법을 배웠기를 바란다. 이상적으로 전부 학습했다면 관계에
서 이상하거나 당황스러운 느낌을 받지 않을 것이고, 새로운
치유 방법과 함께 앞으로 나아갈 수 있다. 자신이나 파트너에
게 도움이 되지 않는 습관적인 패턴으로 빠지는 느낌도 줄어
들 것이다. 물론 그때의 기억은 남아 있다. 하지만 고통과 괴
로움을 다루기 쉬운 방법으로 느끼고 기억에 통합한다면 전
처럼 심하게 불편한 마음은 들지 않을 것이다.

우리는 치유하게 되어 있다. 안정 애착은 선천적인 능력
이다. 우리가 가지고 태어난 이 지혜를 끌어다 쓸 수 있다. 안
정 애착 기술들, 행동, 관점을 배울 수 있고 그것들이 주는 선
물을 만끽할 수 있다.

4장을 읽는 동안 많은 기억이 떠올랐을지도 모른다. 그렇
다면 이 사실을 기억하자. 마음을 편하게 먹고 자신에게 엄격
한 잣대를 들이밀지 말아야 한다. 혼돈 애착은 우리가 생각하
는 것보다 더 많이 퍼져 있다. 임상심리학자이자 작가인 데이
비드 월린David Wallin은 어떤 형태로든 해소되지 않은 혼돈 애착

　왜 내 사랑은 이렇게 힘들까

을 가진 치료사도 많으며, 최소한 그런 상황에 빠져 있을지도 모른다고 했다. 그러니 여러분이 혼돈형이라면 믿음직한 동료를 둔 셈이다.[8]

어떤 사람에게든 혼돈 애착은 복잡하고 좌절감을 줄 수 있다. 최대한 적은 걸음으로 나아가고 상대하기 편안한 사람과 상황부터 마주하자. 진정한 동맹이 되어줄 사람들을 주변에 모으고 최선을 다해 이들과의 관계를 강화하도록 한다. 자기 조절을 더 잘하는 법을 배우고 우리의 선천적인 권리인 안정 애착을 되찾으려면 안전한 지지 체계에 반드시 의지해야한다.

우리는 이런 기술을 배울 수 있다. 자기 조절과 공동 조절을 학습할 수 있다. 안전하다는 느낌을 습득할 수 있다. 안정애착으로 돌아오는 다리를 건널 수 있다.

혼돈 애착 스스로 평가하기

- 친밀한 관계를 위험하다고 보는가? ☐
- 타인과 관계를 이어가는 도중 몸이 얼어붙거나 움직이지 못한 적이 있는가? 어느 쪽으로도 갈 수 없다는 느낌을 받은 적 있나? ☐
- ("이리 와" "저리 가"처럼) 타인의 뒤섞인 메시지 때문에 괴로워하는 경우가 많은가? ☐
- 누군가와 어느 정도 이상으로 친밀해지면 말로 표현할 수 없는 두려움을 느끼기도 하는가? ☐
- 타인이 갑자기 접근했을 때 과장스럽게 놀란 반응을 보이는가? ☐
- 너무 통제하려 한다는 불평을 받은 적이 있는가? ☐
- 관계가 최악으로 치달을 것이라는 예상을 자주 하는가? ☐
- 관계가 가까워지면 감당하기 힘든 수준의 조절 장애가 일어날 것 같은가? ☐
- 파트너와 있을 때 상대가 믿을 만한 사람이라고 대체로 이해하면서도 안전하다는 느낌을 받지 못하는가? ☐
- 관계에서 단절, 해리, 혼동을 자주 경험하는가? ☐
- 과거의 관계를 떠올리거나 그때의 감정을 이야기하기 어려운가? ☐
- 기억의 상당 부분이 공백 상태로 존재하기도 하는가? 특정 기간이나 사건을 기억하지 못하는 경우가 있나? ☐
- 갑자기 예상치 못한 상태 변화(예를 들어, 기쁨과 행복이 공포와 분노로 전환)를 경험한 적이 있는가? ☐
- 트라우마가 촉발되었을 때, 복잡한 지시나 합의에 스트레스를 받거나 혼란스러워지는가? ☐
- 나는 실패할 운명이고 문제를 해결할 수 없다고 느끼는가? ☐

- 타인과의 연결을 간절히 원하다가 설명할 수 없는 이유로 상대에게서 벗어나고 싶었던 적이 있는가? □

5장

애착 유형과 연애

: 그럼에도 서로 사랑할 수 있는 이유

마지막으로 지금까지 안정 애착과 불안정 애착에 관해 배운 것들을 어떻게 하면 우리의 관계, 특히 연인 관계를 개선하는 데 활용할 수 있을지 알아보려 한다. 앞에서도 몇 가지 조언을 했지만 이제부터는 본격적으로 파고들어 연인 관계를 애착의 관점으로 바라보는 다양한 방법들을 탐구하자. 그전에 전문가를 위한 아주 효과적인 훈련 프로그램으로서 PACT를 개발한 스탠 탯킨과 스테이시 볼더만 탯킨에게 이 자리를 빌려 감사함을 전한다. 스탠의 저서들도 아주 유용하니 더 많은 정보나 도움이 필요하다면 그 책들을 참고하면 좋을 것이다. 뒤의 참고문헌 목록에서도 스탠의 책을 여러 권 찾아볼 수 있다.

또한 5장은 『그들이 그렇게 연애하는 까닭』이라는 책을 같이 쓴 아미르 레빈과 레이첼 헬러의 연구에서도 많은 영향을 받았다. 두 사람은 안정, 회피, 불안(양가)이라는 애착 유형의 원인과 문제는 물론 각 유형의 관계를 아주 분명하고 따뜻하고 명쾌하게 설명해 준다.

지금쯤이면 여러분도 트라우마가, 특히 유년기의 트라우마가 관계에 영향을 미친다는 사실을 이해했을 것이다. 또한 성인기에 겪은 중대한 사건(내 경우 교통사고가 그 예다)이 강력한 감정 반응, 단절을 불러일으킬 수 있다는 사실도 잊지 말아야 한다. 근본적인 현실 감각을 잃어버릴 수도 있다. 들어가는 말에서도 이야기했지만 나는 트라우마의 정의에 "엄청난 두려움, 통제 상실, 깊은 무력감"뿐만 아니라 "끊어진 연결"이라는 뜻도 포함해야 한다고 생각하게 되었다.

그에 따라 트라우마의 치유는 재연결의 형태로 찾아온다. 자신의 몸과 마음, 영혼은 당연하고 타인(특히 주변 사람들), 우리가 함께 사는 이 지구, 그 너머와도 다시 연결되어야 한다. 의존성, 독립성, 상호의존성을 되찾고 모든 인류와 서로 의존하고 있다는 감각을 발견하고 경험해야 한다. 혼자서는 상처를 치료하지 못하고, 치유 과정에는 다른 사람들이 '필요하다'. 성인에게 이 사람들은 보통 연인이나 친한 친구일 것이고, 이들이 우리의 주 애착 대상이 된다.

이상적이라면 우리는 안정형으로서 성장한다(혹은 성장하며 안정형이 '된다'). 이 능력은 태생적으로 우리 안에 있다. 대부분의 시간 동안 (혹은 충분한 시간 동안) 어린 시절이 대체로 올바른 방향으로 흘러갔다면 연결을 간절히 원하고 다른 사람들을 쉽게 받아들인다. 다른 사람도 우리를 받아들이고, 우리에게 감사하며 도움과 사랑을 주고 반응하기를 기대한다. 형성기의 환경이 친사회적이었기 때문에 익숙하게 욕구를 표현하고 다른 사람의 욕구 표현에도 자연스럽게 반응한다.

성인이 되어서는 관계를 통해 안녕감, 안전감, 신뢰감, 실재감과 서로 의존하는 느낌, 보호를 받는 느낌을 경험한다. 관계가 어긋나도 그 사실을 알아차리고 금세 갈등을 해결하며, 공감과 온정을 담아 관계 복구를 시도하거나 상대의 관계 복구 제안을 받아들인다. 모든 일이 쉽지만은 않겠지만 다른 사람과의 연결을 피하면서 살지는 않는다. 그리고 실제로 다른 사람과 연결되었을 때 관계 문제로 끊임없이 불안해하지도 않는다. 관계의 영역 안에서 다른 사람들과 편안하게 지내고 혼자만의 시간도 느긋하게 보낸다. 상대와의 공동 조절을 즐기고, 자기 조절로 스스로의 신경계도 다스린다.

물론 삶이 항상 이상적이지만은 않다.

애착 유형을 가르는
다양한 요인들

앞에서 회피형, 양가형, 혼돈형이라는 복잡한 불안정 애착 유형의 다양한 요인들을 살펴보았지만, 단순히 부모와 자식 관계가 모든 것을 결정하지는 않는다. 우리가 어쩌다, 왜 현재의 애착 유형을 정립하게 되었는지, 애착 형성에 영향을 미치는 관계적, 환경적, 그 밖의 다른 요인들도 지금부터 알아보자.

1. 안정적인 관계

아이는 부모와의 관계에서도 많은 것을 흡수하지만 양육자 사이에 일어나는 상호작용으로도 상당히 많은 영향을 받는다. 부모가 서로를 사랑하지 않고 지지하지 않는다면 그 모습을 보고 자란 아이는 안정 애착을 느끼는 능력이 약해질 것이다.

2. 도움을 주는 관계

아이의 성장 환경은 애착 유형과 밀접한 관련이 있다. 이상적인 경우, 어머니는 임신과 수유 시기에 많은 도움을 받는다. 부모 모두 도움을 많이 받을수록 좋다. 부부가 서로 도와도 좋고, 가족이나 친구, 베이비시터의 도움을 받을 수도 있다.

3. 의료 시술

아기와 엄마가 출생 트라우마를 함께 경험할 수 있다. 아니면 투병을 하느라 애착 형성에 방해를 받았을지도 모른다. 아이가 미숙아로 태어나는 경우(한동안 인큐베이터에 있어야 한다), 이른 나이에 수술을 받아야 하는 경우, 부모가 아파서 병원에 가야 하는 경우도 있다. 부적절한 시기에 어쩔 수 없이 떨어져 있어야 하는 이런 상황들도 애착 패턴에 영향을 미칠 수 있다.

4. 기질

아이가 세상에 태어나기 전 너무도 많은 것이 이미 설계된 요소에 따라 결정된다. 당연히 이는 유전 때문이고 (세대 사이의 패턴화 같은 후성유전도 포함된다) 임신 중 엄마와 아기가 겪은 일도 영향을 미친다. 틀림없이 온순한 기질로 세상에 태어난 아이들이 있는 반면, 어떤 아이들은 흥분도가 높거나 조금 더 복잡하고 강한 기질을 가지고 태어난다.

5. 환경 조건

육아의 질과 상관없이 전 세계 모든 아이는 사회적 조건 속에서 태어난다. 극도의 빈곤, 전쟁, 문화적 압박 같은 요소는 아이들이 어떤 애착 유형을 발달하느냐에 깊은 영향을 남긴다. 하지만 조건이 가혹하다고 꼭 불안정 애착이 형성되리라는 법은 없다. 집도 없이 하루하루 생존하기 위해 발버둥치는 사람들이 아주 너그러운 마음으로 서로를 보살펴 주는 경우도 있다. 저소득 공동체는 대부분 관계가 끈끈하고 서로에게 의존하며 생활한다. 전쟁이 일어난 시기에는 최악의 상황에서 생존하기 위해 똘똘 뭉친다.

6. 그 밖의 관계와 사건

인간은 모든 관계의 영향을 받는다. 관계는 어떤 식으로든 우리를 패턴화한다. 안정형이 폭력적인 사람과 결혼을 했다면 안정 애착을 잃고 혼돈 애착에 적응할 수 있다. 회피형이나 양가형인데 안정형 파트너와의 관계가 만족스럽다면 조금씩 안정 애착에 다가갈 것이다. 혼돈형은 상대적으로 안정 애착으로 빠르게 전환하는 일이 어렵겠지만, 안정 애착을 기르는 기술, 행동, 태도를 통해 모든 애착 유형이 큰 도움을 받을 수 있다. 더 나아가 우리는 저마다의 흐름으로 성공과 실패를 경험하고, 이로써 감정적이고 생리적인 수준에서 어느정도 관계를 경험하는 방식을 바꿀 수 있다.

인간의 불안정 애착 성향은 그것이 무엇이든 부모에게서 물려받는다. 의식적으로 선택해 관계 설계도 원본을 만들 수는 없다. 자신의 몸에 어떤 애착 유형이 각인될지 따로 선택하지 않고, 언어를 습득하기 이전의 암묵 기억을 특별히 분류하지도 않는다. 타인이나 세상에 보여줄 서사를 선택하지도 않는다. 관계가 어떤 모습인지, 어떤 모습이어야 하는지, 관계가 어떻게 될 것인지에 대한 유연하지 않은 개념도 우리의 선택이 아니다. 대부분 언어를 습득하기도 전에, 서사를 만들거나 기억할 수 있는 정신을 가지기도 전에 형성되었기 때문이다. 하지만 지금은 무언가를 하기로 선택할 수 있다.

또한 나는 우리가 애착에 적응하는 인간의 천성을 인식하고, 불안정 애착에도 고유한 가치가 있음을 직시해야 한다고 생각한다. 인간은 진화하는 동안 위험이 임박하고 자원이 한정된 상황들을 겪었다. 경쟁을 하지 않고 자립심과 자기 보호 능력을 키우지 않았다면 죽음을 맞을 수도 있었다. 한편 생존하기 위해 다른 사람과 몹시 가까워지고 그 사람에게 맞춰주고 깊이 공감해야 했던 순간들도 있었다.

애착 적응의 이면에 있는 요인들을 인식해야 한다. 그렇지 않으면(그 요인들을 모르면) 괜히 자신을 폄하하거나 어딘가에 갇힌 기분을 느끼게 되기 때문이다. 내가 스스로 가져다 붙인 평가나 낙인으로 더 많은 상처를 받을 수는 없다. 우리는 안정 애착을 통해 상처를 치유하고 중심이 다치지 않는 존재가 되도록 처음부터 만들어졌다. 그리고 안정 애착 기술들을 배워 그 선천적인 잠재력을 되찾을 수 있다.

어린 시절의 애착 패턴이 성인기의 관계를 엉망으로 만든다면 그 상태에서 빠져나올 수 있음을, 영원히 망하지 않았음을 기억할 필요가 있다. 안정 애착의 본질과 모습을 이해하고 관계에서 안정 애착을 느낄 때의 기분을 안다면 안정 애착 기술들을 배워 자신을 더 드러내 보이고 타인을 신뢰할 수 있다. 더 많은 리스크를 감수하고 전에는 감히 상상도 못했을 만큼 관계로 인한 즐거움을 얻을 수 있다.

우리가 안정 애착 능력을 되찾으면 사랑을 주고 사랑을 받는 능력도 점점 더 커진다. 더 이상 자신이나 파트너를 원망하지 않는다. 이제는 따뜻한 마음을 품고 관계라 부르는 인간의 여정을 이해하기 시작한다.

안정 애착을 이룬
커플들의 특징

만약 여러분이 안정 애착을 형성했다면 어떤 관계에든 많은 가치와 능력을 가져다줄 것이다. 안정형은 연애를 할 때 대부분 안정형끼리 짝을 이룬다. 마치 자석처럼 자연스럽게 서로에게 이끌린다. 안정적으로 애착이 되었거나 안정 애착 기술이 뛰어난 커플과 함께 있다 보면 참으로 즐겁다.

스탠 탯킨은 매리언 솔로몬이 만들었다는 용어인 "멘토 커플mentor couple"을 찾아야 한다고 강조한다.[1] 이런 커플과 시간을 보내는 것은 안정 애착의 감각을 익히기에 아주 좋은 방법이다. 다른 사람과의 관계에서 안정 애착이 어떤 모습인지 잘 보지 못했다면 더욱 효과적이다. 안정 애착을 형성한 사람들과 더 많은 시간을 보낼수록, 그들이 드러내 보이는 특징들을 배워 여러분의 관계에 적용할 수 있다.

이 방면으로 추구할 점들을 파악하기 위해 우선은 안정형끼리 서로를 파트너로 선택했을 때 어떤 모습을 보이는지 간단히 알아보자. 와닿는 특징을 한두 가지 찾아 여러분의 관계에도 시도해 보기를 바란다.

1. 상호적 끌림과 헌신

우선 이들은 서로에게 끌린다. (두려움이나 불안이 아니라) 상호적 끌림을 바탕으로 관계를 쌓아 올리고 진심으로 상대와 함께하고자 한다. 상대뿐만 아니라 관계 그 자체에도 시간과 노력 등을 투자하고 비교적 수월하게 관계에 헌신한다.

2. 기본적인 친근감과 안녕감

안정형 커플은 서로에게 좋은 친구이기도 하다. 무리 없이 친절을 주고받고 서로에게 관대하게 행동한다. 파트너의 안녕감을 책임지는 막중한 임무가 있는 듯 행동하고 자신도 안녕감을 느끼기 위해 파트너에게 의존한다. '안녕well-being감'이라는 용어를 뒤집으면 '만족스럽게 존재한다being well'라는 뜻이 된다. 안정형 커플은 관계에서 '만족well'을 끌어내고 서로에게 실재감과 확신으로 '존재being'하는 것을 즐긴다.

3. 관심과 특별함

이들은 상대가 얼마나 특별한지 알고 주기적으로 그 사실을 전한다. 파트너가 말을 걸 때 휴대폰이나 태블릿을 내려놓는 등 (킴 존 페인은 "전자기기는 불화를 유발할 수 있다"라고 말한다[2]), 서로에게 관심을 기울이고 서로를 귀하게 대우한다. 상대의 욕구에 일관적으로 반응하고 사랑과 열정을 담아 기꺼이 서로를 돕는다.

4. 유머와 즐거움

상상이 가겠지만 안정형 커플은 함께 즐거움을 나눈다. 이들은 유머 감각이 뛰어나고 상대를 기발한 별명으로 부르는 경우가 많다. 이 사람들과 같이 있다 보면 마음이 편하고 가벼워지고 서로 즐거워하고 있음이 보인다. 함께 모험을 하고 새로운 경험을 공유하기를 좋아해 서로에 대한 매력이 떨어지지 않고 유지된다.

5. 공동 조절

안정형 커플은 자신을 훌륭히 잘 돌보고 서로 조절하는 과정도 함께 경험한다. 신체, 신경, 감정 면에서 과도하게 흥분한 상태를 가라앉히고 우울하거나 무기력한 상태에 활력을 불어넣는 방법을 안다. 이처럼 일상적으로 상대의 신경계 조절을 돕거나 함께 조절한다. 서로를 쉽게 달래고 필요할 때 서로에게 의지할 수 있음을 확실히 안다. 두 사람의 관계에서 일어나는 모든 일은 안전하고 유연하며 원만하게 조절된 상자에 담겨 있다.

6. 안정감에 따른 리스크 감수

서로 연결되고 친밀감을 나누는 데서 안정감을 느낀 이들은 더 자신감 있게 상대에, 또 이 세상에 자신의 주장을 펼친다. 열린 마음으로 호기심을 발휘하며 삶을 탐험하고, 집이 충분히 안전하다고 느끼기 때문에 밖으로 나가 도전을 하고 새로운 경험을 받아들인다. 그러면서 이 세상에 선물을 준다. 모순처럼 들리겠지만 생각해 보면 말이 된다. 관계를 더 안전하게 경험할수록 스스로에 대한 자신감이 커지고 주체성을 기를 힘이 생긴다.

아미르 레빈은 우리에게 안전 기지가 없다면 리스크를 감수할 여유가 없기 때문에 지금과 같이 세상에 기여할 수가 없다고 주장한다.[3] 거절을 당할까 봐, 지지를 받지 못할까 봐 발휘되지 못하고 묻히는 재능이 너무도 많다. 안정형 커플은 상대방이 내 뒤에 있다는 사실을 알기에 방법을 가리지 않고 세상에 자신을 드러내 보인다. 관계 안에서도 리스크를 감수해 친밀감을 더욱 높일 수도 있다.

7. 따로 또 같이

안정형 커플은 함께하는 순간과 자율적인 순간 사이를 원활하게 오간다. 같이 있을 때나 떨어져 있을 때나 불편하지 않고 (같은 방에 있으면서 말없이 각기 다른 활동을 하는 것처럼) 두 가지를 동시에 하기는 더욱 쉽다. 관계의 장 안에서 유연하게 움직일 수 있고, 다른 사람과 있을 때는 반드시 사전에 합의한 관계의 영역을 인정하고 서로의 프라이버시를 존중한다.

8. 활발한 언어 커뮤니케이션

이들은 서로에게 무슨 일이 일어나고 있는지를 안다. 스탠 탯킨이 자주 하는 말이 있다. "파트너는 찾아가는 사람이다. 중요한 소식이나 사건이 있을 때 먼저 찾아간다."[4]

안정형 커플은 대화를 하고 생각을 숨기지 않으며 끊임없이 새로운 소식을 전해준다. 중요한 정보가 있으면 서로에게 먼저 공유한다. 걱정스러운 일, 실망한 일, 실패한 일, 승리한 일, 축하할 일 등 전부 다 서로에게 이야기하고 비밀도, 조금의 거짓말도 (선의의 거짓말이라 해도) 허용하지 않는다. 확신을 주는 단어들을 사용하고 "사랑해"라고 자주 말한다. 떨어져 있을 때 상대에게 문자를 보내고 전화를 건다.

스탠 탯킨은 이 커플들이 "밧줄에 매인 상태"를 유지한다고 말한다. 어떻게든 연결을 강화할 방법을 찾고 상대의 곁에 있어준다. 사려 깊게 경청하고 명확히 질문하니 수반감이 생기고 관계는 더 가까워지며, 감정과 욕구도 편하게 표출한다.

9. 풍부한 비언어 커뮤니케이션

스탠 탯킨은 커플이 안정 리듬을 탔을 때를 알아볼 수 있다고 말한다. 그럴 때는 안전하고 애정 어린 스킨십을 하고(손을 자주 잡고 포옹을 한다), 서로를 꾸며주고(어깨에서 실밥이나 머리카락을 떼어준다), 일치하는 행동을 드러내 보이기(마주 앉아 동시에 다리를 꼰다거나 고개를 같은 방향으로 기울이는 등) 때문이다.[5] 이들은 다정한 눈으로 서로를 바라보고 풍부한 표정으로 상대에게 반응하며 사랑을 표현한다. 대화를 할 때도 듣기 좋은 톤을 사용한다. 앞에서도 언급했지만 이런 행동들은 안전감을 전달하고 편도체를 진정시켜 연결된 느낌을 수월하게 받는다.

10. 함께 갈등 해결

안정형 커플이라고 모든 일에 항상 완벽하다는 생각을 심어주고 싶지는 않다. 인생이 다 그렇듯 그들의 관계에도 문제가 발생한다. 하지만 그럴 때 안정형 커플은 적극적으로 문제에 대해 논의하고 큰 어려움 없이 문제를 해결하며, 그 과정에서 전보다 더 친밀한 관계로 발전한다. 같은 상황에서 회피형은 감정을 차단하고 서로 거리를 둔다. 양가형은 불평을 하거나 자의식을 잃거나 통제하듯 상대를 챙기는 모습을 드러낸다. 혼돈형은 혼란, 해리, 경직 반응을 보일 수 있다.

반면 안정형 커플은 갈등이 생겼을 때 서로에게 다가가려 한다. 말싸움은 자주 해도 상대를 공격하거나 원망하지 않는다. 수치심을 주거나 떠나겠다고 위협하지도 않는다. 상대를 망가뜨리려고도 하지 않는다. 대체로 서로를 받아들이고 이해하려 하고 관점과 행동에 융통성이 있다. 관계의 발전을 위해 필요하다면 자신을 바꿀 수도 있다. 그러면서도 자의식을 완전히 버리지는 않는다.

스탠 탯킨은 직접 시도해 볼 만한 훌륭한 조언을 건네는데, 바로 싸움을 길게 가져가지 말라는 것이다. 무슨 일이 일어나든 15분 정도 지난 후에는 잠시 멈추라는 이야기다.[6] 이렇게 하면 뇌가 단절의 순간을 장기 기억에 입력할 수 없다. 주로 부정적인 경험이 기억에 입력됨으로써 파트너가 사랑하는 사람이 아닌 적으로 인식될 위험을 피하자는 것이다.

안정형 커플은 의견이 심각하게 다를 때도 연결을 끊지 않으려 자연스럽게 노력한다. 그 덕분에 쉽게 동요하지 않는다. 갈등이라고 해봐야 대수롭지 않다는 사실을 알고, 관계가 서로의 이익과 일체감을 지향한다는 힘을 느낀다. 타협보다는 서로 윈윈하는 해결책이 있다고 믿는다. 그리고 안정 애착을 체화한 커플일수록 갈등이 일어나기 전에 더 적절한 반응을 하기 때문에, 그 과정에서 한 사람이라도 위협 반응을 보일 일이 별로 없다.

11. 안정적인 연결

위의 이유로 (또 그 밖의 많은 이유로) 안정형 커플은 관계를 쉽게 끝내지 않는다. 오랜 시간 만남을 이어가고, 상대에게 헌신하는 마음이 강하고 확실하다. 물론 이혼을 하는 커플도 있고, 죽음은 분명 두 사람을 갈라놓기도 한다. 하지만 안정형 커플이 헤어지는 것은 간단하지 않다. 관계를 유지하는 쪽이 훨씬 더 이롭기 때문이다.

빠진 내용도 많겠지만 대략 어떤 모습인지 이해가 될 것이다. 이런 관계가 비현실적이거나 불가능하다고 느끼는 사람들도 많다. 하지만 이런 특징을 일부분이라도 가지고 있는 커플을 다들 최소한 한 쌍쯤은 알지 않을까? 멘토 커플에게서 안정 애착을 배워야 한다는 매리언 솔로몬의 생각을 다음 실습으로 시도해 보자.

함께 해보기 | 멘토 커플 찾기

위의 목록을 보며 떠오르는 사람이 있는가? 잠시 생각해 보자. 여러분의 삶에서 보고 관찰한 커플 중에 저런 특징을 보인 사람들은 누가 있었나? 위의 묘사와 항상 일치할 필요는 없다. 이 사람들을 생각할 때 서로를 보호하려는 마음, 연결감, 유쾌함, 안녕감이 인상적이었다면 그것으로 충분하다. 위에서 설명한 특징들을 가장 잘 드러내는 듯한 사람을 잠시 생각해 보라. 이 안정형 커플은 여러분과 파트너 사이에 문제가 생겼을 때 부탁만 하면, 멘토처럼 적극적으로 조언해 줄 것이다. 아니면 생동감과 즐거움을 더 많이 발견하며 현재의 관계를 더욱 발전시키게 도와줄 수도 있다.

유용하고 효과가 입증된 조언을 얻을 수 있으니 얼마나 좋은가!

딱히 누가 떠오르지 않는 사람도 있을 수 있다. 그럴 경우에는 그냥 소설, TV, 영화에 나오는 안정형 커플을 생각한다. 앞에서 영화 〈브루클린〉을 언급했었는데 〈라이언Lion〉이라는 영화도 추천한다. 주인공 청년은 생모를 찾으면서 동시에 자신을 길러준 어머니에게도 사랑을 표현하며 확신을 준다. 두 가족이 마음을 열고 서로를 받아들이는 이 영화는 안정 애착을 스크린에서 멋지게 보여준 사례다.

우리 모두 안정 애착에 어느 정도의 준비를 해야 하니 출처가 어디든 적절하다고 생각되는 사례를 관찰하고 그 관계의 훌륭한 점들을 하나도 빠짐없이 생각한다. 긍정적인 관계에 빠져보는 것이다. 최대한 많이 흡수하고 안정 애착의 자연스러운 힘으로 변신할 수 있도록 마음을 활짝 열자.

안정형 파트너 + 불안정형 파트너

안정 애착이 형성된 사람은 대개 안정형끼리 이어지지만 안정형이 불안정형과 짝이 되는 경우도 드물지는 않다. 이때 불안정형은 복권에 당첨된 셈이다. 안정형과 함께함으로써 안정감을 느끼고 상처를 치유할 수 있으므로 이 관계는 대단히 중요하고 소중하다. 안정형 파트너의 일관적이고 건강한 반응 덕에 불안정형이 애착 체계를 재구성할 수도 있다. 연구에 따르면 불안정형이라도 불과 2~4년 만에 안정 애착에 훨

씬 더 가까워진다고 한다.[7]

　회피, 양가, 혼돈 중 어느 유형이 지배적이든 안정형과 친밀한 관계로 함께하는 삶은 명백하게 이롭다. 안정 애착 기술들을 배우고 실천하며 안정 애착을 위해 노력할 의지가 있는 두 사람이 만난다면 큰 시너지 효과가 일어난다.

불안정형 파트너 + 불안정형 파트너

　물론 불안정형도 여러 가지 분명하고 모순적인 이유로 서로에게 끌린다. 회피형은 양가형과 자주 짝을 이루는 편이고, 회피형이나 양가형이 혼돈형과 이어지기도 한다.

　회피형과 양가형이 만나면 조금 까다로워질 수 있다. 관계에 헌신하는 마음에 차이가 클수록 더하다. 껄끄러운 문제가 생겼을 때 대부분의 회피형은 스스로를 고립하고 상대와 거리를 두는 방법으로 안도감과 안전감을 찾는다. 반면 양가형은 파트너와 더 가까워지기를 원한다. 이런 차이를 좁히려면 많이 배우고, 따뜻한 마음으로 상대를 의식하고, 관계에 헌신해야 한다. 이 유형들은 서로에게 가장 고통스러운 상처를 자극하는 경향이 있어 불안정 애착이 줄어들기는커녕 더욱 커진다.

　회피형은 커플로 그리 오래 붙어 있지 못한다. 굳이 이유를 찾자면 그들을 하나로 이어줄 접착제가 충분하지 않기 때문이다. 두 사람 다 병렬 주의 활동에 관심이 있고 내면의 세계에 빠져 있어 상대방과 이어지는 다리를 만들기가 어렵다. 그런 연결을 오래 유지하기도 쉽지 않다.

또한 혼돈형 커플은 서로의 트라우마를 자극하는 경우가 많아 관계 유지를 힘들어하는 편이다. 양쪽 모두 주기적으로 애착 체계가 활성화되고 괴로움을 느끼면, 상대를 적으로 여기고 관계를 전쟁터같이 느낄 수 있다. 위험을 느끼는 상황에서 벗어나는 것은 사람의 자연스러운 반응이다(물론 예외는 있다).

하지만 두 사람 다 혼돈형이라 해도 동시에 트라우마가 촉발되지 않고 한쪽이 신경계 조절이 잘 되어 있는 상태를 유지한다면 만남을 잘 이어갈 수 있다. 한 사람이 침착하고 안전하고 안정적인 역할을 해내면 트라우마가 촉발된 파트너가 위협과 공포를 극복하고 사랑과 친밀감에 다시 연결되도록 이끌 수 있다. 서로 그 역할을 주고받을 수도 있다.

여기까지 읽었으면 다른 조합들이 어떤 모습인지 대충 짐작이 갈 것이다. 하지만 실제로는 훨씬 더 복잡해서 몇 단락만으로 모든 내용을 요약할 수는 없다. 결국 핵심은 여러분이 선택한 파트너와 최선의 노력을 다하는 법을 배우는 것이다. 하지만 실질적인 조언을 하기 전부터 섣부른 판단을 하고 싶지는 않다. 우선 여러분이 현재 솔로이고 파트너를 찾고 싶어한다고 가정하겠다(이미 연애를 하고 있다면 "더 안정적인 관계를 향해"로 넘어가도 좋다).

파트너를
찾는 이들을 위한 가이드라인

우리가 연애 상대를 찾는 기준에는 대체로 외적 매력, 공통의 관심사와 가치관이 포함된다. 사회경제학적 지위 같은 문화적 요인, 가족 관계, 민족도 고려 사항이다. 전 세계 다양한 사회의 남성과 여성은 누가 가장 바람직한 파트너인지 어린 나이부터 배우며 자랐고, 그때 잡힌 인식이 훗날 내가 어떤 짝을 찾을지를 (문화에 따라서는 나를 위해 어떤 짝을 찾아줄지를) 결정한다. 하지만 많은 사람들이 이미 깨달았듯 이런 방법이 항상 효과적이지만은 않다. 분명한 예를 들어보자면 근사한 외모, 강인한 체력, 두둑한 재산이 꼭 관계 능력과 일치하리라는 법은 없다.

어린 시절의 관계 설계도와 잘 맞는 사람에게 무의식적으로 끌릴 수도 있다. 퍼즐 조각처럼 누군가와 "딱 맞게" 연결되고 그 사람이 촉발제로 작용해 부모와 해소하지 못한 문제를 다시 느끼게 된다. 커플 치료를 하는 상담사 중에는 이런 상황이 양쪽 모두에게 성장과 치유의 기회라고 보는 사람들도 많다.

불안정 애착이 형성된 사람은 때때로 안정형을 지루하다고 생각한다. 자극적인 재미가 없고, 엄청난 '성적 매력'을 발산하지도 않는다. 그래서 안정형을 잠재 파트너 후보에서 제외하는 경우가 많은데, 안타깝지만 본인에게 큰 손해다. 처음에는 그리 흥미롭지 않게 느껴지는 사람도 시간을 들여 찬찬히 뜯어보기를 권한다.

일관성 있게 곁에 있어주는지, 다정하게 관심을 보내는지, 애정을 드러내는지, 상대에게 충실한지, 감정 기복이 없는지를 보자. 실재, 빠른 반응, 보호적인 태도도 기준으로 삼는다. 단순히 첫눈에 홀딱 반하는 것보다는 이런 특징들이 장기적으로는 훨씬 더 중요하다. 집안 분위기에 대해서도 물어보자. 연결감, 안정감이 넘치는 친사회적인 가정이었나? 그랬다면 굉장한 플러스 요인이 될 수 있다. 당연히 잠재 파트너의 매력도 느껴야 한다. 다만 안정 애착의 징후를 찾는 법을 배울수록 좋다는 뜻이다. 안정 애착으로 갈 가능성이 있는 사람이라면 불안정형도 나쁘지는 않다.

연애를 시작하고 1년 정도는 기본적으로 몸 안에서 갖가지 화학 물질이 뒤섞이고 날뛰는 시기다. 유대감을 만드는 옥시토신이 체내를 점령하고 옥시토신은 연결, 추앙, 유혹을 부

왜 내 사랑은 이렇게 힘들까

추긴다. 불행히도 이 시기에 눈이 멀어버린 우리는 파트너에 관한 중대한 정보와 관계가 진전되는 방식을 알아보지 못하는 경우가 많다.

스탠 탯킨은 친구나 멘토 커플에게 파트너 심사를 부탁하는 것부터 1순위로 해야 한다고 강조한다. 여러분과 파트너가 함께 있을 때 어떤 모습인지 더 분명하게 볼 수 있기 때문이다.[8] 추가로 안정 애착 기술들을 실천하며 새로운 파트너의 반응을 확인할 수도 있다. 지금부터는 그동안 습득한 도구들로 무장하고 눈을 크게 뜬 채로, 상대가 누구든 새로운 관계를 시작하는 법에 관해 이야기해 보려 한다. 관계에 무엇이 정말로 효과적인지 확실하게 깨달을수록 이 관계를 지속할지, 중단할지도 더 명료하게 선택할 수 있다.

긍정적인 요소를 찾는다

이쯤에서 내가 안정 애착의 징후를 찾으라고 제안한다 해도 여러분은 놀라지 않을 것이다. 하지만 안정형은 특정한 모습을 하고 있지 않다. 특정한 활동을 하지도, 특정한 종교를 믿지도, 특정한 차나 직업을 가지고 있지도 않다. 그저 타인과 관계를 맺고 서로 주고받는 선천적인 능력이 뛰어날 뿐이다. 내가 여러분에게 찾아보라 권하는 것도 그 능력이다. 하지만 어떻게 알 수 있을까?

모든 데이트 과정에서 스트레스는 줄이고 효율성을 높여

줄 더 근본적인 방법을 소개한다. 안정 애착이 형성된 사람, 혹은 안정 애착을 지향하며 성장할 의지가 있는 사람을 평생의 배우자로 찾고 싶다면 잠재 파트너를 만날 때 다음의 기술들을 고려해 보기를 바란다. 대다수 항목은 아미르 레빈과 레이첼 헬러의 책에 나온 내용을 응용했음을 밝혀둔다.[9]

1. 밀당을 하지 않는다

진실되지 못한 전략은 잊어라. 흔히 첫 데이트 이후 너무 빨리 연락을 하지 말라고, 상대가 전화나 문자를 해도 하루 이틀 기다린 후 응답하라고 조언한다. 관심이 '지나치다는' 인상을 주지 않으려는 의미로 추측된다. 하지만 안정형에게는 그런 방법이 통하지 않는다. 믿기 힘들겠지만 안정형은 초기부터 연결의 신호를 찾으려 하고, 밀당에는 아무 관심이 없다. 초기에 응답을 잘하고 마음을 썼더니 상대가 거부감을 드러낸다면 그는 안정 애착이 형성되지 않았을 가능성이 크다.

2. 욕구를 일찍부터 표현한다

관계 초반에 자신의 욕구에 대해 이야기하기를 꺼리는 사람들도 있다. 매력이 반감될까 두려워하기 때문이다. 불안정 애착을 형성한 사람은 다른 사람에게 자신의 욕구가 짐으로 인식된다고 느낄 수 있어 의사 표현을 조금 삼간다. 나는 다르게 해보기를 추천한다. 초기부터 일관적인 반응을 살펴보

왜 내 사랑은 이렇게 힘들까

아야 하는데 상대에게 그런 기회를 주지 않는다면 필요한 정보를 얻을 수 없기 때문이다.[10]

그러니 욕구를 표현해 보고 잠재 파트너가 실제로 욕구를 표현하는 사람(여러분)을 어떻게 대하는지 확인한다. 마찬가지로, 여러분은 상대의 욕구에 잘 반응하는가? 여기서 설명하는 특징들을 보며 여러분 자신의 성향도 관찰할 수 있다.

3. 반응 패턴을 평가한다

문자, 이메일, 전화에 얼마나 빠르게 반응하는지로도 많은 사실을 알아낼 수 있다. 점수를 매기자는 말은 아니다. 사람들이 매번 즉각적으로 응답을 하리라는 기대도 현실적이지 않다. 다들 일도 하고 다른 용무도 해결해야 하지 않나. 하지만 관계의 초기부터 반응의 패턴을 감지할 수는 있고, 이로써 그 사람이 장기적으로 어떤 모습을 보일지 상당 부분 짐작하는 것도 가능하다. 데이트를 취소해야 할 때 사과하고 사정을 설명하고 스케줄을 다시 잡는가? 아니면 상대가 기다리게 방치하는가?

4. 나를 대하는 태도를 관찰한다

새로운 파트너와 데이트를 할 때 어떤가? 사람들 앞에서 여러분을 특별한 사람처럼 대하는가? 아니면 무시하거나 이런저런 트집을 잡는가? 보호하려 하는지도 지켜본다. 이 세상으로부터 여러분을 안전하게 지키고, 해를 입지 않도록 보호할 마음이 있는지 증거를 찾아야 한다. 상황이 조금 이상해질 때 여러분을 버리거나 여러분에게서 등을 돌리지 않을 것이라는 증거를 찾는다. 상처를 주는 행동과 다정하지 않은 말을 피하는가? 얼마나 너그러운가? 오해가 생겼을 때 관계를 복구하려는 시도를 얼마나 자주 하는가? 여러분의 노력과 애정 표현을 얼마나 알아차리고 고마움을 전하는가?

5. 함께 여행을 간다

가능하다면 적당한 시기에 함께 며칠 일정으로 여행을 가보라. 파트너는 물론 두 사람의 관계 자체에 중요한 부분들을 배우기 좋은 방법이다. 파트너의 태도를 살펴보자. 여행 준비를 돕고 비용과 책임을 나누고 짐을 들어주는가? 어떤 식으로든 동등하게 참여하는지 확인한다. 여러분처럼 같은 활동을 공유하는 데 관심이 있는가? 아니면 자기가 하고 싶은 활동을 같이 하자고만 이야기하는가? 혼자만의 시간과 함께하는 시간이 적절히 분배되는지도 확인한다. 둘 사이의 전환이 순조로운가? 아니면 이로 인해 논쟁이 벌어지고 긴장감이 드는가? 한쪽이 상대에 비해 혼자만의 시간을 더 많이 필요로 하는가?

하지만 이런 것들을 결정적인 증거로 보아서는 안 된다. 그보다는 관계의 진전을 원할 경우 이를 결정하게 도와줄 핵심 정보로 여기자.

6. 갈등 상황을 고려한다

어느 관계나 의견 차이, 불화, 갈등을 겪는다. 사실 이런 갈등이 초기에 나타나면 도움이 된다. 이 사람이 어떤 파트너가 될지에 관해 많은 사실을 알려주기 때문이다.

납득이 가게 자신의 의사를 표현하는가? 자신의 잘못으로 일어났을지 모르는 문제에 사과를 하거나 책임을 지는가? 여러분의 입장을 이해하려 하는가? 아니면 옳고 그름을 따지는 데만 관심을 쏟나? 사소한 불화에도 얼마나 적극적으로 관계를 복구하려 하는가? 필요할 때 사과를 순순히 받아들이는가? 상황에 유연하게 대처할 마음이 있는지, 관계를 더 잘 뒷받침할 전환 행동을 보이는지도 알아볼 수 있다. 갈등이 조금 과열되거나 힘들어질 때 어떤 모습을 보이는가? 따지려 들고 상처를 입나? 아니면 인내심을 발휘하고 사려 깊게 행동하는가? 물론 이 방면에서는 여러분 자신의 행동도 살펴볼 필요가 있다.

7. 언어적 요소와 비언어적 요소 모두를 살핀다

파트너가 어떤 언어로 자신의 느낌과 관점을 전달하는지 생각해 보자. 목소리 톤에도 주의를 기울인다. 들으면 마음이 편안해지고 낭랑한가? 아니면 단조롭고 거친가? 다정하고 감사한 눈빛으로 쳐다보는가? 안면 근육을 잘 움직이고 표정이 다양한가? 애정과 안전감을 손길로 어떻게 전달하는가?

이 책에서 배운 내용들을 바탕으로 큰 관심을 가지고 파트너가 사용하는 언어, 목소리 톤, 눈빛, 표정, 제스처를 면밀히 살펴본다.

경고 신호를 무시하지 않는다

앞의 연습들에서 분명히 나타났겠지만 유심히 살펴보아야 할 점들이 있다. 몇 가지는 어떤 사람이 회피형, 양가형, 혼돈형 중 어느 쪽에 가까운지 알려준다는 사실도 미리 밝혀두고 싶다.

다음의 목록에서 회피형과 양가형의 내용은 아미르 레빈과 레이첼 헬러의 책에서 일부 빌려왔다.[11] 완전한 목록은 아니며, 여기 있는 항목들을 보고 곧장 연인의 자격을 박탈해서도 안 된다. 제발 한두 가지 경험으로 섣부른 판단을 내리지는 말자. 만나면서 단서와 패턴을 찾으면 된다. 이 정보들은 큰 그림을 보고 향후 관계에 어느 정도로 투자할지를 결정할 때 고려할 사항일 뿐이다. 다른 부분들을 관찰하는 시간도 필요하다.

까다로운 반응을 어쩌다 한 번 보였을지도 모르지만, 이 반응은 오래되어 고치기 힘든 패턴의 증거일 수도 있다. 그러니 무엇보다도 (안정 애착이라는 용어를 알든 모르든) 안정 애착을 위해 노력할 마음과 의지가 있는 파트너를 찾아야 한다. 그런 성향이 굳건한 사람을 찾는 것이 최고다.

1. 회피형을 가리킬 수 있는 지표들

- 파트너가 원하는 바를 표현할 때 거부감을 드러낸다. 다시 말해, 상대의 요구를 문제로 취급한다.
- 자신의 욕구는 자기가 제일 잘 채울 수 있다고 느낀다.
- 할 말을 억지로 끌어내야 할 것만 같다. 최악의 경우에는 입을 굳게 다물고 말을 하지 않는다.
- 습관적으로 거리를 두는 행동을 한다. 자신만의 공간을 필요로 하고, 관계가 진전되고 상대와 가까워질수록 공간을 더 많이 원하는 듯하다.
- 주기적으로 동굴에 들어간다. 문자나 전화에 일관적으로 반응하는 법이 없다.
- 친밀감을 느끼면 더 가까워지기는커녕 이후 벽을 치거나 멀찍이 물러난다.
- 툭하면 부정적이거나 비판적이거나 경멸적인 태도를 보인다. 남의 결점을 찾는 행동을 자주 하고, 특히 파트너가 주된 대상이 된다.
- 전 연인이나 미래의 파트너를 이상화한다. 관계에서 멀어진 후에야 애착 체계를 짓누르던 부담감이 사라져 그때 느꼈던 사랑과 연결감에 다가갈 수 있다. 마찬가지로, 미

래의 완벽한 짝을 상상할 때는 안전하다는 느낌을 받으려 거리를 두고자 하는 욕구가 나타나지 않는다. 이런 시나리오에서 회피형은 실제 관계에 들어가 있지 않다.

- 로맨스에 비현실적인 관념을 가지고 있는 듯하다. 평범하게 좋았다 나빴다 하는 관계에 놀라며 당황스러워하고 대체로 갈등을 대하는 태도가 관계에 도움이 되지 않는다.
- 애정을 표현하거나 공개 연애를 할 의지가 없다. 스킨십과 말로 하는 애정 표현을 삼갈 수도 있다. "사랑해"처럼 파트너에 대한 마음과 애정을 드러내는 말들이 쉽게 나오지 않는다.

2. 양가형을 가리킬 수 있는 지표들

- 습관적으로 불안해하고 집착한다. 대상 항상성이 부족하기 때문에 어떤 형태로든 파트너가 자기 곁에 있다는 확신을 주기적으로 받아야 안심한다.
- 질투를 잘한다. 늘 상대가 자신을 버릴 것이라는 증거를 찾고 사실이 아닌데도 외도를 의심한다.
- 만난 지 한참 지났을 때까지도 파트너를 잘 신뢰하지 못한다. 다른 사람에게 더 관심 있다는 증거를 찾아 대화를 엿듣거나 문자, 이메일을 몰래 읽을 수 있다.
- 파트너에게 과도하게 집중하고 상대적으로 자신에게는 집중하지 않는다. 자신은 잘 돌보지 않으면서 파트너를

항상 곁에 두고 챙겨주려 할 수 있다.

- 밀당을 하고, 점수를 매기고, 행동으로 조종을 하고, 싸움을 건다. 파트너에게 자기밖에 없는 것이 분명할 때도 곧 거부를 당할지 모른다는 두려움으로 의도치 않게 파트너를 밀어내고 있는 것처럼 보인다.
- 감정이 자주 격해진다. 딱히 둘 사이에 불화가 없는데도 슬픔, 실망, 분노를 표출한다.
- 파트너를 가까이에 두고 싶어 하다가도 밀어내는 식으로 양가 감정을 드러낼 수 있다.
- 울음 신호를 계속 켜놓아야 하기 때문에 불평을 입에 달고 살고 파트너의 애정 표현을 무시한다. 연결감을 느끼기 위해 말을 지나치게 많이 할 수도 있다.
- 과거의 상처나 갈등을 잘 잊지 못해 현재 관계를 위해 필요한 해결책에 집중하기 힘들어한다.

3. 혼돈형을 가리킬 수 있는 지표들

- 두려움이 섞인 채로 회피형과 양가형 항목에 있는 행동들을 극단적으로 오가지 않는지 살펴본다. 예를 들어, 거리를 두면서도 확신과 관심을 많이 요구하고, 방어적인 태도와 조절 장애로 힘들어한다.
- 경직 반응을 일으키고 해리 상태 같은 모습을 보인다. 기억에 공백이 있을 수도 있다. 시작한 문장을 맺지 않는 경

우도 있고, 시제를 혼동하거나 단어를 빠뜨리며 이해하기 힘들게 말을 할 수도 있다.

- 난데없이 자극을 받고 격렬한 반응을 보인다. 무슨 일로 화가 났는지 이해하기 어려울 수 있다.
- 자극을 받았을 때 혼란에 빠져 간단한 결정도 내리지 못한다. 이럴 때는 선택지를 줄이고 명확하게 설명을 하는 것도 좋은 방법이다.
- 사귀는 도중 특정 시점에 설명할 수 없는 공포를 경험하기 시작할 수 있다. 파트너에게 느끼는 친밀감과 안전감이 커질 때 특히 이런 현상이 나타난다.

오랫동안 만날 파트너를 찾고 있는 분들에게 이 가이드라인이 도움이 되기를 바란다. 예측이 가능해지면 자신에게 더 이로운 결정을 내릴 힘이 생기고, 지나치게 많고 뻔한 문제들을 피해갈 수 있을 것이다. 안정 애착 기술들을 직접 발휘해서 점점 발전하는 능력을 파트너에게 최대한 전달하는 것 또한 이상적이다.

이 점을 반드시 기억하자. 자신과 상대의 강점과 한계를 따뜻한 마음으로 인식하고, 안정 애착 기술들을 습득하기 위해 노력할 의지를 (양쪽 모두) 놓지 말아야 한다. 일단 만나는 상대가 있다면 연애의 만족도를 높이고 관계를 더욱 깊이 다지는 데 앞으로의 내용이 도움이 될 것이다.

더 안정적인
관계를 향하여

　만약 여러분이 다른 사람과 애착 유대를 확립했다면, 그 말은 곧 서로가 상대방의 주 애착 대상이 되었다는 뜻이다. 때로는 갈등을 빚고 상대에게 불만이 생기거나 심지어 상대가 다른 나라에 있을 수도 있지만, 그렇다 해도 다르지 않다. 근본적으로 우리는 애착 대상을 향해 있다. 인간은 평생 연결을 하도록 만들어졌다. 쉽게 사라지는 성향이 아닌 것이다. 그러므로 좋은 상태로 상대방과 유대를 이어가고 점점 더 강화하는 것이 바람직하다.

　당연히 부정적인 계기로 인해 멀어질 수도 있다. 관계를 끊고 새로운 파트너를 만나면 그 사람이 새로운 주 애착 대상이 된다. 우리는 다른 사람과의 관계에서 조금씩 안정 애착에 가깝게 적응할 것이다. 안정 애착 기술들을 따로 배운다면 더욱 효과적이다. 파트너와 나 자신을 더 온정적으로 이해하고 더욱 안정적으로 함께하는 법을 배울 수 있다.

들어가는 말에서 소개한 스탠 탯킨과 트레이시 볼더만 탯킨의 연구는 이 방면에서 굉장히 중요하다. 그런 의미에서 두 사람이 대중을 위해 선보인 저서와 오디오 프로그램, 커플을 대상으로 하는 치료, 전문 치료사를 위한 PACT 훈련을 강력 추천한다.

주된 유대는 굉장한 의미를 가지기 때문에 파트너를 속속들이 잘 알고 있어야 한다. 상대방이 우울할 때 기운을 북돋고, 스트레스를 받을 때 위로하고, 살면서 겪는 온갖 미묘한 차이를 극복하며 최선을 다해 그를 도와야 한다. 물론 상대도 우리에게 관심을 보이고 똑같이 보살펴 주기를 원한다. 서로의 안녕감을 향상시킬 신성한 책임은 두 사람 모두에게 있기 때문이다. 이상적인 커플은 서로를 공동 조절하고 동시에 최대한 자신을 진정시키는 방법으로 상대를 돕는다.

지금쯤 여러분도 안정 애착이 어떤 모습인지, 어떻게 하면 자신과 타인을 위해 안정 애착 기술들(1장에서 상세히 설명한 안정 애착 기술을 말한다)을 연습할 수 있는지 이해했을 것이다. 그 내용을 여기서 복습하지는 않겠지만 여러분의 삶에 의미 있는 모든 사람과 이 기술들을 활용해 보기를 바란다. 지금부터는 하나 이상의 불안정 애착을 드러내는 파트너를 대하고, 함께 성장하는 방법을 알아보려고 한다. 이는 두 사람 모두에게 도움이 되리라 생각한다.

왜 내 사랑은 이렇게 힘들까

회피형 파트너와 성장하는 법

회피형은 어느 정도의 방치 또는 적극적인 거부를 당하며 자랐다는 사실을 기억할 것이다. 회피형의 부모는 시종일관 아이에게 반응하지 않았고 실질적인 실재감도 부족했다. 아니면 단순히 아이의 욕구에, 특히 감정적 욕구에 맞춰주지 않았을지도 모른다. 이런 아이가 성인이 되면 애착 체계는 돌아가고 있어도 무의식적으로 브레이크를 건다. 방치 상태로 자랐을 때 자연스러운 반응이다. 그래야만 생존할 수 있기 때문이다. 곁에 아무도 없었을 때, 욕구나 현존에 부정적인 반응을 받았을 때 연결의 가능성을 열어두고 있기란 너무나 고통스럽다.

하지만 애착은 인간의 선천적인 욕구이기도 하다. 인간의 본능이다. 다른 이들과 연결되어 있을 때 실제로 더 안전하기 때문이다. 조절이 원활해지고 만족이 커지며 자원도 풍부해진다. 그래서 애착 체계가 자연스럽게 하고 싶은 작용을 막으려면 굉장히 많은 에너지가 소모될 수밖에 없다. 회피형은 자신이 애착 체계에 습관처럼 브레이크를 걸고 있을 때 연결하고자 하는 성향을 차단하기 위해 얼마나 노력하고 있는지 잘 알지 못한다.

이제 막 관계를 맺기 시작하려는 회피형은 엄청난 리스크를 감수하는 셈이다. 겉으로는 모든 상황을 통제하는 듯 보이지만 침착한 외관 아래에서는 온갖 경고 신호들에 시달리고 있다. 타인과 가까워지면 거부를 당하거나 상처를 입거나 상실감을 경험할 뿐이라는 경고가 울린다. 이 점을 염두에 두고 회피형의 굉장히 예민하고 취약한 성향을 알아주기를 바란다.

회피형은 어린 시절 어떤 식으로든 외면, 방치, 거절을 당했다. 자신을 챙기기 위해서는 관계 환경과 단절해야 했을 정도였다. 근본적으로는, 형성기에 긍정적으로 보듬어 주는 환경이 부족해서 연결을 시도할 수 없었다. 회피형이 어린아이일 때 신경계는 차분하고 실재하는 성인과의 상호작용을 통해 조절하는 법을 배울 기회가 없었다. 공동 조절을 했을 때 차분해지고 기분이 좋아지는 느낌을 모르고 자랐다. 그런 회피형이 다른 이에게 먼저 다가가 관계를 맺기로 했다면 굉장히 큰 각오와 결심을 한 것이다.

회피형이 관계에서 성장하려면 다양한 감정적 고통을 견딜 줄 알아야 한다. 마음을 비우고 그동안 자라면서 습득했던 애착 전략 대다수를 없애거나 중지시켜야 한다는 뜻이다. 회피형은 같이 일하기에 까다로운 상대다. 웬만해서는 도움을 청하지 않는 편이다. 자신의 내면도 충분히 이해하지 못하기 때문이다. 반드시 기억하기를 바란다. 회피형은 어렸을 때 신경계의 상호 조절을 할 적절한 기회가 없었다. 그러니 회피형이 상처를 치유하려면 반드시 상호 조절을 하는 법을 배워야 한다.

회피형에게는 절대적인 믿음이 필요하다. 회피형이 안정 애착에 다가가기 위해서는 여러분의 지지와 인정이 필요하다. 그들의 생각, 감정, 신체를 다정하고 사랑스럽게 대해주어야 한다. 잘 보이지 않지만 회피형의 내면에서는 때때로 많은 일이 일어나고 있다. 그래서 상대와의 연결로 초점을 되돌리는 데 다른 유형보다 많은 시간이 필요하다. 게다가 사회적 신호에 주의를 기울이지 않고 (많은 경우 잘못 해독하고) 신호를 잘 보내지도 못할 수 있다.

회피형이 관계를 맺기로 상태를 전환했을 때는 존중과 지지를 보내주는 것이 중요하다. 혼자 있는 시간에서 함께하는 시간으로 이동하는 능력이 뛰어나지 않기 때문이다. 2장에서도 설명했지만 회피형은 관계가 전환될 때 스트레스를 받고, 그래서 거부하거나 흥분하고 화를 내는 것 같은 인상을 줄 수 있다. 이럴 때는 회피형에게 어떤 작용이 일어나고 있는지 기억하고, 가시 돋친 태도의 이유를 자신에게 돌려 상처받지 않도록 노력한다. 그래서 상대에게 절대적인 믿음을 가지라고 말하는 것이다.

회피형도 사랑을 줄 수는 있다. 하지만 안전감을 느끼기 위해 애착 체계의 전원을 끄는 순간이 온다. 안정 애착을 통해 더 이로운 관계에 다가갈수록 회피형의 이런 성향도 줄어든다.

회피형이 다시 관계를 맺는 방향으로 전환하는 데 필요한 공간과 시간을 존중한다면, 고슴도치를 껴안는 듯한 느낌이 확연히 줄어들 것이다. 전환 과정에 개인적인 반응을 보여서는 안 된다는 말은 아니다. 다만 최대한 그의 곁에 있고 그를 이해하고 그에게 도움을 주기 위해 노력한다. 회피형은 감정적으로나 생리적으로나 안전하다고 느끼기 시작하면 관계의 가치를 깨닫게 되고, 전에는 생각하지도 못했던 방식으로 관계를 소중히 여기기 시작한다.

그러기 위해서는 회피형이 자신의 욕구를 확인하게 돕는 방법도 도움이 된다. 아니면 그들의 욕구를 여러분이 먼저 예상할 수도 있다. 회피형은 현재 자신이 무엇을 원하는지 잘 알지 못하고 타인의 도움을 받아들이거나 도움을 요청하는 데도 서툴기 때문이다.

양가형 파트너와 성장하는 법

그에 반해 양가 애착에 적응한 사람은 어린 시절 자주 보살핌과 사랑을 받았지만 양육자의 태도가 심히 예측할 수 없고 일관적이지 않았다. 어린 시절, 둘 중 누가 모습을 드러낼지 알 길이 없었다. 사랑과 관심을 주는 부모였거나, 아니면 방치하거나 관심을 주지 않는 부모였을 수도 있다(자기 애착 상처에 지나치게 몰입하느라 자녀에게 집중하지 못하는 부모도 있다). 이처럼 켜졌다/꺼졌다 하는 양육 방식은 안정적이고 편안한 연결을 방해한다. 불안감은 커지고, 실제로 무시를 받았든, 무시당할 것이라 예상할 뿐이든 불안하고 예민해진다.

회피형은 홀로 남겨져 있던 시간이 너무 많았고 부모의

애정 어린 실재를 통한 건강한 상호작용이 지나치게 적었다. 반면 양가형은 사랑을 받았되 자극이 과해지기 일쑤였고 방치를 당하는 경우도 간간이 있었다. 양가형은 방해나 정동 조절의 중단을 주기적으로 경험했다. 감정을 안정적으로 품거나 표출하는 부분에 부모나 양육자의 도움을 받지 못했다는 뜻이다. 그래서 성인이 되어서도 다양한 감정을 조절하거나 관리하는 데 어려움을 겪는다.

이런 이유로 양가형은 안정적인 연결을 간절히 원하면서도 관계에 지지와 사랑이 담겨 있을 때를 잘 알아차리지 못한다. 상대방이 더 신뢰할 가치가 있다는 사실을 놓치기 쉽다. 파트너의 애정 표현을 알아채지 못하거나 사실은 원하면서도 한사코 거부해 가장 가까워지고 싶은 사람을 밀어낼 수 있다. 이들은 사랑과 관심을 받아들이는 법, 관계를 잃을지도 모른다는 두려움으로 얼지 않고 충만하고 만족스러운 관계를 경험하는 법을 배워야 한다.

만약 여러분이 주기적으로 양가형에게 확신을 준다면 애착 체계를 진정시키는 데 크나큰 도움이 될 것이다. 애착 체계가 활성화되고 파트너를 잃을지도 모른다는 두려움에 사로잡히면 양가형은 관계를 위태롭게 만드는 행동을 할 수 있다. 그만큼 두렵기 때문이다. 부디 그 함정에 빠지지 않기를 바란다.

양가형은 버림받을지 모른다는, 두려움의 구덩이에서 빠져나오기가 상당히 힘들 수도 있다. 이런 애착 모순에 너무 강하게 반응하지 말고 최대한 진정할 수 있게 도움을 주자. 떠난다거나 관계를 끝내자고 위협해서는 안 된다. 위험하지 않고 여러분이 정말로 곁에 있어줄 것을 깨닫는다면, 양가형의 애착 체계도 관계를 갈구하는 외침을 그렇게 시끄러운 목소리로 자주 내뱉지는 않을 것이다.

양가형과 사귀는 중에 다른 지역으로 출장을 가거나 한동안 일에 집중하느라 평소처럼 곁에 있기 어려워질 수도 있다. 그렇다면 어떤 식으로든 연결을 유지한다. 전화, 문자, 이메일, 스카이프, 페이스타임처럼 현재 사용 가능한 모든 기술을 최대한 활용하는 것이다. 평소처럼 같이 있지 못해도 두 사람 모두 연결감을 느끼게 해줄 수단을 동원한다.

양가형 파트너에게 이런 마음을 전해보자. 언제나 곁에 있다고, 사랑하고 보고 싶다고, 깊이 아낀다고, 정말 소중한 존재라고, 남은 평생을 함께하고 싶은 사람이라고, 빨리 다시 보고 싶다고. 이처럼 지지를 담은 확신이 얼마나 큰 효과를 발휘하는지 알면 깜짝 놀랄 것이다.

양가형 파트너에게 그와 함께한다는 사실을 알려주며 삶의 균형을 잡을 수 있다면 양가형의 질투에서 비롯된 행동을 가라앉히는 데도 도움이 될 것이다. 의심의 대상이 친구, 일, 취미인지는 중요하지 않다. 핵심은 그 사람이 얼마나 중요한지 실체적으로 알려주는 것이다. 이렇게 한다면 여러분이 때때로 곁을 비워도 양가형 파트너가 전처럼 괴로워하지 않을 것이다. 안정 애착의 씨앗에 물을 줄 때, 파트너는 긴장을 풀고 예전만큼 사랑의 확신을 많이 요구하지 않을 것이다. 그들은 자신이 얼마나 중요한 존재인지 알 필요가 있다. 1순위라면 관계는 더 이상적이다.

양가형은 신경계를 가라앉히며 이완하고 여러분과의 연결을 신뢰하게 되면서 안정 애착에 다가갈 것이다. 그리고 이런 변화는 두 사람 모두에게 이득이다. 불안감이 해소되며 스스로 진정하는 방법들을 더 많이 익힐 것이고, 여러분에게 더 가까이 다가와 더 깊이 헌신할 것이다. 여러분을 왕족처럼 최고 중의 최고로 대접하고 싶다고 생각할 것이다.

혼돈형 파트너와 성장하는 법

혼돈 애착에 적응한 파트너도 여러분과 연결되고 안전감을 느끼고 싶어 한다. 하지만 어렸을 때부터 위협 반응과 애착을 원하는 욕구 자체가 엮여버렸다. 정말 비극적으로 이런 상황에 처했다는 사실을 기억해야 한다. 어떤 의미에서 혼돈형은 무슨 상황인지 이해하지도 못할 만큼의 어린 나이에 위협적인 애착 경험에서 생존했다고 할 수 있다. 그리고 지금까지 살면서 자신의 신경계 조절을 도와줄 수 있는 사람과 많은 시간을 보내지 못했을지도 모른다. 그래서 혼돈형은 자신의 감정을 실제보다 더 강렬하게 느낀다. 그 감정을 감당할 신경 자원이 발달하지 못했기 때문이다.

이제 여러분은 파트너의 두려움에 안전과 조절의 메시지로 반응해야 한다. 온몸을 이용해 배와 배를 맞대는 포옹처럼 간단한 방법으로도, 상당히 유용하게 신경계를 조절할 수 있다. 어떻게 하든 최선을 다해 곁에 머물며 불안한 상태를 가라앉히게 도와주자. 폐쇄된 공간에 우울하게 있지 말고 상향 조절을 할 수 있게 돕는다.

그러기 위해서는 안전한 피난처, 안전한 리추얼을 만들어 파트너가 괴로워할 때 활용해야 한다. 여러분이 아무 말을 하지 않아도 상대가 특정한 제스처나 눈빛을 통해 와서 안아주기를 바란다는 마음을 전할 수 있다. 트라우마가 유발되어 조절 장애 상태에 빠졌을 때, 현실 감각을 느끼게끔 상대의 발에 여러분의 발을 올려놓는 방법도 있다. 무언가 활성화될 것 같다는 조짐이 보일 경우에는 폭풍우가 몰아치기 전에 연결하고 공동 조절하는 직접적인 방법을 찾을 수도 있다.

또한 전환과 관련된 물체를 사용해 볼 수도 있다. 귀중품이나 아끼는 피규어 같은 특별한 물건을 정해놓고 한동안 파트너의 곁을 떠나야 할 때나 파트너가 유독 힘들어할 때 그 물건을 선물로 주는 것이다. 파트너와 오랜 시간 함께했다면 그에게 무엇이 효과적이고 아닌지에 대한 단서를 자연스럽게 수집하게 될 것이다. 아주 현실적인 방법으로 파트너에 대한 안내 책자를 만들고 있는 셈이다. 일종의 가이드북이라고 할 수 있겠다.

무엇보다도 내가 가까이 있어도 안전한 사람이라는 사실을 파트너에게 알려야 한다. 상대가 여러분에게 때때로 위협을 투사할 수 있는데, 그럴 경우 오래 지속하지 않는다는 것이 중요하다. 안전한 손길은 훌륭한 도구이고, 이런 상황에서는 말도 큰 도움이 된다. 이렇게 말해보라. "나랑 있으면 안전해. 나는 당신을 아끼는 사람이야. 당신 감정을 돕고 싶고, 준비가 되었을 때 이곳에 있을 거야. 공간이 필요하다고 해도 괜찮아. 내가 필요할 때 말만 해."

　　파트너가 극단적인 감정 상태에서 빠져나올 수 있게 최선을 다하자. 일관성 있게 곁에 머물러주고 고통을 덜어준다면 조금씩 혼돈형 파트너를 안정 애착으로 이끌 수 있다. 그때 여러분은 양질의 관계를 훨씬 수월하게 즐길 수 있을 것이다. 빠른 시일 내에 실현되지는 않겠지만 혼돈형이 자기 조절과 치유의 방법을 배우는 모습은 특히나 더 감동적이다. 물론 상대방도 같은 식으로 여러분을 도와야 한다.

자신의 애착
유형 바꾸기

다시 말하지만 여러분을 포함해 모든 사람의 애착 유형은 어린 시절 무의식적으로 몸에 각인된 패턴화의 산물이다. 성인이 되어 맺은 인간관계 속에서 특정한 패턴들이 떠오르기 전까지는, 대부분 자신이 어떤 애착 유형에 적응했는지 알아차리지 못한다. 심리치료, 명상 수련, 자아 성찰, 파트너의 피드백 같은 방법으로 배우는 경우도 있을 것이다.

유년기에 생긴 트라우마는 예상치 못한 곳에서 갑자기 발동되기도 한다. 이런 트라우마의 발현은 애착 장애와 직접적인 관련이 있을 때도 있고, 성인이 되어 추가로 겪은 트라우마의 자극을 받을 때도 있다. 사고, 폭행, 갑작스러운 이별 등이 그 예다.

트라우마와 관련한 에피소드와 패턴을 어떻게 경험하는지는 중요하지 않다. 특히 불안정 애착이 형성된 사람이라면

왜 내 사랑은 이렇게 힘들까

더욱 그렇다. 그보다 기억해야 할 점은 결코 우리의 잘못이 아니라는 사실이다. 어떤 이유로 삶은 우리에게 이상적이지 않은 무언가를 내밀었고, 그것은 우리의 생리적 기능에 와서 박혔다. 설득하거나 소원을 빈다고 애착 유형을 떠나보낼 수는 없다. 애착 유형은 우리 안에 깊이 박혀 무의식적으로 활동을 하고 있다.

그러니 자신에게 온정을 베풀어야 한다. 물론 다른 이들에게도 온정을 베풀어야 한다. 하지만 따뜻한 마음이 자신으로부터 출발하는 것이 핵심이다.

누군가와 관계를 이어가던 중 문제가 생겼다는 느낌이 들때마다 자신을 아끼고 돌보도록 하자. 필요한 경우 잠시 휴식하는 것도 한 가지 간단한 방법이다. 문제가 과열될 때도 있으니 갈등을 해소하기 전에 조금 분위기를 가라앉히면 도움이 된다. 잠시 파트너를 떠나 숲에서 산책을 하거나 나를 지지해 줄 친구에게 전화를 건다. 심리치료사에게 전화를 걸 수도 있다. 약간의 현실 감각을 되찾은 후 파트너에게 연락해 관계를 복구할 의지가 있는지, 그럴 준비가 되었는지 확인한다. 곁을 얼마나 비울 것인지, 언제쯤 돌아올 것인지도 알려준다.

긴장이나 불편이 나타나기 시작할 때는 다음과 같은 (색다른) 방법으로도 자신을 돌볼 수 있다. 오히려 떨치고 싶은 감정에 집중하는 방법이다.

누군가는 파트너가 육체적으로 다가올 때 말로 표현할 수 없는 스트레스를 느끼는가 하면, 또 다른 누군가는 파트너가 며칠간 곁을 비우게 될 때 불안해질 수 있다. 어떤 불편을 가지고 있든 고통을 느끼고 고통에 기대고, 할 수 있는 만큼 최대한 오래 그대로 있어본다. 그런 일은 절대 하고 싶지 않을 수도 있지만 괜찮다! 일단 시도해 보자. 놀라운 변화가 일어날 테니 말이다.

분명하게 말하지만, 감당하지 못할 고통에 뛰어들어 자기 학대를 하듯 그 경험을 무조건적으로 고수하라는 이야기는 아니다. 여기서 말하는 고통이란 불편의 첫 낌새다. 이를테면 배 속이 점점 뻥 뚫리는 느낌, 관자놀이가 약간 욱신거리는 느낌, 가슴이나 어깨가 긴장되는 느낌을 말한다. 정체를 모르겠고 어디서 시작되는지도 알 수 없는 불길함도 가능하다. 언제 이런 감각이 떠오른다면 평소 자신을 다스렸던 전략들을 이용하기 전에 이 실습을 해보기를 바란다.

먼저 몸의 어느 부분이 불편한지 찾는다. 정확히 어디인가? 한 곳에 머무는가, 아니면 움직이는가? 나타났다 사라지는가? 그 형태와 질감에 호기심을 품는다. 새로운 경험이겠지만 마음을 열고 자신의 불편을 실체적으로 바라본다.

온몸에서 일어나는 감각들을 알아차린다. 내부에서 솟아오르는 모든 느낌을 고려해야 한다. 내 불편이 파트너 때문이 아닌 내 애착 역사 때문이라는 생각을 해보자. 그것이 불편의 근원이다. 이 단계에 거부 반응이 들어도 괜찮다. 거부 반응으로 일어나는 감각이 무엇이든 그냥 주의를 기울여 보라. 처음의 불편과 다른가? 어떤 느낌인가?

이제 몸에서 일어나는 변화를 느낀다. 애착 역사가 자기만 아는 방법으로 다시 나타나는 동안 이런 느낌들을 인식한다. 내 애착 역사에 인사를 해보자. 테이블에 앉으라고 권한다. 마음을 열고 애착 역사가 내게 하는 말을 듣는다. 무슨 말을 하려고 하는가?

다시 몸의 느낌을 확인한다. 달라진 점이 있는가? 감각이 강해지거나 약해졌나? 몸의 다른 부분으로 이동했나? 혹시 다른 감각이 눈에 띄는가? 그중 이완과 행복을 가리키는 감각이 있을까?

실습 중에 어떤 변화가 일어나든 다정한 관심을 보내며 최대한 반갑게 맞아준다. 느낌이 너무 강렬해지면 중간에 멈추어도 괜찮다. 깊은 안정감을 찾는 데 도움을 줄 활동으로 초점을 바꾸어도 좋다. 그렇게 하면 안도감이 들고 신경계가 조절된다. 잠시 쉬었다가 나중에 다시 시도하는 것도 자신에게 강력한 온정을 베푸는 행위라고 할 수 있다.

여러분의 애착 역사가 어땠든 삶에 고통만 있지는 않다. 우리 모두 물이 튀기듯, 파도가 치듯 기쁨, 행복, 만족을 경험한다. 때로는 기대와 달리 너무 빠르게 왔다 사라질 뿐이다. 관계를 어려워하는 사람들도 때때로 파트너와 연결감을 느끼고 현실 감각을 되찾고 마음의 평온을 누린다. 그 순간들을 알아차리는 것이 중요하다.

우리의 뇌와 신경계는 부정적인 경험에 많은 초점을 둔다. 그러지 않았다면 인간은 위험을 경계하지 못하고 멸종되었을 것이다. 앞에서 이야기했듯 릭 핸슨은 (그 외 많은 이들도) 과거의 상처를 재구성하려면 삶에서 잘되고 있는 요소들을 인식해야 한다고 주장한다.[12] 삶은 안전, 보호, 행복 같은 이런 요소들로도 이루어지기 때문에 이 사실을 인식한다면 습관적인 고통을 달래고 다른 이들과 더 건강한 경계 안에서 연결될 수 있을 것이다.

부정적인 경험에 집중하는 패턴을 바꾸기 위해서는 긍정적인 경험이 떠오를 때 그것을 알아차리고, 평소보다 긍정적인 경험에 더 오래 주의를 기울여야 한다. 나머지는 신경가소성이 알아서 해결한다. 최소한 15~30초를 추천하고 가능하다면 더 오래 집중하기를 권한다. 이렇게 하면 실제로 뇌를 바꾸고 우리의 선천적인 능력인 안정 애착에 주파수를 맞출 수 있다.

마지막으로, 안정 애착으로 가는 길에는 "될 때까지 버티라"라는 관점이 없잖아 있다. 인간이라면 누구나 원하지 않는 행동을 할 때가 있고, 사랑하는 사람에게 그런 행동을 할 때는 특히 더 가슴이 아프다. 그런 순간을 피할 수 없다는 사실을 받아들여야 한다. 하지만 오래전 우리의 양육자들이 만든

얇은 행동 각본에 갇힐 필요가 없다는 사실도 알아두자. 가능할 때마다 안정 애착 기술들을 연습하면 여러분의 삶에, 특히 여러분의 관계에 치료제처럼 작용할 것이다.

앞에서 이야기한 것처럼, 안정형 파트너를 찾고 있는 사람이 이런 기술들을 실천한다면 안정형의 마음을 끌고 건강한 관계를 확립할 가능성이 더 커진다. 그러기 위해 1장을 다시 읽고 5장 초반부에서 묘사한 안정형 커플의 모습도 다시 살펴보기를 추천한다. 모든 것을 한 번에 시도해야 한다는 생각은 금물이다. 가장 자연스럽게 느껴지며 여러분이 상대에게 이미 베풀고 있는 애정과 상성이 맞는 특징이나 기법 몇 가지만 찾아도 충분하다.

때로는 관계를 끊는
결정을 내려야 한다

안타깝지만 파트너와의 관계 유지가 항상 가능하라는 법은 없다. 관계를 지키려고 계속 노력하는 것만이 최선의 결정이 아닐 때도 있다. 때로는 끝내자는 결정을 내려야 한다. 지난 경험에서 배우고 상처를 최대한 치료한 후 다시 시도하는 것이다. 관계의 갈림길에서 고려할 사항들을 알아보기 전에 (이 또한 아미르 레빈과 레이첼 헬러의 책에서 일부 발췌했다[13]) 한 가지는 분명히 밝히고 싶다.

이런 결정을 내리는 사람은 여러분 자신이어야 한다. 나도, 다른 전문가도 여러분의 생각과 진심에 어긋나는 선택을 추천해서는 안 된다. 아래의 문제들을 실제로 현재 관계에서 경험하고 있을지도 모른다. 하지만 그렇다고 이별을 추천한다는 말은 절대 아니다. 삶의 모든 선택이 그렇듯, 이 선택도 자신이 직접 해야 한다. 아래 목록은 애착의 관점에서 고려하

왜 내 사랑은 이렇게 힘들까

면 좋을 사항들일 뿐이다. 관계는 어떤 관점으로 묘사하거나 설명하는 말보다 훨씬 더 복잡하다는 사실을 밝혀둔다.

이해했다면 덜 이상적인 관계를 나타낼 수 있는 몇 가지 고려 사항을 함께 알아보자.

- 관계 문제로 자주 고통을 받는다.
- 항상 싸운다. 싸움이 끊이지 않고 늘 마무리가 되지 않는 기분이다.
- 한동안 친밀하게 지낸 후에는 상황이 급격히 반전되며 갈등이 따라오고 거리감이 생긴다. 평생 만족, 치유, 성장 상태에 정착할 수 없을 것만 같다.
- 나와 파트너가 친밀감을 유지할 수 없다고 지속적으로 강한 의심을 품는다. 연결을 원하는 마음과 거리를 두고 싶은 마음이 두 사람 모두 계속해서 달라진다.
- 파트너가 긍정적인 변화에 참여하지 않는다. 마음의 문을 닫거나 자신의 불안과 고통에 과도하게 몰입한다.
- 커뮤니케이션을 하고 관계에 참여하는 문제에서 두 사람 사이의 불균형이 심하다. 관계 그 자체에 기꺼이 베풀고자 하는 관대함에도 상대와 차이를 보인다.
- 파트너에게 연인보다 적이 된 기분이다. 나보다는 친구나 가족과 있을 때 더 행복해 보이고 그들에게 속마음을 더 편하게 털어놓는다.

- 한쪽은 서로만 바라보는 독점적 연애를, 다른 쪽은 비독점적인 오픈 릴레이션십을 원하고 현실적인 결론을 도출하지 못한다.

이상적인 상황에서 여러분이 찾은 상대는 함께 성장하고 진화하고 건강한 관계를 이어가는 데 헌신할 것이다. 하지만 안타깝게도 모두가 그럴 의지와 능력이 있는 것은 아니기에 현재로서 그나마 무엇에 가능성이 있는지는 여러분이 판단할 몫이다. 관계는 최선의 상황에서도 순조롭게 흘러가지 않을 수 있다. 그래서 두 사람 모두 조건에 합의하는 것이 중요하다.

그러나 나는 최종 결정을 내리더라도, 그전에 자신의 안정 애착 능력을 키우려는 노력은 해보는 것이 좋다고 생각한다. 물론 오랜 시간이 걸리겠지만 관계를 평가하는 데 크나큰 도움이 된다. 결국 현재 관계에는 통하지 않았다 해도 긍정적인 쪽으로 자신의 노선을 바꾸었으니 미래에는 파트너와 안정 애착을 이루게 될 것이다.

우리는 안정 애착을
누리도록 태어났다

여러분이 이 여정의 어느 단계에 있든 삶에 즐거움을 더 하는 방법을 찾았으면 좋겠다. 다른 이들과 함께하는 관계 속에서 실재감, 기쁨, 보호를 발견하고, 인간으로서 마땅히 누려야 할 권리인 사랑과 연결을 가슴 깊이 느끼기를 바란다. 동성을 사랑하는 사람도, 이성을 사랑하는 사람도 더 자유롭게, 더 나은 방향으로 사랑하는 법을 배웠으면 하는 것이 내 영원한 소망이다. 그리고 상대에게서도 같은 사랑을 받기를 빈다. 그것이 바로 내가 애착 적응에 관해 연구하는 이유다.

우리가 안정 애착에 다가가면 선천적인 능력들이 전면으로 나온다. 자신과 타인을 더 따뜻하게 바라보고 건강한 자아감을 기르는 동시에 이타심이 강해진다. 두뇌 통합brain integration 능력이 확대되며 우리 안에 있는 다양한 부분들의 이점이 하나로 합쳐진다. 자신만이 아니라 타인과도 조율할 수 있다.

전전두엽이 점점 더 발달하며 자신과 타인에 민감해지는 변화는 모두에게 이롭다.

시간이 흐를수록 나를 챙기는 것, 타인을 보살피는 것, 우리 사회에 이바지하는 것, 우리 지구를 이롭게 하는 것은 별개의 문제가 아니게 된다. 지구와 환경을 생각하는 시민으로서 전 인류의 행복에 관심을 가진다. 이제는 결핍과 경쟁의 눈으로만 세상을 바라보지 않는다. 모든 생명을 폭넓게 이해하는 마음과 무한히 아끼는 마음이 결합된다.

가능성을 상상해 보자. 모든 지도자가 어느 정도라도 안정 애착을 이해했다면 세상이 어떻게 달라졌을지. 품위 있게 타인을 존중하고, 양쪽 모두에게 이로운 방향으로 갈등을 해결하고, 각기 다른 욕구와 관심에 타협점을 찾고, 경이로움과 감사와 사랑으로 살았더라면 어땠을까.

그래, 쉽지 않은 요구일 것이다. 하지만 나는 이 꿈을 이룰 수 있다고 믿는다. 안정 애착을 이해하고 안정 애착의 지표와 기술을 배운다면 내 모든 바람뿐만 아니라 그 이상도 가능해진다.

전부 우리 안에 이미 존재하고 있다. 우리 인간은 안정 애착을 형성하도록 태어났고 그러기 위한 장비도 가지고 있다. 누구나 태어날 때부터 친밀감, 연결, 인식, 사랑을 마음 깊이 추구하게 되어 있다. 인간은 마법같이 대단한 생명체다. 서로를 그렇게 바라보는 시선은 모든 사람에게 어마어마한 기쁨을 주는 선물이다. 마음을 열고 이 모든 것들을 받아들인다면 완전한 인간이 되고 완전한 운명이 실현된다.

여러분은 할 수 있다. 모든 사람이 할 수 있다. 우리는 그러기 위해 태어난 존재들이다.

감사의 말

감사한 분들의 이름과 업적만 나열해도 이 책 한 권을 다 채울 수 있다. 모두 박수를 보내야 마땅한 분들이다. 다음의 명단이 완전하지는 않기에, 빠뜨린 분이 있다면 미리 심심한 사과의 말씀을 드린다. 지면에서는 그러지 못했다 해도 가슴 속으로는 늘 모든 분에게 감사하고 있다.

우선 일평생 인간의 고통을 달래줄 방법을 찾아다녔고 소매틱 경험(SE)으로 노력의 결실을 맺은 피터 레빈과 그의 빛나는 천재성에 감사하고 싶다. 피터는 극심한 트라우마 환자였던 내가 회복탄력성을 되찾기까지 치유의 여정에 큰 도움을 주었다. 덕분에 트라우마를 깊이 이해할 수 있었고 나는 그것을 바탕으로 트라우마 전문가로서 노력하고 통찰력을 얻을 수 있었다.

과거와 현재의 SE 스태프진에게도 감사하고 싶다. 낸시

왜 내 사랑은 이렇게 힘들까

네이피어, 매기 필립스, 라야 설밤, 메리앤 벤첸, 앵귄 세인트 저스트, 스티브 호스킨슨, 래리 헬러, 캐시 케인은 특히 나와 가깝게 일했던 친구들이다. 저스틴 스네이블리를 비롯해 소매틱 경험 트라우마 연구소Somatic Experiencing® Trauma Institute, SETI 와 에르고스 연구소Ergos Institute의 훌륭한 SE 스태프진에게도 감사를 보내고 싶다.

애착 이론의 권위자들에게도 많은 신세를 졌다. 트라우마 치료와 연결, 관계 치유 분야에서 훌륭한 업적을 세운 치료사, 저자, 연구자 모두에게도 감사함을 전한다. 존 볼비, 메리 에인스워스, 메리 마인, 매리언 솔로몬, 에드워드 트로닉, 앨런 쇼어, 수 존슨, 매기 필립스, 다이애나 포샤, 데이비드 월린, 아미르 레빈, 레이첼 헬러, 스탠 탯킨, 트레이시 볼더만 탯킨, 엘린 베이더, 피터 피어슨, 테리 리얼, 팻 러브, 미셸 와이너 데이비스, 조앤 보리센코, 린다 그레이엄, 리사 페렌츠, 메리 조 배럿, 빌 오한론, 피터 커밍스, 데이비드 그랜드, 브루스 에커, 프랭크 앤더슨, 리처드 슈워츠, 존 하워드, 레이첼 칸, 제프 핑커스. 이렇게 많은 분들과 지금도 함께 일하고 있는 나는 축복받은 사람이다. 모든 분에게 변치 않을 존경과 감사를 보낸다.

지성과 따뜻한 마음씨를 겸비한 스티븐 포지스에게도 감사하고 싶다. 스티븐의 가히 혁명적인 연구는 수많은 소매틱 연구의 밑바탕이 되었다. 그런 의미에서 대니얼 시겔, 보니 바데녹, 야니나 피셔, 팻 오그던, 릭 핸슨, 베셀 반 데어 콜크,

로버트 스케어, 바빗 로스차일드, 벨루스 나파르스텍, 레이 카스텔리노, 보니 마크 골드스타인, 존과 애나 치티에게도 감사를 표해야겠다. 트라우마 치료에 소매틱 전략들뿐만 아니라 뇌과학도 더 효과적으로 사용할 수 있었고, 애착 트라우마의 치유가 얼마나 중요한지 이해하게 되었다. 내가 웨스턴 사회연구소Western Institute for Social Research, WISR에서 박사 과정을 밟는 동안 훌륭히 지도해 준 존 빌로루스키에게도 감사를 전한다.

전문 훈련 프로그램인 동적 애착 재패턴화 경험(DARe)과 소매틱 애착 훈련 경험Somatic Attachment Training experience, SATe에서 나와 함께 학생들을 가르치고 있는 패티 엘리지, 퍼트리샤 메도스, 엘리자베스 슈나이더 카이저, 앨리샌 할퀴스트, 세라 스위프트, 주디스 비어만 젤릭슨에게도 감사한다. 헌신적인 보조 교사들도 빠뜨릴 수 없을 것이다. 제니퍼 조넬, 완다 브라더스, 마거릿 크로켓, 제인 코언, 웬디 허버드, 테리 설리번 러츠, 길 샬리트, 대니얼 보스, 마사 브랜트, 커탄 코언, 에린 브랜트, 캐시 라트너, 샤 딜런, 린다 크리스먼, 아마르 황, 퍼트리샤 맥케이, 라스 요한센, 사비나 셰플러, 하이디 위트콥, 나자캇 우테 칼린케, 메리앤 뮬러, 엘런 슈타우펜베르크 외 빠진 분들도 있겠지만 모두에게 감사하는 마음은 똑같다.

항상 신세 지고 있는 트라우마 솔루션스Trauma Solutions의 스태프진에게도 영원한 감사를 전한다. 메리 니에치, 팀 코일, 제니퍼 조넬, 크리스틴 파리넬로 또한 언제나 나를 지지해 주어서 고마울 따름이다. 내가 교육관을 진정성 있게 전달하도록 가르쳐 준 에벤 페이건, 제프 워커, 루스 부친스키에게도 감사하고 싶고, 브라이언 스필만(그리고 파트너 리처드 토빙어)을 비롯해 내 일을 가능하게 만들어 준 동료와 관계자 여러분에게도 감사한다. 이안 맥퍼슨, 아사 헨더슨, 아르템 니쿨코프뿐만 아니라 펠릭스, 에릭, 케이티는 정말 능력 있는 스태프들이다. 재클린 칼턴과 재클린 팀의 인턴들인 미리암 스코튼스타인, 다이애나 스카임 세이에그는 실제 트레이닝의 녹취록과 자료를 정리해 주었다.

사운즈 트루Sounds True의 좋은 친구들에게도 영원한 감사를 드린다. 타미 사이먼은 내게 두 권의 출판을 먼저 제안해 주었고, 스티븐 레서드와 스티븐의 팀은 오디오 프로그램 〈애착 상처 치유하기Healing Your Attachment Wounds〉를 제작해 주었다. 글을 쓰고 자료를 정리하고 편집해서 독자 여러분이 지금 읽고 있는 이 책을 세상에 내놓기까지, 노하우를 전수해 준 로버트 리에게도 감사한다.

내 영적인 여정을 함께 탐구하는 사람들과 선생님, 지도자, 동지 모두에게도 인정과 감사를 표현하고 싶다. 로럴 키즈, 폴 치빙턴, 커트 릴런드, 하미드 알리, 파이살 무카담, 모턴과 데버라 레토프스키, 린다 크리어, 프라바 벨, 아마노 애트우드, 캐럴린 트리코미, 낸시 네이피어, 네일라 프리슈, 레니 모런, 길 샬리트, 마노하르 크로크, 크리스천 콘, 라니 윌리

엄스, 벨루시아 반 호슨, 다샤나 매슈스, 플로리앙 우세네르, 남자 누호프, 마드리마 마지 라이트럽, 도미니 카파도나, 세라 스위프트, 윌리엄 앨런, 애나 치티, 마지막으로 달라이 라마까지 모두 감사하다!

우리 어머니와 아버지는 내게 교육의 가치, 봉사의 중요성과 같은 귀중한 도덕률을 심어주었다. 삶이 주는 시련에 열린 마음으로 흔들림 없이 다가가야 한다는 사실을 부모님에게서 배웠다. 부모님은 언제나 나를 지지해 주었다. 갈등을 피할 수는 없었지만 그 덕분에 내면과 외부의 세계를 탐구할 수 있었다. 영원한 감사를 드린다. 다양한 방법으로 내 편이 되어주었고 내 여정에 떼려야 뗄 수 없는 사람들인 가족들도 언급해야 한다. 내 형제들 딕과 바브, 조카들 안드레아, 켈리, 제시카, 제이슨, 종손녀 미카엘라와 마리, 그리고 가족들의 배우자 바브, 제이, 잭, 마이크, 내 양아들 케빈과 가족들. 모두 진심으로 사랑한다.

마지막으로, 트라우마를 바꾸고 끊어진 연결을 고치는 놀라운 여정에 함께할 수 있도록 멋진 특권을 준 내담자와 학생 모두에게 감사하고 싶다. 내게 누구보다 훌륭한 선생님이 되어주었고, 그대들이 없었다면 나는 무엇도 이루어내지 못했을 것이다. 이들 모두와 만나며 영감을 받고 삶이 더 풍요로워졌다. 진심으로 감사한다.

주석

들어가는 말

1. Stan Tatkin, *We Do: Saying Yes to a Relationship of Depth, True Connection, and Enduring Love* (Boulder, CO: Sounds True, 2018).

2. David McNamee, "Coma Patients Show Improved Recovery from Hearing Family Voices," Medical News Today, January 23, 2015, medicalnewstoday. com/articles/288463.php.

3. Simone Schnall et al., "Social Support and the Perception of Geographical Slant," *Journal of Experimental Social Psychology* 44, no. 5 (September 2008): 1246–1255, doi.org/10.1016/j.jesp.2008.04.011.

4. Marion Solomon and Stan Tatkin, *Love and War in Intimate Relationships: Connection, Disconnection, and Mutual Regulation in Couple Therapy* (New York: Norton, 2011).

5. Daniel J. Siegel, "Imagining Tomorrow: Healing and Hope in the Human Age" (keynote address with Diane Ackerman), March 28, 2015, Psychotherapy Networker Conference, Washington, DC.

6. *Oprah's SuperSoul Sessions*, episode 101, "Oprah Winfrey, Brené Brown & Tim Storey," aired December 13, 2015, on OWN network, oprah.com/own-supersoulsessions/oprah-winfrey-brene--brown--tim-storey.

7. Barbara Fredrickson, *Love 2.0: Creating Happiness and Health in Moments of Connection* (New York: Hudson Street Press, 2013).

8. Stephen Porges, "A moderated discussion of Stephen Porges' work, including a discussion of the clinical application of Polyvagal Theory," *Psychotherapy 2.0: Leading-Edge Discoveries and Teachings on Neuroscience, Trauma, Mindfulness, and Attachment Therapy* (Sounds True webinar series), September 18, 2015.

9. Rick Hanson and Richard Mendius, *Buddha's Brain: The Practical Neuroscience of Happiness, Love, and Wisdom* (Oakland, CA: New Harbinger, 2009), 40–42.

10. Bruce Ecker, "Working with Implicit and Explicit Memory to Heal Trauma and Attachment," Therapy Mastermind Circle (webinar series with Diane Poole Heller), originally released August 8, 2017, dianepooleheller.com/working-implicit-explicit-memory-heal-trauma-attachment.

11. Dan Siegel, "Dan Siegel: Me + We = Mwe," video, 1:29, February 9, 2016, youtube.com/watch?v=uo8Yo4UE6g0.

1. Edward Z. Tronick and Andrew Gianino, "Interactive Mismatch and Repair: Challenges to the Coping Infant," *Zero to Three* 6, no. 3 (February 1986): 1–6.

2. D. W. Winnicott, *Playing and Reality* (Abingdon, UK: Routledge, 1971).

3. Tronick and Gianino, "Interactive Mismatch and Repair," 1–6.

4. Daniel Goleman, "Three Kinds of Empathy: Cognitive, Emotional, Compassionate" (blog post), June 12, 2007, danielgoleman.info/three-kinds-of-empathy-cognitive-emotional-compassionate.

5. Stan Tatkin, "Welcome Home Exercise for Couples," video, 4:05, September 24, 2009, youtube.com/watch?v=V9FBdC2Kykg; Marion Solomon and Stan Tatkin, *Love and War in Intimate Relationships: Connection, Disconnection, and Mutual Regulation in Couple Therapy* (New York: Norton, 2011).

6. Liz Burke, "This Is Why You Want to Rip Your Partner's Head OFF," New York Post, July 2, 2017, nypost.com/2017/07/02/this-is-why-you-want-to-rip-your-partners-head-off.

7. Sybil Carrère and John M. Gottman, "Predicting Divorce Among Newlyweds from the First Three Minutes of a Marital Conflict Discussion," *Family Process* 38, no. 3 (September 1999): 293–301, doi.org/10.1111/j.1545-5300.1999.00293.x.

8. Marjorie Beeghly and Ed Tronick, "Early Resilience in the Context of Parent-Infant Relationships: A Social Developmental Perspective," *Current Problems in Pediatric and Adolescent Health Care* 41, no 7 (August 2011): 197–201, doi.org/10.1016/j.cppeds.2011.02.005; Diane Poole Heller, "Practicing Relationship Repairs" (blog post), September 30, 2016, dianepooleheller.com/practicing-relationship-repairs.

9. Caroline Myss, *Why People Don't Heal and How They Can* (New York: Three Rivers Press, 1997), 6.

10. Amir Levine, "Deciphering Attachment Styles in Everyday Life for Dating and Relationships" (keynote address), April 9, 2016, DARe to Connect: Attachment, Trauma & Intimacy Conference, Boulder, CO.

2장 회피 애착 − 갈망하는 만큼 밀어내는 사람들

1. Saul Mcleod, "Mary Ainsworth Strange Situation Experiment & Attachment Theory," Simply Psychology, updated August 5, 2018, simplypsychology.org/mary-ainsworth.html.

2. Lisa Firestone, "Disorganized Attachment: How Disorganized Attachments

Form & How They Can Be Healed," Psych Alive, accessed September 1, 2018, psychalive.org/disorganized-attachment; Kendra Cherry, "The Story of Bowlby, Ainsworth, and Attachment Theory: The Importance of Early Emotional Bonds," Verywell Mind, February 19, 2018, verywellmind.com/what-is-attachment-theory-2795337.

3. Marion Solomon, *Lean on Me: The Power of Positive Dependency* (New York: Simon & Schuster, 1994).

3장 양가 애착 – 애착과 집착을 오가는 사람들

1. Amir Levine and Rachel Heller, *Attached: The New Science of Adult Attachment and How It Can Help You Find–and Keep–Love* (New York: TarcherPerigee, 2012), 177–182.

2. ABC News, "Tips for Moms with Newborn Babies," World News Now, May 12, 2011, youtube.com/watch?v=G1g6ecQiw5I.

3. Stan Tatkin, *Wired for Love: How Understanding Your Partner's Brain and Attachment Style Can Help You Defuse Conflict and Build a Secure Relationship* (Oakland, CA: New Harbinger, 2012).

4. Levine and Heller, Attached, 177–182.

5. Rick Hanson, FACES Conference, San Diego, May 2015.

6. Gary Chapman, *The 5 Love Languages: The Secret to Love That Lasts*, repr. ed. (Chicago: Northfield Publishing, 2015).

7. Dan Siegel, "Wheel of Awareness," accessed September 4, 2018, drdansiegel. com/resources/wheel_of_awareness.

4장 혼돈 애착 – 생존을 위해 불안정을 택한 사람들

1. Dan Siegel, *The Developing Mind: How Relationships and the Brain Interact to Shape Who We Are*, 2nd ed. (New York: Guilford Press, 2012); Sarah Jenkins, "Trauma and Dissociation: Beyond Your 'Window of Tolerance,'" GoodTherapy (blog post), June 23, 2016, goodtherapy.org/blog/trauma-dissociation-beyond-your-window-of-tolerance-0623165.

2. Lisa Firestone, "Disorganized Attachment: How Disorganized Attachments Form & How They Can Be Healed," Psych Alive, accessed September 19, 2018, psychalive.org/disorganized-attachment.

3. Peter Payne, Peter A. Levine, and Mardi A. Crane-Goudreau, "Somatic Experiencing: Using Interoception and Proprioception as Core Elements of Trauma Therapy," *Frontiers in Psychology*, February 4, 2015, frontiersin.org/

articles/10.3389/fpsyg.2015.00093/full.

4. Peter Levine, Stephen Porges, and Maggie Phillips, "Healing Trauma and Pain Through Polyvagal Science and Its Interlocking Somatic Interventions," accessed September 4, 2018, maggiephillipsphd.com/Polyvagal/EBookHealingTraumaPai nThroughPolyvagalScience.pdf.

5. Stephen Porges, "The Polyvagal Theory with Stephen Porges, PhD," interview by David Van Nuys, *Shrink Rap Radio* no. 265, June 3, 2011, shrinkrapradio. com/265.pdf.

6. Rachel Hosie, "How Personal Space Boundaries Vary in Different Countries," Independent, May 2, 2017, independent.co.uk/life-style/personal-space-boundaries-different-countriesargentina-uk-romania-a7713051.html.

7. Patti Wood, *Snap: Making the Most of First Impressions, Body Language, and Charisma* (Novato, CA: New World Library, 2012).

8. David Wallin, "Because Connection Takes Two: The Analyst's Psychology in Treating the 'Connection-Resistant' Patient," *International Journal of Psychoanalytic Self-Psychology* 9, no. 3 (July 2014): 200–207, doi.org/10.1080/1 5551024.2014.917460.

5장 애착 유형과 연애 – 그럼에도 서로 사랑할 수 있는 이유

1. Stan Tatkin, "Find Your Mentor Couple" (blog post), 2013, stantatkinblog. wordpress.com/2012/12/27/find-your-mentor-couple.

2. Kim John Payne and Diane Poole Heller, *Secure Attachment Parenting in the Digital Age: Neuroscience, Technology & the Next Generation* (webinar series), originally released November 6, 2017, attachmentmastery.com/parenting.

3. Amir Levine, "Deciphering Attachment Styles in Everyday Life for Dating and Relationships" (keynote address), April 9, 2016, DARe to Connect: Attachment, Trauma & Intimacy Conference, Boulder, CO.

4. Stan Tatkin, "Does Your Relationship Come First? The Secrets of Secure Functioning Relationships" (keynote address), April 8, 2017, DARe to Connect: Attachment, Trauma & Intimacy Conference, Boulder, CO.

5. Stan Tatkin, *Wired for Love: How Understanding Your Partner's Brain and Attachment Style Can Help You Defuse Conflict and Build a Secure Relationship* (Oakland, CA: New Harbinger, 2012).

6. Tatkin, Wired for Love.

7. Amir Levine and Rachel Heller, *Attached: The New Science of Adult Attachment and How It Can Help You Find—and Keep—Love* (New York: TarcherPerigee, 2012),

11.

8. Stan Tatkin, *Wired for Dating: How Understanding Neurobiology and Attachment Style Can Help You Find Your Ideal Mate* (Oakland, CA: New Harbinger, 2016).

9. Levine and Heller, *Attached*, 136–137, 235–236, 245–251.

10. John Bowlby, *Attachment and Loss, Volume Two (Separation: Anxiety and Anger)* (New York: Basic Books, 1973); Cindy Hazan and Phillip Shaver, "Romantic Love Conceptualized as an Attachment Process," *Journal of Personality and Social Psychology* 52, no. 3 (March 1987): 511–524, pdfs.semanticscholar.org/a7ed/785 21d0d3a52b6ce532e89ce6ba185b355c3.pdf.

11. Levine and Heller, *Attached*, 52–54. 100–101, 116–117, 120–122, 161 (avoidant); 57–59, 81, 160–162 (Anxious/Ambivalent).

12. Rick Hanson and Richard Mendius, *Buddha's Brain: The Practical Neuroscience of Happiness, Love, and Wisdom* (Oakland, CA: New Harbinger, 2009), 67–77.

13. Levine and Heller, *Attached*, 160–162, 190–193, 206–207.

참고문헌

이 분야에서 일하는 사람으로서 먼저 길을 개척하고 우리가 노력할 수 있는 지평을 열어준 선배들에게 무한한 감사함을 느낀다. 새로운 정보를 전하고, 더 우수한 결과물을 발표하는 동료들에게도 늘 감사하다. 안정 애착이나 이 책에서 소개한 그 밖의 관련 분야에 관심이 있고 더 많은 내용을 알고 싶다면 아래의 목록을 참고해 보기를 적극 추천한다. 대부분 본문에도 나오지만 모두 훌륭한 저자, 연구자, 치료사이고, 이들의 노고가 없었다면 이 책은 결코 세상에 나오지 못했을 것이다.

※ 화살표(→) 이하는 국내에 출간된 번역서

A

Ainsworth, Mary D. Salter. *Infancy in Uganda: Infant Care and the Growth of Love*. Baltimore: Johns Hopkins Press, 1967.

Ainsworth, Mary D. Salter, Mary C. Blehar, Everett Waters, and Sally N. Wall. *Patterns of Attachment: A Psychological Study of the Strange Situation*. New York: Psychology Press, 2015.

B

Badenoch, Bonnie. *Being a Brain-Wise Therapist: A Practical Guide to Interpersonal Neurobiology*. New York: Norton, 2008.

———. The Heart of Trauma: Healing the Embodied Brain in the Context of Relationships. New York: Norton, 2014.

Bader, Ellyn, and Peter Pearson. *In Quest of the Mythical Mate: A Developmental Approach to Diagnosis and Treatment in Couples Therapy*. Abingdon, UK: Routledge, 2014.

———. *Tell Me No Lies: How to Stop Lying to Your Partner-and Yourself-in the 4 Stages of Marriage*. New York: St. Martins, 2001.

Beebe, Beatrice, Phyllis Cohen, and Frank Lachmann. *The Mother-Infant Interaction Picture Book: Origins of Attachment*. New York: Norton, 2016.

Beebe, Beatrice, Phyllis Cohen, K. Mark Sossin, and Sara Markese, eds. *Mothers, Infants and Young Children of September 11, 2001: A Primary Prevention Project*. Abingdon, UK: Routledge, 2012.

Beebe, Beatrice, and Frank Lachmann. *The Origins of Attachment: Infant Research and Adult Treatment*. Abingdon, UK: Routledge, 2013.

Bentzen, Marianne. *The Neuroaffective Picture Book: An Illustrated Introduction to Developmental Neuropsychology*. Berkeley, CA: North Atlantic Books, 2018.

———. *Through Windows of Opportunity: A Neuroaffective Approach to Child Psychotherapy*. Abingdon, UK: Routledge, 2015.

Bowlby, John. *Attachment and Loss: Volume One (Attachment)*. New York: Basic Books, 1969.

→ 존 볼비 저, 김창대 역. 『애착: 인간애착행동에 대한 과학적 탐구』, 연암서가, 2019.

———. *Attachment and Loss: Volume Two (Separation: Anxiety and Anger)*. New York: Basic Books, 1973.

———. *Attachment and Loss: Volume Three (Loss: Sadness and Depression)*. New York: Basic Books, 1980.

———. *The Making and Breaking of Affectional Bonds*. Abingdon, UK: Routledge, 2005.

———. *A Secure Base: Parent-Child Attachment and Healthy Human Development*. New York: Basic Books, 1988.

→ 존 볼비 저, 김수임, 강예리, 강민철 역. 『존 볼비의 안전기지: 애착이론의 임상적 적용』, 학지사, 2014.

Bowlby, John, Margery Fry, and Mary D. Salter Ainsworth. *Child Care and the Growth of Love*. London, UK: Penguin, 1953.

C

Chapman, Gary. *The 5 Love Languages: The Secret to Love that Lasts*. Chicago: Northfield publishing, 2015.

→ 게리 채프먼 저, 장동숙, 황을호 역. 『5가지 사랑의 언어』, 생명의말씀사, 2010.

———. Loving Your Spouse When You Feel Like Walking Away: Real Help for Desperate Hearts in Diffcult Marriages. *Chicago: Northfield publishing, 2018*.

———. *Things I Wish I'd Known Before We Got Married*. *Chicago: Northfield publishing, 2010*.

→ 게리 채프먼 저, 김태곤 역. 『결혼 전에 꼭 알아야 할 12가지: 한 권으로 끝내는 알짜배기 결혼 준비 가이드』, 생명의말씀사, 2010.

Chitty, John. *Working with Babies: A Five-Part Therapy Method for Infants and Their Families*. Ithaca, NY: CSES, 2016.

E

Ecker, Bruce, Robin Ticic, and Laurel Hulley. *Unlocking the Emotional Brain: Eliminating Symptoms at Their Roots Using Memory Reconsolidation.* New York: Routledge, 2012.

→ 브루스 에커, 로빈 티치치, 로럴 헐리 저, 김유미, 이혜미, 황예린 역.『뉴로사이 코테라피: 기억의 재구성을 통하여 정신질환 제거하기』, 학지사, 2017.

F

Ferentz, Lisa. *Finding Your Ruby Slippers: Transformative Life Lessons from the Therapist's Couch.* Eau Claire, WI: PESI, 2017.

———. *Letting Go of Self-Destructive Behaviors: A Workbook of Hope and Healing.* Abingdon, UK: Routledge, 2014.

———. *Treating Self-Destructive Behaviors in Trauma Survivors: A Clinician's Guide.* Abingdon, UK: Routledge, 2014.

Fonagy, Peter. *Attachment Theory and Psychoanalysis.* New York: Other Press, 2001.

Frederickson, Barbara. *Love 2.0: Finding Happiness and Health in Moments of Connection.* New York: Plume, 2013.

———. *Positivity: Top-Notch Research Reveals the 3 to 1 Ratio That Will Change Your Life.* New York: Three Rivers, 2009.

G

Gojman-de-Millan, Sonia, Christian Herreman, and L. Alan Sroufe, eds. *Attachment Across Clinical and Cultural Perspectives: A Relational Psychoanalytic Approach.* Abingdon, UK: Routledge, 2016.

Goldbart, Stephen, and David Wallin. *Mapping the Terrain of the Heart: Passion, Tenderness, and the Capacity to Love.* Northvale, NJ: Jason Aronson, 1998.

Goleman, Daniel. *Emotional Intelligence: Why It Can Matter More Than IQ.* New York: Bantam Books, 2005.

→ 대니얼 골먼 저, 한창호 역.『EQ 감성지능』, 웅진지식하우스, 2008.

Gottman, John, and Joan DeClaire. *The Relationship Cure: A 5 Step Guide to Strengthening Your Marriage, Family, and Friendships.* New York: Harmony, 2002.

Gottman, John, and Nan Silver. *The Seven Principles for Making Marriage Work: A Practical Guide from the Country's Foremost Relationship Expert.* New York: Harmony, 2015.

→ 존 가트맨, 낸 실버 저, 노동욱, 박윤영 역. 『행복한 결혼을 위한 7원칙』, 문학사상사, 2017.

———. *What Makes Love Last? How to Build Trust and Avoid Betrayal.* New York: Simon and Schuster, 2013.

→ 존 가트맨, 낸 실버 저, 최성애 역. 『가트맨 부부 감정 치유: 상처 난 부부 관계를 회복시키는 가트맨식 '신뢰의 과학'』, 을유문화사, 2014.

Grand, David. *Brainspotting: The Revolutionary New Therapy for Rapid and Effective Change.* Boulder, CO: Sounds True, 2013.

→ 데이비드 그랜드 저, 서주희, 고경숙 역. 『브레인스포팅: 뇌과학 기반 트라우마 치료법』, 학지사, 2021.

———. *Emotional Healing at Warp Speed: The Power of EMDR.* New York: Harmony, 2001.

Greenfield, Patricia Marks, and Edward Tronick. *Infant Curriculum: The Bromley-Heath Guide to the Care of Infants in Groups.* Pacific Palisades, CA: Goodyear Publishing, 1980.

H

Hanson, Rick, and Richard Mendius. *Buddha's Brain: The Practical Neuroscience of Happiness, Love, and Wisdom.* Oakland, CA: New Harbinger, 2009.

→ 릭 핸슨, 리처드 멘디우스 저, 장현갑, 장주영 역. 『붓다 브레인: 행복·사랑·지혜를 계발하는 뇌과학』, 불광출판사, 2010.

———. *Hardwiring Happiness: The New Brain Science of Contentment, Calm, and Confidence.* New York: Harmony, 2013.

→ 릭 핸슨 저, 김미옥 역. 『행복 뇌 접속』, 담앤북스, 2015.

———. *Just One Thing: Developing a Buddha Brain One Simple Practice at a Time.* Oakland, CA: New Harbinger, 2011.

→ 릭 핸슨 저, 이보경 역. 『붓다처럼 살기: 하루에 한 가지씩 실천하는 붓다 브레인』, 열대림, 2012.

Hart, Susan. *Brain, Attachment, Personality: An Introduction to Neuroaffective Development.* Abingdon, UK: Routledge, 2018.

———. *The Impact of Attachment.* New York: Norton, 2010.

Hazan, Cindy and Mary I. Campa, eds. *Human Bonding: The Science of Affectional Ties*. New York: Guilford Press, 2013.

Heller, Laurence, and Aline LaPierre. *Healing Developmental Trauma: How Early Trauma Affects Self-Regulation, Self-Image, and the Capacity for Relationship*. Berkeley, CA: North Atlantic Books, 2012.

J

Johnson, Sue. *Hold Me Tight: Seven Conversations for a Lifetime of Love*. New York: Little, Brown, 2008.

→ 수 존슨 저, 박성덕 역. 『날 꼬옥 안아줘요: 평생 부부사랑을 지속하기 위한 프로젝트』, 이너북스, 2010.

---. *Love Sense: The Revolutionary New Science of Romantic Relationships*. New York: Little, Brown, 2013.

→ 수 존슨 저, 박성덕, 김성은 역. 『우리는 사랑에 대해 얼마나 알고 있을까: 사랑을 지키기 위해 알아야 할 관계 심리학』, 지식너머, 2015.

K

Kaplan, Louise. *Adolescence: The Farewell to Childhood*. New York: Simon & Schuster, 1984.

---. *No Voice Is Ever Wholly Lost: An Exploration of the Everlasting Attachment Between Parent and Child*. New York: Simon & Schuster, 1996.

---. *Oneness and Separateness: From Infant to Individual*. New York: Simon & Schuster, 1998.

L

Levine, Amir, and Rachel Heller. *Attached: The New Science of Adult Attachment and How It Can Help You Find-and Keep-Love*. New York: TarcherPerigee, 2012.

→ 아미르 레빈, 레이첼 헬러 저, 이후경 역. 『그들이 그렇게 연애하는 까닭: 사랑에 대한 낭만적 오해를 뒤엎는 애착의 심리학』, 랜덤하우스코리아, 2011.

Levine, Peter. *Healing Trauma: A Pioneering Program for Restoring the Wisdom of Your Body*. Boulder, CO: Sounds True, 2008.

→ 피터 A. 레빈 저, 서주희 역. 『트라우마 치유: 몸과 마음을 잇는』, 학지사, 2014.

---. *In an Unspoken Voice: How the Body Releases Trauma and Restores*

Goodness. Berkeley, CA: North Atlantic Books, 2010.

→ 피터 A. 레빈 저, 박수정, 유채영, 이정규 역. 『무언의 목소리: 신체 기반 트라우마 치유』, 박영스토리, 2020.

Levine, Peter, with Ann Frederick. *Waking the Tiger: Healing Trauma*. Berkeley, CA: North Atlantic Books, 1997.

→ 피터 A. 레빈 저, 양희아 역. 『내 안의 트라우마 치유하기』, 소울메이트, 2016.

Levine, Peter, and Maggie Kline. *Trauma-Proofing Your Kids: A Parents' Guide for Instilling Confidence, Joy and Resilience*. Berkeley, CA: North Atlantic Books, 2008.

Love, Patricia. *The Truth About Love: The Highs, the Lows, and How You Can Make It Last Forever*. New York: Fireside, 2001.

Love, Patricia, and Jo Robinson. *Hot Monogamy: Essential Steps to More Passionate, Intimate Lovemaking*. Scotts Valley, CA: Create Space, 2012.

M

Maté, Gabor. *In the Realm of Hungry Ghosts: Close Encounters with Addiction*. Berkeley, CA: North Atlantic Books, 2010.

–––. *When the Body Says No: The Cost of Hidden Stress*. Toronto: Vintage Canada, 2004.

→ 가보 마테 저, 류경희 역. 『몸이 아니라고 말할 때: 당신의 감정은 어떻게 병이 되는가』, 김영사, 2015.

N

Napier, Nancy. *Getting Through the Day: Strategies for Adults Hurt as Children*. New York: Norton, 1994.

–––. *Recreating Your Self: Building Self-Esteem through Imaging and Self-Hypnosis*. New York: Norton, 1996.

–––. *Sacred Practices for Conscious Living*. New York, Norton, 1997.

O

Ogden, Pat, and Janina Fisher. *Sensorimotor Psychotherapy: Interventions for Trauma and Attachment*. New York: Norton, 2015.

→ 패트 오그던, 재니아 피셔 저, 이승호 역. 『감각운동 심리치료: 트라우마와 애착

을 위한 치료 개입』, 하나의학사, 2021.

Ogden, Pat, Kekuni Minton, and Clare Pain. *Trauma and the Body: A Sensorimotor Approach to Psychotherapy*. New York: Norton, 2006.

→ 패트 오그던, 케쿠니 민튼, 클레어 페인 저, 김명곤 등역. 『트라우마와 몸: 감각 운동 심리치료의 이론과 실제』, 학지사, 2019.

O'Hanlon, Bill. *Do One Thing Different: Ten Simple Ways to Change Your Life*. New York: William Morrow, 1999.

→ 빌 오한론 저, 김보미 역. 『해결중심치료로 상처 치유하기: 하나만 다르게 행동 해도 인생이 달라진다』, 소울메이트, 2015.

———. *Out of the Blue: Six Non-Medication Ways to Relieve Depression*. New York: Norton, 2014.

———. *Quick Steps to Resolving Trauma*. New York, Norton, 2010.

P

Payne, Kim John. *The Soul of Discipline: The Simplicity Parenting Approach to Warm, Firm, and Calm Guidance–From Toddlers to Teens*. New York: Ballantine Books, 2015.

Payne, Kim John, with Lisa Ross. *Simplicity Parenting: Using the Extraordinary Power of Less to Raise Calmer, Happier, and More Secure Kids*. New York: Ballantine Books, 2010.

→ 킴 존 페인 저, 이정민 역. 『MOM 맘이 편해졌습니다: 창의력, 집중력, 회복탄력 성이 높은 아이로 키우는 맘 편안 단순 육아』, 골든어페어, 2020.

Piaget, Jean. *Play, Dreams, and Imitation in Childhood*. Translated by Caleb Gattegno and Francis Mary Hodgson. New York: Norton, 1962.

———. *The Moral Judgment of the Child*. Translated by Marjorie Gabain. New York: Free Press, 1997.

Piaget, Jean, and Bärbel Inhelder. *The Psychology of the Child*. Translated by Helen Weaver. New York: Basic Books 1969.

Porges, Stephen. *The Polyvagal Theory: Neurophysiological Foundations of Emotions, Attachment, Communication, and Self-Regulation*. New York: Norton, 2011.

→ 스티븐 포지스 저, 강철민 역. 『여러미주신경이론: 감정, 애착, 의사소통, 자기조 절의 신경생리학적 기초』, 하나의학사, 2022.

R

Rapson, James, and Craig English. *Anxious to Please: 7 Revolutionary Practices for the Chronically Nice*. Naperville, IL: Sourcebooks, 2006.

Real, Terrence. *How Can I Get Through to You? Closing the Intimacy Gap Between Men and Women*. New York: Fireside, 2002.

---. *The New Rules of Marriage: What You Need to Know to Make Love Work*. New York: Ballantine Books, 2008.

Rhimes, Shonda. *Year of Yes: How to Dance It Out, Stand in the Sun and Be Your Own Person*. New York: Simon & Schuster, 2015.

→ 숀다 라임스 저, 이은선 역.『1년만 나를 사랑하기로 결심했다: 완벽해 보이지만 모든 것이 불안한 그녀의 인생 새로고침』, 부키, 2018.

Rothenberg, Mira. *Children with Emerald Eyes: Histories of Extraordinary Boys and Girls*. Berkeley, CA: North Atlantic Books, 2003.

Rothschild, Babette. *The Body Remembers: The Psychophysiology of Trauma and Trauma Treatment*. New York: Norton, 2000.

---. *8 Keys to Safe Trauma Recovery: Take-Charge Strategies to Empower Your Healing*. New York: Norton, 2010.

---. *Trauma Essentials: The Go-To Guide*. New York: Norton, 2011.

S

Scaer, Robert. *The Body Bears the Burden: Trauma, Dissociation, and Disease*. Abingdon, UK: Routledge, 2014.

---. *The Trauma Spectrum: Hidden Wounds and Human Resiliency*. New York: Norton, 2005.

Schwartz, Richard. *Internal Family Systems Therapy*. New York: Guilford Press, 1997.

→ 리처드 C. 슈워츠 저, 김춘경 역.『내면가족체계치료』, 학지사, 2021.

---. *Introduction to the Internal Family Systems Model*. Oak Park, IL: Trailheads, 2001.

Siegel, Daniel. *The Developing Mind: How Relationships and the Brain Interact to Shape Who We Are*. New York: Guilford Press, 2001.

→ 대니얼 J. 시겔 저, 김보연 등역.『마음의 발달: 관계, 뇌, 마음의 통합을 위한 인간관계 신경생물학』, 하나의학사, 2022.

Siegel, Daniel, and Tina Payne Bryson. *The Whole-Brain Child: 12 Revolutionary*

Strategies to Nurture Your Child's Developing Mind. New York: Bantam Books, 2012.

→ 대니얼 J. 시겔, 티나 페인 브라이슨 저, 김아영 역. 『아직도 내 아이를 모른다: 툭하면 상처 주는 부모에게 '아이의 뇌'가 하고 싶은 말』, 알에이치코리아(RHK), 2020.

———. *The Yes Brain: How to Cultivate Courage, Curiosity, and Resilience in Your Child*. New York: Bantam Books, 2018.

→ 대니얼 J. 시겔, 티나 페인 브라이슨 저, 안기순 역. 『예스 브레인 아이들의 비밀: 아이의 미래를 위한 기적의 뇌 과학 육아법』, 김영사, 2019.

Siegel, Daniel, and Mary Hartzell. *Parenting from the Inside Out: How a Deeper Self-Understanding Can Help You Raise Children Who Thrive*. New York: Penguin, 2013.

Sroufe, L. Alan. *Emotional Development: The Organization of Emotional Life in the Early Years*. Cambridge: Cambridge University Press, 1995.

T

Tatkin, Stan. *We Do: Saying Yes to a Relationship of Depth, True Connection, and Enduring Love*. Boulder, CO: Sounds True, 2018.

→ 스탠 탯킨 저, 이규호 역. 『위 두: 깊은 친밀감과 지속되는 사랑을 위해 커플이 반드시 함께해야 하는 것들』, 신정, 2023.

———. *Wired for Dating: How Understanding Neurobiology and Attachment Style Can Help You Find Your Ideal Mate*. Oakland, CA: New Harbinger, 2016.

———. *Wired for Love: How Understanding Your Partner's Brain and Attachment Style Can Help You Defuse Conflict and Build a Secure Relationship*. Oakland, CA: New Harbinger, 2012.

Tronick, Edward. *Babies as People*. New York: Collier Books, 1980.

———. *The Neurobehavioral and Social-Emotional Development of Infants and Children*. New York: Norton, 2007.

V

van der Kolk, Bessel. *The Body Keeps the Score: Brain, Mind, and Body in the Healing of Trauma*. New York: Penguin, 2014.

→ 베셀 반 데어 콜크 저, 제효영 역. 『몸은 기억한다: 트라우마가 남긴 흔적들』, 을유문화사, 2020.